Fritz Petrick

Zur sozialen Lage der Arbeiterjugend in Deutschland 1933 bis 1939

Akademie-Verlag
Berlin

FORSCHUNGEN ZUR WIRTSCHAFTSGESCHICHTE

herausgegeben von
Jürgen Kuczynski und Hans Mottek
Band 4

FRITZ PETRICK

Zur sozialen Lage der Arbeiterjugend in Deutschland 1933 bis 1939

FRITZ PETRICK

Zur sozialen Lage der Arbeiterjugend in Deutschland 1933 bis 1939

AKADEMIE-VERLAG · BERLIN
1974

Erschienen im Akademie-Verlag, 108 Berlin, Leipziger Straße 3–4

Lizenznummer: 202 · 100/66/74
Umschlag: Nina Striewski
Herstellung: IV/2/14 VEB Druckerei
»Gottfried Wilhelm Leibniz«, 445 Gräfenhainichen/DDR · 4230
Bestellnummer: 752 124 1 (2140/4) · LSV 0285
Printed in GDR
EVP 18,–

Inhaltsverzeichnis

Vorbemerkungen VII

TEIL I Die Verminderung der Arbeitslosigkeit unter der Jugend und die Verschlechterung ihrer Arbeitsbedingungen in den ersten Jahren der faschistischen Diktatur des deutschen Imperialismus (1933 bis 1935) 1

1. Die Verminderung der Arbeitslosigkeit unter der Jugend 1
   a) Faschistische „Arbeitsbeschaffung" 1933/34 1
   b) Die Einführung der Arbeitsdienstpflicht 14

2. Gründe und Grenzen der „sozialen Arbeit" der faschistischen Organisationen „Hitler-Jugend" und „Deutsche Arbeitsfront" 24
   a) Die beginnende Einflußnahme der Hitler-Jugend und der Arbeitsfront auf die Arbeiterjugend in Deutschland – Der „Reichsberufswettkampf" 24
   b) Gründe und Grenzen der „sozialen Arbeit" der HJ und der Arbeitsfront unter der Arbeiterjugend – „Staatsjugendtag" – „Freizeit für Jungarbeiter" – „Leipziger Vereinbarung" 33

3. Die Verschlechterung der Arbeitsbedingungen der Jungarbeiter und Lehrlinge in Industrie und Handwerk und die Analyse der Lage der deutschen Arbeiterjugend durch die KPD 44

TEIL II Die Verschärfung der Ausbeutung der Jugend unter den Bedingungen der offenen Aufrüstung und Kriegsvorbereitung des faschistischen deutschen Imperialismus (1935 bis 1939) 54

1. Die staatsmonopolistische Regelung des Arbeitskräfteeinsatzes 54
   a) Die Einflußnahme der Industrie auf das gewerbliche Lehrlingswesen und die Einführung der allgemeinen Arbeitspflicht 54
   b) Einsatz und Entwicklung des Arbeitsdienstes und der Landhilfe unter den Bedingungen der Kriegsvorbereitung 66

2. Die Einflußnahme der faschistischen Organisationen „Hitler-Jugend" und „Deutsche Arbeitsfront" auf die Arbeiterjugend und deren soziale Lage 72
   a) Die Einführung der „Jugenddienstpflicht" 72

b) Die Einwirkungsversuche der HJ und der Arbeitsfront auf die Gestaltung des Arbeitsschutzes und der Berufsausbildung der Arbeiterjugend 79

3. Die wachsende Ausbeutung der Jungarbeiter und Lehrlinge 88
a) Die faschistische „Jugendschutz"-Gesetzgebung 88
b) Die Entwicklung der Arbeitsbedingungen der Jungarbeiter und Lehrlinge in Industrie und Handwerk 95

Schlußbemerkungen 106

Quellen und Literatur 109

Register 119

Vorbemerkungen

Angesichts der vom deutschen Imperialismus ausgehenden Kriegsgefahr forderte die KPD am Vorabend des zweiten Weltkrieges alle verantwortungsbewußten Deutschen auf, „der weiteren Vergiftung der deutschen Jugend durch den Nationalsozialismus entgegenzutreten und die Jugend für den Freiheitskampf des deutschen Volkes zu gewinnen“.[1]

Das Ziel dieses Kampfes bestand nach dem Zusammenschluß aller Hitlergegner unter Führung der einheitlich und geschlossen auftretenden Arbeiterklasse und dem Sturz des faschistischen Regimes in der Errichtung einer demokratischen antiimperialistischen Ordnung in Deutschland. „In diesem Deutschland“, so schrieb einer der Teilnehmer der Berner Konferenz, der Vorsitzende des Zentralkomitees des Kommunistischen Jugendverbandes, Walter Hähnel, „wird die Jugend alle Möglichkeiten eines zukunftsfrohen und glücklichen Lebens haben, weil dann Schluß sein wird mit dem alten Übel Deutschlands, den großkapitalistischen Finanzmächten und den Nazis. Für ein solches Deutschland der Jugend lohnt es sich zu kämpfen und Opfer zu bringen und, wenn es sein muß, selbst das Leben einzusetzen ...“[2]

Ein Staat, der diesen Maximen entsprach, konnte jedoch erst nach sechs schrecklichen Kriegsjahren und der Zerschlagung des Faschismus durch die Mächte der Antihitlerkoalition in einem Teil Deutschlands erkämpft werden. Seit Beginn ihrer Existenz verkörpert die Deutsche Demokratische Republik das Deutschland, in dem deutsche Kommunisten vor nunmehr über 30 Jahren die historisch einzig mögliche Alternative zur Herrschaft des Finanzkapitals erkannten. An der Entwicklung der DDR zum sozialistischen deutschen Nationalstaat hat die Jugend ganz im Sinne der Worte Walter Hähnels mitgewirkt. Der neuen Generation einen Einblick in die bisher brutalste Form der Herrschaft des deutschen Finanzkapitals und seine zwar immer noch demagogisch verbrämte, aber notorisch gewordene Jugendfeindlichkeit zu geben, ist das vornehmste Anliegen dieses Beitrags zum wissenschaftlichen Geschichtsbild der ersten sechs Jahre der faschistischen Diktatur in Deutschland.

[1] *Der Weg zum Sturze Hitlers und der Kampf um die neue demokratische Republik.* Resolution der Berner Konferenz der KPD, in: *Revolutionäre deutsche Parteiprogramme*, hg. u. eingel. v. Lothar Berthold und Ernst Diehl, Berlin 1964, S. 176.

[2] zit. nach *Schmidt, Walter A.*, Damit Deutschland lebe. Ein Quellenwerk über den deutschen antifaschistischen Widerstandskampf 1933–1945, Berlin 1958, S. 682.

Der behandelte Zeitraum ist durch die in mannigfachen Legenden fortwirkende Nazipropaganda verfälscht worden. Und im Bewußtsein mancher Zeitgenossen dürften in bezug auf die Gestaltung der sozialen Lage der Jugendlichen in diesen Jahren ebenso verkehrte Vorstellungen vorherrschen, wie es für die Zeit vor dem ersten Weltkrieg beobachtet worden ist.[3] Der Mißdeutung historischer Erfahrungn und ihren Auswirkungen auf das politische Verhalten der Völker, Klassen und Individuen hat die bürgerliche Geschichtsschreibung über das „Dritte Reich" nicht nur keinen Einhalt geboten, sondern sogar Vorschub geleistet. Während die in der BRD auf diesem Gebiet tonangebenden Autoren in subjektivistischer Auffassung der Rolle der Persönlichkeit in der Geschichte und oft mit der nur schlecht verhohlenen Absicht, die historische Verantwortung des deutschen Monopolkapitals für das Zustandekommen und die Verbrechen des Faschismus zu leugnen, die Aufmerksamkeit ihrer Leser immer wieder auf das Wirken Hitlers und seiner Paladine konzentriert und die Volksmassen, die Lage und Haltung der Werktätigen, weitgehend unbeachtet gelassen haben, ist neuerdings von angloamerikanischen Publizisten behauptet worden, in der Zeit von 1933 bis 1939 sei eine Verbesserung der Lage der Arbeiter eingetreten.[4] Eine bis zur Apologie des heutigen imperialistischen deutschen Staates gediehene Variante, die zugleich den in bezug auf den Faschismus zur Zeit gängigsten Geschichtsverfälschungen Rechnung trägt, ist unterdessen auch in der BRD erschienen.[5] Dagegen hat ein wissenschaftlich ernstzunehmender französischer bürgerlicher Historiker überzeugend dargelegt, daß es die Arbeiter waren, die mit ihrer Arbeit und mit ihrem Lebensstandard die Errichtung des „Großdeutschen Reiches" im wahrsten Sinne des Wortes bezahlen mußten.[6]

Die marxistische deutsche Geschichtswissenschaft hat sich schon frühzeitig der Geschichte der Lage der Volksmassen und insbesondere der Lage der Arbeiterklasse unter den Bedingungen der faschistischen Diktatur des deutschen Imperialismus angenommen. Die erste richtungweisende Auseinandersetzung mit der Legende vom „Deutschen Sozialismus" wurde bereits 1945 veröffentlicht.[7] Die seither in dieser Hinsicht von der marxistischen Geschichtswissenschaft gewonnenen Erkenntnisse haben ihren Niederschlag in den entsprechenden Kapiteln der „Geschichte der deut-

3 s. *Kuczynski, Jürgen,* Studien zur Geschichte der Lage des arbeitenden Kindes in Deutschland von 1700 bis zur Gegenwart, Berlin 1968, S. 218 ff. = Die Geschichte der Lage der Arbeiter unter dem Kapitalismus, Bd. 19.

4 *Mason, Timothy W.,* Labour in the Third Reich, 1933–1939, in: Past & Present, 3/1966; *Schoenbaum, David,* Hitler's Social Revolution. Class and Status in Nazi Germany 1933–1939, Garden City (N. Y.) 1966.

5 *Schoenbaum, David,* Die braune Revolution. Eine Sozialgeschichte des Dritten Reiches, Köln/Berlin 1968.

6 „En définitive, les travailleurs ont payé – en sens strict du terme – de leur travail et de leur niveau de vie, la construction du Grand Reich" *(Castellan, Georges,* Bilan social du IIIe Reich [1933–1939]. in: Revue d'histoire moderne et contemporaine, Juillet-Septembre 1968, S. 506).

7 *Ulbricht, Walter,* Die Legende vom „Deutschen Sozialismus", Berlin 1945. (3. Aufl. unter dem Titel Der faschistische deutsche Imperialismus [1933–1945], zuletzt Berlin 1956 erschienen).

schen Arbeiterbewegung" und der „Deutschen Geschichte" gefunden.[8] Speziell ist die Lage der deutschen Arbeiterklasse in den Jahren von 1933 bis 1945 im sechsten Band von Kuczynskis Standardwerk „Die Geschichte der Lage der Arbeiter unter dem Kapitalismus" dargestellt worden.[9]

Die vorliegende Arbeit befaßt sich mit der Lage derjenigen Arbeiter, die auf Grund ihres Alters als erste für die verbrecherischen Ziele des faschistischen deutschen Imperialismus in den Krieg ziehen mußten. Die Arbeiterjugend, das sind diejenigen 14- bis 25jährigen, „die da sie keine Produktionsmittel besitzen, genötigt sind, ihre Arbeitskraft zu verkaufen, um leben zu können".[10] Die Anwendung dieser Engelsschen Proletariat-Definition auf eine bestimmte Altersgruppe erfolgt keineswegs a priori; sie resultiert aus der Stellung, die arbeitende Jugendliche bzw. jugendliche Arbeiter unter den konkreten historischen Bedingungen im gesellschaftlichen Produktions- und Reproduktionsprozeß einnahmen. Die meisten von ihnen begannen bereits nach dem Verlassen der Volksschule mit dem 14. Lebensjahr eine entsprechende Rolle „in gesellschaftlich organisierten Produktionsprozessen jenseits der Sphäre des Hauswesens"[11] zu spielen. Ihre Tätigkeit war zunächst mit einer nach Art und Umfang höchst unterschiedlichen Unterweisung verbunden, die als Lehrverhältnis bis zu vier Jahre andauern konnte. In dieser Zeit, also bis zum 18. Lebensjahr, galten sie offiziell als Jugendliche und unterlagen als solche besonderen Normen des Arbeitsrechts. Eine ständig steigende Zahl von ihnen wurde in der faschistischen Jugendorganisation „Hitler-Jugend" erfaßt. Während die männlichen Jugendlichen dieser Organisation bis zum 18. Lebensjahr angehörten und dann – seit 1935 – ihren Arbeits- und Wehrdienst ableisten mußten, blieben die weiblichen Jugendlichen bis zum 21. Lebensjahr Mitglieder des „Bundes deutscher Mädchen" in der Hitler-Jugend. Besondere Bestimmungen zur Regelung des Arbeitsmarktes betrafen schließlich alle jugendlichen Arbeiter bis zu 25 Jahren.

Ebensowenig wie die gesamte Arbeiterklasse war diese Altersgruppe völlig homogen. Unter den konkreten historischen Bedingungen fielen die Unterschiede zwischen den Mehrwert schaffenden Jungarbeitern einschließlich der gewerblichen Lehrlinge und den in der Zirkulationssphäre tätigen Jungangestellten einschließlich der kaufmännischen Lehrlinge weitaus weniger ins Gewicht, als die Unterschiede zwischen den jugendlichen Lohn- und Gehaltsempfängern einerseits und den Lehrlingen andererseits, deren Lage außerdem stark davon abhängig war, ob sie in einem Klein- oder in einem Großbetrieb beschäftigt waren.

Insgesamt betrug die Zahl der 14- bis 25jährigen Arbeiter bei der Volks- und Be-

[8] *Geschichte der deutschen Arbeiterbewegung in acht Bänden,* Berlin 1966, Bd. 5: Von Januar 1933 bis Mai 1945; *Deutsche Geschichte in drei Bänden,* Berlin 1967/68, Bd. 3: Von 1917 bis zur Gegenwart, 3. und 4. Abschnitt.

[9] *Kuczynski, Jürgen,* Darstellung der Lage der Arbeiter in Deutschland von 1933 bis 1945, Berlin 1964 = Die Geschichte der Lage der Arbeiter unter dem Kapitalismus, Bd. 6.

[10] *Engels, Friedrich,* Anmerkung zur englischen Ausgabe des Manifestes der Kommunistischen Partei von 1888, in: *Marx/Engels,* Werke, Bd. 2, Berlin 1959, S. 462.

[11] *Marx, Karl,* Das Kapital, Bd. I, in: ebenda, Bd. 23, Berlin 1962, S. 514.

rufszählung am 16. Juni 1933 fast 6,5 Millionen[12]; damit stellte die Arbeiterjugend mehr als die Hälfte der gesamten deutschen Jugend und mehr als ein Drittel der deutschen Arbeiterklasse. An diesem Verhältnis änderte sich nur wenig, obwohl und weil die Altersstruktur der Arbeiterjugend infolge des Geburtenausfalls während des ersten Weltkrieges – der Jahrgang 1908 war beispielsweise doppelt so stark wie der Jahrgang 1918[13] – abnorme Verschiebungen aufwies.

Die vorliegende Arbeit untersucht in der angegebenen Reihenfolge

1. den Grad und die Formen des Einsatzes jugendlicher Arbeitskräfte,
2. die „sozial"politische Einflußnahme der faschistischen Organisationen „Hitler-Jugend" und „Deutsche Arbeitsfront" auf die Arbeiterjugend und deren Lage,
3. die Gestaltung der Arbeitsbedingungen der Jungarbeiter und gewerblichen Lehrlinge in Industrie und Handwerk

Für die weitere Gliederung der Arbeit in zwei Teile war der tiefe Einschnitt maßgebend, den die Entwicklung der sozialen Lage der deutschen Arbeiterjugend im Jahre 1935 erfuhr, als die faschistische Diktatur zu einem staatsmonopolistischen Herrschaftssystem ausgebaut worden war, der deutsche Imperialismus zur offenen und unbegrenzten Vorbereitung eines neuen Krieges um die Neuaufteilung der Welt unter seiner Vorherrschaft überging und die Arbeits- und Wehrdienstpflicht eingeführt wurden; die deutsche Arbeiterjugend also alles in allem einer gegenüber den ersten Jahren der faschistischen Diktatur des deutschen Imperialismus qualitativ veränderten Situation gegenübergestellt wurde.

Die vorliegende Arbeit beruht in erster Linie auf gedruckten Quellen: den Veröffentlichungen der Institutionen und Behörden, die im faschistischen Deutschland die soziale Lage der Arbeiterjugend beobachtet und gestaltet haben. Dabei sind insbesondere die diesbezüglichen Statistiken des Statistischen Reichsamts und der Reichsanstalt für Arbeitsvermittlung und Arbeitslosenversicherung unter Berücksichtigung der Tatsache, daß ihr Zahlenmaterial eine wesentliche Arbeitsgrundlage der zuständigen Regierungsstellen bildete, sorgfältig ausgewertet worden.[14] Die Aussagen der gedruckten Quellen konnten durch Angaben aus den im Deutschen Zentralarchiv vorhandenen Akten des Referats S(ozialwirtschaft) bzw. der Abteilung III S(oziale) W(irtschaft) des Reichswirtschaftsministeriums wesentlich ergänzt werden.

12 *Siemering, Hertha,* Deutschlands Jugend in Bevölkerung und Wirtschaft. Eine statistische Untersuchung, Berlin 1937, S. 233.

13 *Statistisches Jahrbuch für das Deutsche Reich* 1935, S. 12.

14 Vielfach weichen die Angaben der verschiedenen Statistiken geringfügig voneinander ab. Diese Abweichungen erklären sich aus der Unterschiedlichkeit der Erhebungen. So erfolgten die Erhebungen des Statistischen Reichsamts, das als statistische Zentralbehörde zum Geschäftsbereich des Reichswirtschaftsministeriums gehörte, auch nach 1933 noch innerhalb der Länder und Provinzen und erfaßten die gesamte Bevölkerung. Die Reichsanstalt für Arbeitsvermittlung und Arbeitslosenversicherung, die der Aufsicht des Reichsarbeitsministeriums unterstellt war, führte ihre Erhebungen in den einzelnen Arbeitsamtsbezirken durch und erfaßte bei den monatlichen Routinezählungen nur die beschäftigten und arbeitslos gemeldeten Arbeiter und Angestellten. Weiter erfolgten Erhebungen der Reichswirtschaftskammer und des Reichsstands des Deutschen Handwerks in den einzelnen Kammerbezirken und der Deutschen Arbeitsfront nach der Gaugliederung der NSDAP.

Für freundschaftliche Beratung, fördernde Kritik und verständnisvolle Unterstützung – das Manuskript wurde am 31. 3. 1971 abgeschlossen – dankt der Verfasser den Herren Dr. Dietrich Eichholtz und Dr. Karl Heinz Jahnke sowie dem Direktor, Herrn Prof. Dr. Johannes Schildhauer, und den Mitarbeitern der Sektion Geschichtswissenschaft der Ernst-Moritz-Arndt-Universität Greifswald.

Die Verminderung der Arbeitslosigkeit unter der Jugend und die Verschlechterung ihrer Arbeitsbedingungen in den ersten Jahren der faschistischen Diktatur des deutschen Imperialismus (1933 bis 1935)

Am 30. Januar 1933 vereidigte der kaiserliche Generalfeldmarschall Paul von Hindenburg in seiner Amtszeit als Präsident des Deutschen Reiches zum achten Male eine Regierung auf die Verfassung von Weimar. Der neuen Regierung gehörten außer parteilosen und deutschnationalen Politikern, die zum Teil bereits in den vorangegangenen Präsidialkabinetten die Interessen des Monopolkapitals und der Junker vertreten hatten, nunmehr auch Vertreter der faschistischen Nazipartei an, deren Führer, Adolf Hitler, zum Reichskanzler ernannt worden war. Führende Kreise des deutschen Finanzkapitals hatten die Einsetzung dieser Regierung von langer Hand vorbereitet, um mit ihrer Hilfe zunächst die Krise des kapitalistischen Systems in Deutschland zu überwinden und danach die Neuaufteilung der Welt unter der Vorherrschaft des deutschen Imperialismus zu erzwingen.

In dieser Tragweite wurde die Bedeutung der Einsetzung des neuen Kabinetts allerdings nur von den Kommunisten erkannt. „Hitler, das ist der Krieg!" hatte Ernst Thälmann immer wieder gewarnt. Jetzt wandte sich die KPD mit einem Aufruf an die SPD, den ADGB, den Afa-Bund und die christlichen Gewerkschaften, „gemeinsam mit den Kommunisten den Generalstreik gegen die faschistische Diktatur der Hitler, Hugenberg, Papen, gegen die Zerschlagung der Arbeiterorganisationen, für die Freiheit der Arbeiterklasse durchzuführen!" Aber nach wie vor lehnten es die rechten Führer der Sozialdemokratie ab, eine antifaschistische Einheitsfront mit den Kommunisten zu bilden, die allein imstande gewesen wäre, die Errichtung der offenen, terroristischen Diktatur der reaktionärsten, am meisten chauvinistischen und imperialistischen Elemente des deutschen Finanzkapitals zu vereiteln.

1. Die Verminderung der Arbeitslosigkeit unter der Jugend

a) Faschistische „Arbeitsbeschaffung" 1933/34

Für den Tag nach der Einsetzung der Hitler-Regierung meldeten die Arbeitsämter 6 013 612 Arbeitslose.[1] Obwohl der Tiefpunkt der Wirtschaftskrise in Deutschland zu dieser Zeit bereits überwunden war und mit der Industrieproduktion Warenpreise

[1] *Statistische Beilage zum Reichsarbeitsblatt* 1933, Nr. 7, S. 1.

und Aktienkurse schon in der zweiten Hälfte des Jahres 1932 eine steigende Tendenz angenommen hatten, lag die Zahl der bei den Arbeitsämtern registrierten Arbeitslosen immer noch kaum unter dem im Februar 1932 festgestellten Höchststand (6 128 429).[2] Die Zahl der nicht registrierten Arbeitslosen wurde auf 1,8 Millionen geschätzt.[3]

Dem Vorhandensein eines so riesigen Arbeitslosenheeres mußte die Politik des neuen Regimes natürlich Rechnung tragen. Das geschah von vornherein mit der Absicht, die Beseitigung der Arbeitslosigkeit in irreführender Weise als das eigentliche Bestreben der neuen Machthaber erscheinen zu lassen. So kündigte die Regierung in ihrem Aufruf an das deutsche Volk vom 1. Februar 1933 „einen gewaltigen und umfassenden Angriff gegen die Arbeitslosigkeit"[4] an, legte aber insgeheim – in der Kabinettssitzung am 8. Februar 1933 – fest, daß alle wirtschaftspolitischen Maßnahmen, insbesondere auch die Arbeitsbeschaffung, den Erfordernissen der Aufrüstung und Kriegsvorbereitung unterzuordnen waren[5]. Dementsprechende Staatsaufträge konnten aber zunächst noch nicht in dem Umfang erteilt werden, daß die – besonders in der Schwerindustrie – weitgehend brachliegenden Produktionskapazitäten auch nur annähernd ausgelastet und die Arbeitslosigkeit infolgedessen wesentlich verringert worden wäre.[6] Deshalb wurde der angeblich „gewaltige und umfassende Angriff gegen die Arbeitslosigkeit" mit großangelegten Betrugsmanövern eröffnet.

Nachdem im Verlauf eines beispiellosen Terrorfeldzuges gegen die Kommunisten und alle anderen demokratischen Kräfte die Weimarer Verfassung faktisch außer Kraft gesetzt worden war, erklärten sich führende Männer des deutschen Finanzkapitals, wie Fritz Thyssen, Albert Vögler, Robert Bosch und Carl Friedrich von Siemens, mit den Maßnahmen einverstanden, die in den beiden Gesetzen zur Verminderung der Arbeitslosigkeit vom 1. Juni und 21. September 1933[7] enthalten waren. Beide „Arbeitsbeschaffungsprogramme", von denen das erste – und in diesem Zusammenhang wichtigere – nach dem dafür verantwortlichen Staatssekretär im Reichsfinanzministerium, Fritz Reinhardt, als Reinhardt-Programm bezeichnet worden ist, waren

2 Ebenda.

3 *Vierteljahreshefte zur Konjunkturforschung*, Jg. 1933, H. 4, T. A, S. 217; Kuczynski berechnet für den Winter 1932/33 die Zahl der Arbeitslosen mit neun Millionen. (*Kuczynski, Jürgen,* Studien zur Geschichte der zyklischen Überproduktionskrisen in Deutschland 1918 bis 1945, Berlin 1963, S. 117 = Die Geschichte der Lage der Arbeiter unter dem Kapitalismus, Bd. 15).

4 *Dokumente der deutschen Politik*, hg. v. Paul Meier-Benneckenstein, Bd. 1, Berlin 1935, S. 4.

5 *Documents on German Foreign Policy 1918–1945*, Series C; 1933–1937, vol. I, Washington/London 1957, S. 35 f.

6 *Gossweiler, Kurt,* Der Übergang von der Weltwirtschaftskrise zur Rüstungskonjunktur in Deutschland 1933 bis 1934. Ein historischer Beitrag zur Problematik staatsmonopolistischer „Krisenüberwindung", in: Jahrbuch für Wirtschaftsgeschichte, II/1968, S. 71 ff.

7 *Reichsgesetzblatt* (im folgenden: RGBl.) I 1933, S. 323 ff. u. 651 ff. Über das erste Gesetz hatte am 29. Mai 1933 eine Besprechung Hitlers mit Industriellen stattgefunden; das zweite Gesetz wurde am 19. September 1933 dem Generalrat der Wirtschaft vorgelegt. (*Petzina, Dieter,* Hauptprobleme der deutschen Wirtschaftspolitik 1932–1933, in: Vierteljahrshefte für Zeitgeschichte, 1967, S. 46, 48).

zwar bis zum 1. Juli bzw. 31. März 1934 befristet, konnten aber erst 1935 auslaufen[8]. Dabei hatte die Arbeitslosenzahl bis zur Inkraftsetzung des Reinhardt-Programms um fast eine Million abgenommen; sie betrug

Ende Januar 1933 (1932)	6 013 612	(6 041 010)	und
Ende Mai 1933 (1932)	5 038 640	(5 582 620)[9].	

Der Vergleich mit der Entwicklung im gleichen Zeitraum des Vorjahres deutet schon an, daß der erheblich stärkere Rückgang der Arbeitslosigkeit 1933 nicht nur saisonbedingt war, sondern vor allem auf das weitere Abflauen der Krise zurückzuführen ist sowie auch auf das Wirksamwerden der „Arbeitsbeschaffungsmaßnahmen" der Papen- und der Schleicher-Regierung. Abgesehen davon, daß das dadurch begünstigte Reinhardt-Programm stärker militärische Interessen berücksichtigte, unterschied es sich nicht wesentlich von den „Arbeitsbeschaffungsprogrammen" der Papen- und der Schleicher-Regierung. Zu den vorgesehenen Instandsetzungs- und Landeskultivierungsarbeiten sollten vor allem Arbeitslose herangezogen werden, denen im Weigerungsfall der Entzug der Unterstützung drohte. Als „Notstandsarbeiter" erhielten sie außer dieser Unterstützung monatlich einen „Bedarfsdeckungsschein" im Werte von 25 Mark und täglich eine warme Mahlzeit.

Um möglichst viele Arbeitslose in eine solche Beschäftigung zu bringen, war die Anwendung von Maschinen nur soweit gestattet, als sie „unerläßlich sind und soweit durch die Beschränkung auf menschliche Arbeitskraft keine unverhältnismäßige Verteuerung der Arbeiten eintritt"[10]. Tatsächlich wurde für die Zigarren- und für die chemisch-pharmazeutische Glasindustrie die Aufstellung neuer Maschinen verboten, so daß die Notstandsarbeiter vielfach zu unnötig schweren, ja gesundheitsschädlichen Arbeiten gezwungen waren[11], deren Produktivität notwendigerweise begrenzt blieb. Die Zahl der auf diese Weise beschäftigten Arbeitslosen stieg von 23 665 im Januar 1933 auf 631 436 (Höchststand) im März 1934.[12]

Wie sehr diese Art der „Arbeitsbeschaffung" auf eine Verminderung der Produktivkräfte hinauslief, zeigen besonders die Bestimmungen zur Überführung weiblicher Arbeitskräfte in die Hauswirtschaft[13] und über die Förderung der Eheschließungen, die in dieser Hinsicht etwas völlig Neues darstellten. Alle ledigen Lohn- und Gehaltsempfänger bis zu 55 Jahren wurden zu einer „Ehestandshilfe" herangezogen, die zwei bis fünf Prozent des Einkommens ausmachte. Diese Ledigensteuer diente zur Finan-

[8] *Vierteljahrshefte zur Konjunkturforschung*, Jg. 1935, H. 1, T. B, S. 7. S. auch *Stucken, Rudolf*, Deutsche Geld- und Kreditpolitik 1914–1963, 3. Aufl., Tübingen 1964, S. 123.

[9] *Statistische Beilage* . . ., a. a. O., S. 1, u. 1934, Nr. 7, S. 1.

[10] *RGBl.* I 1933, S. 323.

[11] *Treue, Wilhelm/Frede, Günther*, Wirtschaft und Politik 1933–1945, Hannover 1952, S. 12.

[12] *Statistisches Jahrbuch für das Deutsche Reich* 1934, S. 300.

[13] Bereits am 12. Mai 1933 waren Hausgehilfinnen von der Pflicht zur Arbeitslosenversicherung befreit worden. (*RGBl.* I, S. 265). Dadurch verringerten sich die Aufwendungen bei der Beschäftigung solcher weiblichen Arbeitskräfte, deren Abhängigkeit sich zudem erhöhte, da sie im Falle der Arbeitslosigkeit keine entsprechenden Unterstützungsforderungen geltend machen konnten. Die Zahl der Hausgehilfinnen stieg bis zum Jahresende 1933 von 500 000 auf 600 000. (*Völkischer Beobachter* [im folgenden: VB] v. 28. 3. 1934).

zierung von „Ehestandsdarlehen", die berufstätige Frauen unter der Voraussetzung erhalten konnten, daß sie bei einer Eheschließung ihre Arbeit aufgaben und so lange nicht wieder aufnahmen, wie der Ehemann mehr als 125 Mark monatlich verdiente. Allerdings durfte das Darlehen auch dann noch verweigert werden, „wenn nach der politischen Einstellung eines der beiden Ehegatten anzunehmen ist, daß er sich nicht jederzeit für den nationalen Staat einsetzt"[14]. Ein unter dieser erpresserischen Voraussetzung gewährtes Darlehen konnte bis zu 1 000 Mark betragen und monatlich zu einem Prozent zurückgezahlt werden. Nichtsdestoweniger stieg die Zahl der Eheschließungen geradezu sprunghaft an[15], und die „Nachfrage nach Ehestandsdarlehen" übertraf, wie das Reichsfinanzministerium am 20. März 1934 als Begründung für die Änderung des Gesetzes mitteilte, „alle Erwartungen"[16]. Von August 1933 bis einschließlich Februar 1934 mußten 194 485 Darlehen gewährt werden. Und obgleich deren durchschnittliche Höhe in dieser Zeit von 730 auf 560 Mark reduziert wurde, belief sich der Gesamtbetrag auf 120,5 Millionen und lag damit weit über dem Aufkommen der Ledigensteuer.[17] Deshalb wurde das Gesetz nun in der Weise verändert, daß Frauen, die ein Ehestandsdarlehen erhalten hatten, nur dann wieder eine Arbeit aufnehmen durften, wenn der Ehemann gänzlich arbeitslos war.[18] Nichtsdestoweniger wurden nach dem veröffentlichten Bericht Reinhardts bis zum 31. Dezember 1934 insgesamt 365 591 solcher Darlehen in einem Gesamtbetrag von 200 Millionen Mark gewährt, wodurch die Arbeitslosenzahl um angeblich „mindestens 500 000" verringert wurde.[19]

Diese zuletzt erwähnten Maßnahmen, von denen naturgemäß in erster Linie Jugendliche betroffen wurden, dienten ausschließlich dem Zweck, die Arbeitslosigkeit kurzfristig stark zu verringern, ohne die Konjunktur unmittelbar zu fördern und Arbeitslose in den wieder anlaufenden Produktionsprozeß einzureihen. In Wirklichkeit wurde durch die diskriminierende Verdrängung vieler junger Frauen von ihren Arbeitsplätzen und damit aus dem gesellschaftlichen Leben die werktätige Bevölkerung reduziert.

Einen Versuch, insbesondere die männliche Jugend – und zwar organisiert – aus dem Heer der Arbeitslosen auszugliedern, hatte bereits die Brüning-Regierung zu unternehmen begonnen. In Zusammenarbeit mit reaktionären Wehrverbänden und

[14] *RGBl.* I 1933, S. 377, Durchführungsverordnung über die Gewährung von Ehestandsdarlehen, v. 20. 6. 1933.

[15] Die Zahl der Eheschließungen betrug

1929	589 611	1931	515 403	1933	631 152
1930	562 648	1932	509 597	1934	732 147

(*Statistisches Jahrbuch* ... 1936, S. 37).

[16] Deutsches Zentralarchiv, Historische Abteilung I (im folgenden: DZA), Potsdam, Reichswirtschaftsministerium (im folgenden: RWiM), Nr. 10 390, Bl. 388 v.

[17] Ebenda, Bl. 388 r.; *Soziale Praxis*, Jg. 1934, Sp. 444.

[18] *RGBl.* I 1934, S. 253, Gesetz zur Änderung des Gesetzes über Förderung der Eheschließung, v. 28. 3. 1934.

[19] *VB* v. 31. 1. 1935.

bürgerlichen Jugendorganisationen hatte sie den sogenannten Freiwilligen Arbeitsdienst (FAD) geschaffen, der unter den Regierungen Papen und Schleicher noch erheblich ausgebaut worden war.[20] Seine nunmehr gültige Rechtsgrundlage bildete die Verordnung über den Arbeitsdienst vom 16. Juli 1932[21]. Danach wurden „Arbeitsdienstwillige" gefördert, und zwar „hauptsächlich Personen unter 25 Jahren". Die Reichsanstalt für Arbeitsvermittlung und Arbeitslosenversicherung, deren Präsident, Friedrich Syrup, zugleich „Reichskommissar für den FAD" war[22], zahlte öffentlich-rechtlichen Körperschaften und gemeinnützigen Genossenschaften sowie auch Privatunternehmern[23], die Jugendliche mit Arbeiten beschäftigten, „die weder jetzt noch in absehbarer Zeit ohne Einsatz des freiwilligen Arbeitsdienstes vorgenommen werden" konnten, eine „Pauschalförderung" von höchstens zwei Mark pro Person und Tag. Ausgezahlt bekamen die Jugendlichen allerdings nur 25 Pfennig täglich[24], denn von der Pauschale sollte auch ihre Unterbringung und Verpflegung in den „Arbeitslagern" bestritten werden[25], die vor allem vom „Stahlhelm" und anderen reaktionären Verbänden in vielen Jugendherbergen eingerichtet worden waren[26].

Die Größe dieser Lager war recht unterschiedlich. In der Nähe von Städten gab es viele Lager mit 10 bis 20 Mann, auf dem Lande zählten die kleinsten Lager 40 bis 120 Mann, aber es gab bei entsprechenden Arbeitsvorhaben auch Lager mit 200 bis 400, ja sogar bis zu 600 Mann.[27] Innerhalb der Städte bestanden sogenannte offene oder gemischte Lager, in denen auch weibliche Jugendliche für die Dauer der täglichen Arbeitszeit zusammengefaßt wurden. Insgesamt waren im November 1932 auf diese Weise 285 494 Personen erfaßt worden, das waren 5,3 Prozent der bei den Arbeitsämtern gemeldeten Arbeitslosen.[28]

Da die Beschäftigung im FAD kein Arbeitsverhältnis im Sinne des Arbeitsrechts begründete, konnten die dort erfaßten Jugendlichen weder tarifvertragliche Lohn-

20 Zur Entwicklung des Arbeitsdienstes bis 1933 s. *Schlicker, Wolfgang*, „Freiwilliger" Arbeitsdienst und Arbeitsdienstpflicht 1919–1933. Die Rolle militaristischer und faschistischer Kräfte in den Arbeitsdienstbestrebungen der Weimarer Republik, phil. Diss. Potsdam 1967, S. 201 ff.

21 *RGBl.* I 1932, S. 352 u. 392 ff. (Ausführungsbestimmungen v. 2. 8. 1932); s. dazu auch *Köhler, Henning*, Arbeitsdienst in Deutschland. Pläne und Verwirklichungsformen bis zur Einführung der Arbeitsdienstpflicht im Jahre 1935, (West-)Berlin 1967, S. 254 f. = Schriften zur Wirtschafts- und Sozialgeschichte, Bd. 10.

22 *Reichsarbeitsblatt* (im folgenden: RArbBl.) I 1932, S. 163, Erlaß des Reichspräsidenten, v. 18. 7. 1932. Entsprechend ernannte der Reichsarbeitsminister die Präsidenten der Landesarbeitsämter zu Bezirkskommissaren für den Arbeitsdienst (ebenda).

23 Laut Erlaß des Reichskommissars für den FAD, v. 15. 10. 1932, konnten Privatunternehmen in Arbeitsvorhaben eingeschaltet werden. (Dienstliche Mitteilung der Reichsanstalt für Arbeitsvermittlung und Arbeitslosenversicherung [im folgenden: RAVAV], Nr. 86/1932).

24 Die Arbeitslosigkeit der Jugendlichen, Internationales Arbeitsamt, Genf 1935, S. 125.

25 *RArbBl.* I 1931, S. 181. Runderlaß über die Durchführung des freiwilligen Arbeitsdienstes, v. 29. 7. 1931.

26 *Friedensburg, Ferdinand,* Die Weimarer Republik, Berlin 1946, S. 320, 336.

27 *Croon, Helmuth,* Aktenhaltung und Archivgutpflege im Reichsarbeitsdienst, in: Der Archivar, 1950, Sp. 153.

28 *Statistisches Jahrbuch* ... 1933, S. 306.

und Arbeitszeitbedingungen fordern noch die im Betriebsrätegesetz verankerte Interessenvertretung wahrnehmen. Dementsprechend waren die Arbeitsbedingungen. Im allgemeinen mußten die männlichen Jugendlichen etwa sechs Stunden täglich arbeiten. Sie wurden vorwiegend beim Bau von Meliorationsanlagen, Uferbefestigungen, Wegen und Straßen und bei ähnlichen Arbeiten eingesetzt. Sieht man vom Baugewerbe ab, so stellte der FAD keine „unerwünschte Konkurrenz" für die privatkapitalistische Wirtschaft dar, wie es zunächst befürchtet worden war.[29]

Die Einführung eines solchen Arbeitsdienstes blieb nicht auf Deutschland beschränkt. Ähnliche Einrichtungen wurden auch von den Regierungen anderer von der Weltwirtschaftskrise stark betroffener Länder geschaffen, so in Österreich, Polen, Dänemark, Schweden und England, in der Schweiz und in der Tschechoslowakei, in den Niederlanden und in den USA sowie in Japan.[30] Als staatlicher Eingriff in den Arbeitsmarkt stellte der bei allen Einschränkungen doch freiwillige Arbeitsdienst offenbar das der Krise entsprechende Gegenstück zur allgemeinen Arbeitspflicht dar, die bereits während des ersten Weltkrieges in verschiedenen imperialistischen Staaten eingeführt worden war.[31] Hatte der durch den Krieg hervorgerufene Arbeitskräftemangel zu solch einem „Schritt zur Einsparung von Volksarbeit, zur Verhütung der sinnlosen Vergeudung dieser Arbeit"[32] gedrängt, so mußte die krisenbedingte Massenarbeitslosigkeit einen Schritt in entgegengesetzter Richtung erzwingen. Die Einführung des Arbeitsdienstes verkörperte die Tendenz, Volksarbeit zu verausgaben, ohne die Produktion unmittelbar zu steigern und Arbeitskräfte aus den Zentren der Produktion – und des Klassenkampfes! – in die Weltabgeschiedenheit eines Arbeitslagers zu verbannen.

Nachdem die Zahl der vom FAD erfaßten Jugendlichen von November 1932 bis Januar 1933 um über 100 000 gesenkt werden mußte, damit der Reichshaushalt entlastet werden konnte[33], arbeitete das faschistische Regime – ganz im Sinne seiner Arbeitsbeschaffungspolitik – auf ihr schnelles Wiederansteigen hin:

[29] *Lehfeldt, Bernhard,* Die Arbeitsdienstpflicht, in: RArbBl. II 1931, S. 19 f.; *Funcke, Leo von,* Der Deutsche Arbeitsdienst, München 1934, S. 20. Wie Beschwerden insbesondere von Handwerkerverbänden beim Reichswirtschaftsministerium zeigen, verschärften bestimmte Arbeitszuweisungen an den FAD nicht unerheblich die Lage der kleineren Unternehmen auf dem Auftragsmarkt. Vor allem klagten die Reichsverbände für das deutsche Steinsetz-, Pflasterer- und Straßenbaugewerbe sowie des deutschen Tiefbaugewerbes (DZA Potsdam, RWiM, Nr. 13 616, Bl. 31–54).

[30] *Die Arbeitslosigkeit der Jugendlichen,* a. a. O., S. 118, 132 ff., 143; *Arbeitsdienst in 13 Staaten.* Probleme – Lösungen. Berichte und Vorträge der II. Internationalen Arbeitsdiensttagung in Seelisberg (Schweiz) vom 5. bis 10. September 1937, hg. v. der Schweizerischen Zentralstelle für freiwilligen Arbeitsdienst, Zürich/Leipzig 1939, passim.

[31] vgl *Lenin, W. I.,* Resolution über die gegenwärtige Lage, in: Werke, Bd. 24, Berlin 1959, S. 302; siehe auch die Rede zu dieser Resolution (ebenda, S. 298).

[32] *Lenin, W. I.,* Die drohende Katastrophe und wie man sie bekämpfen soll, in: Werke, Bd. 25, Berlin 1960, S. 370.

[33] *Dienstliche Mitteilung der Reichsanstalt für Arbeitsvermittlung und Arbeitslosenversicherung,* 108/1932.

Die beim FAD beschäftigten männlichen Jugendlichen im ersten Halbjahr 1933[34]

	Personen	in Prozent der registrierten Arbeitslosen
Januar	175 656	2,9
Februar	193 376	3,2
März	213 626	3,8
April	235 064	4,4
Mai	242 676	4,8
Juni	252 357	5,2

Bereits im Juli 1933 erfaßte der FAD wieder 262 992 Jugendliche, das waren immerhin schon 5,9 Prozent der bei den Arbeitsämtern registrierten Arbeitslosen. Doch wurden diese Arbeitslosen im Widerspruch zu der Tatsache, daß die Hälfte von ihnen (131 438) sogar als arbeitssuchend bei den Arbeitsämtern gemeldet war und der FAD als Maßnahme der Arbeitslosenfürsorge galt, nun nicht mehr von der offiziellen Arbeitslosenstatistik erfaßt.[35] Sie waren nicht die einzigen, denen solches widerfuhr.

Als Auffangorganisation für die Jugendlichen, die seit November 1932 aus dem FAD ausschieden, hatten Hindenburg und Schleicher Weihnachten 1932 ein „Notwerk der deutschen Jugend" ins Leben gerufen.[36] Es erfaßte Arbeitslose von 14 bis zu 25 Jahren an ihren Wohnorten in „freiwilligen Kameradschaften". Sie sollten täglich vier Stunden arbeiten und dafür 15 bis 25 Pfennige und eine warme Mahlzeit erhalten. Auch hier waren zum großen Teil reaktionäre und faschistische Verbände die Organisatoren. Bereits im Februar 1933 hatten für etwa 20 Prozent aller Einrichtungen SA, SS und Stahlhelm die Trägerschaft inne.[37] Mitte März 1933 erfaßte das Notwerk annähernd eine Viertelmillion Jugendliche:

Die beim Notwerk beschäftigten Jugendlichen 1933[38]

	Personen	in Prozent der gemeldeten Arbeitslosen
Januar	116 624	1,9
Februar	227 148	3,7
März	216 254	3,6
April	88 021	1,6
Mai	69 377	1,3
Juni	34 724	0,7

Da in den „überwiegend ländlichen Bezirken die Zahl der jugendlichen Arbeitslosen entweder so gering war, daß das Arbeitsamt sich nicht an der Finanzierung ... betei-

[34] *Statistisches Jahrbuch* ... 1934, S. 302; *Das Junge Deutschland*, Jg. 1933, S. 83, 133, 234.

[35] *Vierteljahrshefte zur Konjunkturforschung*, Jg. 1933, H. 2, T. A, S. 89; *Wirtschaft und Statistik*, Jg. 1933, S. 467.

[36] *RArbBl.* I 1932, S. 277 ff.

[37] *Sechster Bericht der Reichsanstalt für Arbeitsvermittlung und Arbeitslosenversicherung*, Beilage zum RArbBl. 1935, Nr. 4, S. 27.

[38] *Statistische Beilage zum RArbBl.* 1933, Nr. 25, S. 12.

ligte oder eine Beschäftigung der Erwerbslosen bereits im Freiwilligen Arbeitsdienst durchgeführt" wurde, rekrutierte sich das Notwerk vorwiegend aus der Arbeiterjugend der Städte, deren „Interessenlosigkeit ein starkes Hemmnis"[39] bildete.

Um solche Hemmnisse möglichst auszuschalten, schuf die Reichsanstalt für Arbeitsvermittlung und Arbeitslosenversicherung, noch bevor das Notwerk am 30. Juni 1933 abgelaufen war, die erforderlichen Voraussetzungen für eine „Unterbringung jugendlicher städtischer Erwerbsloser auf dem Lande", wie sie Schleicher bereits am 17. Oktober 1932 in einem geheimen Schreiben an Papen vorgeschlagen hatte.[40] Am 3. März 1933 wurde – zunächst versuchsweise bis zum 30. Juni 1934 – eine „Landhilfe" ins Leben gerufen.[41]

Im Rahmen dieser Landhilfe verpflichteten die Arbeitsämter 16- bis 21jährige unterstützte Arbeitslose vertraglich für mindestens sechs Monate zur Landarbeit in Betrieben bis zu 40 ha Nutzfläche. Je Betrieb durften nur zwei „Landhelfer" zum Einsatz kommen. Ihre Entlohnung war äußerst gering, zumal sie die Höhe der von der Reichsanstalt gezahlten Beihilfe (20 bis 25 Mark monatlich für den jeweiligen Arbeitgeber) auf keinen Fall überschreiten durfte.[42] Dabei mußte gerade hier häufig bis zu 16 Stunden täglich gearbeitet werden[43], denn im Unterschied zum Arbeitsdienst und Notwerk war die Landhilfe von vornherein wesentlich stärker auf produktive Tätigkeit gerichtet. Natürlich stellte auch sie kein normales Arbeitsverhältnis dar, obwohl die dazu verpflichteten Jugendlichen nicht als arbeitslos galten. Ihre Zahl stieg geradezu sprunghaft an:

Die in der Landhilfe beschäftigten Jugendlichen

April bis Juni 1933[44]	
am 20. April	16 275
am 15. Mai	54 189
am 15. Juni	100 378

Am 31. Juli 1933 unterschlug die offizielle Arbeitslosenstatistik neben den über 260 000 beim FAD beschäftigten Jugendlichen mehr als 140 000 Landhelfer. Das

39 DZA Potsdam, Reichsministerium für Wissenschaft, Erziehung und Volksbildung (im folgenden: REM), Nr. 7 517, Bl. 2, Bericht des Preußischen Ministeriums für Wirtschaft und Arbeit an den Präsidenten der RAVAV, v. 9. 4. 1933.

40 zit. nach *Schützle, Kurt,* Reichswehr wider die Nation. Zur Rolle der Reichswehr bei der Vorbereitung und Errichtung der faschistischen Diktatur in Deutschland (1929–1933), Berlin 1963, S. 188 f.

41 *RArbBl.* I 1933, S. 77 f.

42 Ebenda, S. 87. Nach einer amtlichen Erhebung vom 15. Februar 1934 erhielten

11 455	Landhelfer	einen	Monatslohn	von		14	Mark
39 000	„	„	„	„		14–18	„
39 000	„	„	„	„		18–20	„
51 000	„	„	„	„	über	20	„

(*Soziale Praxis,* Jg. 1934, Sp. 611).

43 *Das Junge Deutschland,* Jg. 1934, S. 312.

44 *RArbBl.* II 1934, S. 96.

war die Ursache dafür, daß die Arbeitslosenziffer in der zweiten Julihälfte 1933 plötzlich um 7,5 Prozent abnahm:

Die Arbeitslosen im Sommer 1933[45]

	Arbeitslose	Rückgang gegenüber dem jeweils vorhergehenden Stand in Prozent
31. Mai	5 038 640	–
16. Juni	4 977 400	1,2
30. Juni	4 856 942	2,4
15. Juli	4 827 050	0,6
31. Juli	4 463 841	7,5 (!)
15. August	4 334 158	2,9

Mit Hilfe dieser statistischen Manipulation wurde der erfolgreiche Anlauf der faschistischen „Arbeitsbeschaffung“ vorgetäuscht, der für die Festigung des faschistischen Regimes von größter Bedeutung war. Ebenso berechtigt, wie zu dieser Zeit Hitler aus dem „Gelingen der Arbeitsbeschaffung ... die stärkste Autorität“[46] für die von ihm repräsentierte Politik erhoffte, befürchtete Reichsfinanzminister Lutz Graf Schwerin-Krosigk, daß jedes „*Anwachsen der Arbeitslosenzahlen* ... in der Öffentlichkeit nur als Fehlschlag der Reichspolitik verstanden werden könnte“[47].

Doch ging es hier nicht nur um eine politisch relevante statistische Manipulation. Indem die Statistik Arbeitsdienst und Landhilfe dem normalen Arbeitsverhältnis gleichsetzte, sanktionierte sie die arbeitsrechtlich unhaltbare Praxis, Arbeitslose zum Arbeitsdienst und zur Landhilfe zu zwingen. Selbst öffentlich wurde kein Zweifel darüber belassen, „daß bei einem ... Arbeitslosen aus einer unbegründeten Ablehnung einer angebotenen Landhelferstelle geschlossen werden muß, daß er der Arbeitsvermittlung nicht zur Verfügung steht.“[48]

Der zwangsweisen Verschickung zur Landhilfe und zum Arbeitsdienst leisteten die davon betroffenen Jugendlichen vielfach erbitterten Widerstand, der sich bis in die Arbeitslager hinein bemerkbar machte, wo er insbesondere vom Kommunistischen Jugendverband Deutschlands organisiert wurde. Anfang August 1933 rief das Zentralkomitee des KJVD die Jugendlichen auf, in den Arbeitslagern „für vollen Tariflohn, für besseres Essen, gegen Kasernierung“[49] zu streiken. Zu dieser Zeit befanden

45 *Wirtschaft und Statistik*, Jg. 1933, S. 467, 546.

46 *Dokumente der deutschen Politik*, Bd. 1, a. a. O., S. 59, Rede Hitlers vor den Reichsstatthaltern über den Abschluß der Revolution, v. 6. 7. 1933.

47 DZA Potsdam, RWiM, Nr. 10 390, Bl. 159 f., Schwerin-Krosigk an Grauert, v. 12. 7. 1933.

48 *Palme, Antonie*, Landhilfe – ein neuer Weg in der Sozialpolitik, in: NS-Sozialpolitik, Jg. 1933, S. 283.

49 *An die arbeitende Jugend Deutschlands!* Aufruf der Bayreuther (Amsterdamer) Tagung des Zentralkomitees des Kommunistischen Jugendverbandes Deutschlands (1. – 4. 8. 1933); in: *Zur Geschichte der Arbeiterjugendbewegung in Deutschland.* Eine Auswahl von Materialien und Dokumenten aus den Jahren 1904–1946, hg. v. der Jugendhochschule „Wilhelm Pieck“ in Zusammenarbeit mit dem Institut für Marxismus-Leninismus beim Zentralkomitee der SED, Berlin 1956, S. 290.

sich in den Arbeitslagern über 4 000 Jungkommunisten; in fast 40 Lagern bestanden Zellen des KJVD.[50] Wie der damalige Vorsitzende des KJVD, Fritz Grosse, berichtete, wurde durch gemeinsame Aktionen mit jungen Katholiken im Rheinland, in der Mark Brandenburg und im Regierungsbezirk Hannover die Auflösung einiger Lager erzwungen.[51] Insgesamt fanden bis zum Frühjahr 1934 in den Arbeitslagern 300 Widerstandsaktionen statt[52], so daß die Konsolidierung des faschistischen Regimes auch von dieser Seite gestört erschien und das Reichsinnenministerium veranlaßt war, die zwangsweise Verschickung Jugendlicher in die Arbeitslager zu untersagen[53]. Arbeitslose Jugendliche, die nach faschistischer Auffassung „aus den dunkelsten Winkeln der Großstädte" kamen und „vom Nationalsozialismus unberührt geblieben" waren[54], wurden deshalb vor allem zur Landhilfe gepreßt, wo sie von der antifaschistischen Widerstandsbewegung weitgehend isoliert waren. Jedenfalls dauerten die Zwangsverschickungen an; denn wohl oder übel mußte das faschistische Regime der Massenarbeitslosigkeit auf diese Weise beizukommen versuchen, solange der Mangel an Rohstoffen und Devisen, die Rüstungsbeschränkungen des Versailler Vertrages und die damit zusammenhängenden Differenzen innerhalb der herrschenden Kreise des deutschen Finanzkapitals einer Forcierung der Aufrüstung im Wege standen[55].

Im Sommer 1933 hatte der Preußische Minister für Wissenschaft, Kunst und Volksbildung, Bernhard Rust, die Vorstellung geäußert, daß die Abgänger der Volksschulen ein Jahr auf dem Lande arbeiten sollten.[56] Derartige Pläne wurden zwar 1933 nicht mehr verwirklicht, blieben aber auf der Tagesordnung. Mit ihnen befaßte sich am 17. November 1933 die 11. Tagung des Ausschusses für das Unterrichtswesen der Länder. Dort erklärte der preußische Vertreter zynisch: „Es sei nicht immer richtig, dem Drängen der jungen Menschen zum Beruf nachzugeben, die Bekämpfung der Arbeitslosigkeit erfordere manchmal das Gegenteil."[57] Dementsprechend sollten nach der Schulentlassung Ostern 1934 aus allen Städten Preußens mit mehr als 15 000 Einwohnern insgesamt 250 000 Schulabgänger zur Arbeit aufs Land geschickt werden.[58] Am 29. März 1934 wurde dann – zunächst nur in Preußen – die sogenannte Land-

[50] *Schmidt, Walter A.*, a. a. O., S. 158 f.

[51] *Grosse, Fritz*, Einheitsfront der arbeitenden Jugend gegen den Faschismus, in: Deutschlands Junge Garde, Berlin 1955, S. 249.

[52] *Jahnke, Karl Heinz*, Der Anteil der deutschen Jugend am antifaschistischen Widerstandskampf unter besonderer Berücksichtigung der kommunistischen Widerstandsbewegung 1933 bis 1945, phil. Habil. Greifswald 1964, S. 185.

[53] *Soziale Praxis*, Jg. 1934, Sp. 172.

[54] *VB* v. 1. 6. 1934.

[55] *Gossweiler, Kurt*, a. a. O., S. 71 ff.

[56] *Eilers, Rolf*, Die nationalsozialistische Schulpolitik. Eine Studie zur Funktion der Erziehung im totalitären Staat, Köln/Opladen 1963, S. 37 = Staat und Politik, Bd. 4.

[57] DZA Potsdam, REM, Nr. 8 923, Bl. 272, Niederschrift der 11. Tagung des Ausschusses für das Unterrichtswesen der Länder, v. 17. 11. 1933.

[58] Ebenda, Bl. 270.

[59] *Preußische Gesetzsammlung* 1934, S. 243 f., Gesetz über das Landjahr in Preußen, v. 29. 3. 1934; 1935 wurde dieses Gesetz auf das Saargebiet ausgedehnt (*RGBl.* I 1935, S. 759) und eine ähn-

jahrpflicht für die Volksschulabgänger verkündet.[59] Allerdings konnten aus finanziellen Gründen[60] nur 22 000 im Sinne der Faschisten „politisch gefährdete" Kinder aus den Großstädten und Industriegebieten zum 15. April 1934 für acht Monate einberufen und in 380 Heimen vor allem in Pommern und Ostpreußen untergebracht werden[61], um halbtags – gewöhnlich vormittags – in den dortigen Gutsbetrieben zu arbeiten. Selbst faschistische Presseberichte kamen nicht umhin zuzugeben, daß das Landjahr vielen Jugendlichen „gar nicht so recht" gefallen wollte, daß sie „heimwehkranke Briefe" nach Hause schrieben und daß „unvernünftige Eltern" gegen die Landjahrverschickung opponierten, und zwar nicht zuletzt deshalb, weil der Eintritt ihrer Kinder in ein Lehr- oder Arbeitsverhältnis verzögert wurde.[62]

Da das faschistische Regime aber nicht eingestehen wollte und konnte, daß unter seiner Herrschaft „ein jugendliches Arbeitsleben mit Arbeitslosigkeit beginnt", wie es in den Richtlinien für das „Hauswirtschaftliche Jahr für Mädchen" vom 5. Mai 1934 hieß[63], sollten sich darüber hinaus mindestens 150 000[64] schulentlassene weibliche Jugendliche verpflichten, ein Jahr „schlicht um schlicht" als Hausmädchen zu arbeiten, ohne damit ein Arbeits- oder Lehrverhältnis einzugehen.

War schon die Zahl der durch das Landjahr erfaßten Jugendlichen wesentlich niedriger als geplant, so muß das Hauswirtschaftliche Jahr geradezu als Fehlschlag erscheinen. Von den weiblichen Jugendlichen, die nach der Schulentlassung 1934 keine Lehr- oder Arbeitsstelle fanden, konnten nur 3 000 veranlaßt werden, unentgeltlich als Hausmädchen in „nationalsozialistischen Haushaltungen" zu arbeiten.[65] Damit entsprach das Hauswirtschaftliche Jahr nach Mitteilung der Reichsanstalt für Arbeitsvermittlung und Arbeitslosenversicherung „bei weitem nicht den Erwartungen, die auf diese für die weibliche Jugend ergriffene Maßnahme gesetzt wurden. Es mußten deshalb die Bemühungen um die Unterbringung der Schulentlassenen von 1934 durch das ganze Jahr hindurch fortgesetzt werden."[66] Wenn auch die Wirksamkeit des Landjahrs und noch mehr des Hauswirtschaftlichen Jahres im Vergleich zum Arbeitsdienst und zur Landhilfe und angesichts der über 1,2 Millionen Schulentlassenen[67]

liche Form wie das Landjahr gesetzlich in Bremen (*Gesetzblatt der freien Hansestadt Bremen* 1935, S. 57) sowie ohne gesetzliche Regelung in Württemberg eingeführt (*Soziale Praxis*, Jg. 1936, Sp. 583 f.).

60 *Rocholl, Arnold*, Die deutsche Jugend im Beruf. Arbeitseinsatz der Jugend, Nachwuchsfragen in der Wirtschaft, Ordnung der nationalen Arbeitserziehung, Hamburg 1937, S. 58.

61 DZA Potsdam, RWiM, Nr. 10 338, Bl. 6, Rundschreiben des Reichserziehungsministeriums betr. Landjahrlagerbesichtigungen an alle obersten Reichsbehörden, v. 22. 8. 1934.

62 *VB* v. 12. 7. 1934. Eilers' Behauptung, daß viele Eltern der Landjahrverschickung ihrer Kinder „gern zustimmten", ist also recht einseitig. (*Eilers, Rolf*, a. a. O., S. 38).

63 *RArbBl.* I 1934, S. 130 ff.

64 *Soziale Praxis*, Jg. 1934, Sp. 822; der *VB* v. 4. 5. 1934 gab sogar 600 000 Mädchen an, die für das „Hauswirtschaftliche Jahr" vorgesehen seien.

65 *Kunzemann, Gertrud*, Mädel im sozialen Dienst, in: Das Junge Deutschland, Jg. 1937, S. 64.

66 *Handrick, Johannes*, Die Schulentlassenen von Oktober 1934 und 1935, in: ebenda, Jg. 1935, S. 62 f.

67 1932 gab es nur 606 000 und 1933 nur 691 000 Schulabgänger. (*Syrup, Friedrich*, Der Arbeitseinsatz und die Arbeitslosenhilfe in Deutschland, Berlin 1936, S. 72).

gering erscheint, so ist zu beachten, daß außerdem schon 1934 „ein großer Teil der Jugendlichen sofort nach der Schulentlassung in den Arbeitsdienst oder in die Landhilfe"[68] einbezogen wurden. Die Landhilfe war deshalb bereits am 7. Mai 1934 bis auf weiteres verlängert worden, wobei die Beihilfe auf 15 Mark reduziert und auch die 14- bis 16jährigen zugelassen worden waren.[69]

Zehn Tage später, am 17. Mai 1934, hatte der neuernannte Staatskommissar für Berlin, Julius Lippert, anläßlich seiner Amtseinführung den sogenannten Göring-Plan verkündet, durch den 200 000 Berliner Abeitslose Arbeit erhalten sollten.[70] Ein großer Teil der erforderlichen Arbeitsplätze sollte dadurch „beschafft" werden, daß in Betrieben beschäftigte Jugendliche ihren Arbeitsplatz zur Verfügung stellten und zum Arbeitsdienst oder zur Landhilfe gingen. In den Richtlinien zur Durchführung des Göring-Planes hieß es eindeutig: „Es steht dem Betriebsführer selbstverständlich frei, von dem Kündigungsrecht nach den allgemeinen gesetzlichen Bestimmungen Gebrauch zu machen, wenn sich Jugendliche weigern, zur Landarbeit hinauszugehen."[71] Zugleich wurde mit einem demagogischen „Appell an den deutschen Jüngling!" eine dementsprechende Kampagne eingeleitet, die in der Zeit vom 25. Juni bis 10. Juli 1934 ihren Höhepunkt finden sollte.[72] Außer den örtlichen Instanzen der Nazipartei schlossen sich dieser Kampagne in jenen von sozialer Mißstimmung, politischer Unsicherheit und blutigem Terror geprägten Tagen, als die herrschenden Kreise ihre nach außenhin als „Röhm-Putsch" bezeichneten Differenzen über den innen- und außenpolitischen Kurs des faschistischen Regimes austrugen, auch Arbeitsämter an.[73] Selbst Syrup und der neuernannte „Führer der Wirtschaft", Rüdiger Graf von der Goltz, forderten in einem Aufruf, die Unternehmer sollten die Zusammensetzung ihrer Betriebsbelegschaften prüfen und „an die Jugendlichen appellieren, in vaterländischem Interesse ihre Arbeitsplätze für ältere Volksgenossen herzugeben."[74]

Als der Vertrauensmann der führenden Kreise der Schwerindustrie und der Reichswehr, Reichsbankpräsident Hjalmar Schacht, der im Ergebnis der Machtkämpfe unter den führenden Kreisen des deutschen Finanzkapitals mit der Geschäftsführung des Reichswirtschaftsministeriums beauftragt wurde, den „Arbeitsplatztausch" zur offiziellen Regierungspolitik erhob und auf ganz Deutschland ausdehnte, waren immerhin schon 20 000 Berliner Jugendliche von ihren Arbeitsplätzen verdrängt und zum Arbeitsdienst und zur Landhilfe gezwungen worden.[75] Gleich nachdem Schacht sein neues Amt übernommen hatte, intervenierte er beim „Stellvertreter des Führers",

[68] *Das Junge Deutschland,* Jg. 1934, S. 247.

[69] *RArbBl.* I 1934, S. 120, Erlaß über die Landhilfe, v. 6. 4. 1934

[70] *Das Archiv,* Mai 1934, S. 209.

[71] DZA Potsdam, RWiM, Nr. 10 391, Bl. 135, „Durchführungsrichtlinien des Göring-Planes für die Betriebsführer und Betriebszellen-Obleute der NSBO über die Ortsgruppen der NSBO vom Landesobmann der NSBO und Bezirkswalter der DAF (Johannes Engel), Juni 1934".

[72] „Nimm die Schippe in die Hand und geh' auf's Land!" (*VB* v. 5. 6. 1934.); DZA Potsdam, RWiM, Nr. 10 391, Bl. 139, Richtlinien . . .

[73] *Die Arbeitslosigkeit der Jugendlichen,* a. a. O., S. 165 ff.

[74] *RArbBl.* II, 1934, S. 335.

[75] *VB* v. 11./12. 11. 1934.

Rudolf Heß, weil „ohne einheitlichen Plan ... eine besondere Verteilung der Arbeitskräfte" vorgenommen wurde, und forderte die „umgehende Herausgabe" einer im Entwurf seinem Schnellbrief beigefügten Verordnung, die die Reichsanstalt für Arbeitsvermittlung und Arbeitslosenversicherung ermächtigte, „die Verteilung von Arbeitskräften, insbesondere ihren Austausch, zu regeln", und der Reichsarbeitsminister Franz Seldte bereits zugestimmt hatte.[76]

Diese sogenannte Schacht-Verordnung[77], die am 10. August 1934 sofort in Kraft gesetzt wurde, bildete die grundlegende rechtliche Voraussetzung für eine umfassende staatsmonopolistische Regelung des Arbeitsmarktes. Die bis dahin erfolgten staatlichen Eingriffe in den Arbeitsmarkt, so die Erfassung Arbeitsloser im Arbeitsdienst, in der Landhilfe und in ähnlichen Einrichtungen, hatten eine rein quantitative Verringerung des Arbeitskräfteangebots bewirkt. Auch dem Gesetz zur Regelung des Arbeitseinsatzes vom 15. Mai 1934, das den Landarbeitern untersagte, in anderen als landwirtschaftlichen Berufen tätig zu sein, kam im wesentlichen noch diese Bedeutung zu.[78] Auf Grund der Schacht-Verordnung bestand nunmehr die Möglichkeit, die Arbeitskräfte planmäßig nach qualitativen Gesichtspunkten zum Einsatz zu bringen und damit die an die Arbeitsplatzwahl gebundene Bewegungsfreiheit der Arbeiter und Angestellten ganz außerordentlich zu beschränken.

Zuerst und in besonderem Maße wurde davon die Arbeiterjugend betroffen.

Am 28. August 1934 ordnete Syrup an, daß Arbeiter und Angestellte unter 25 Jahren in Abstimmung mit dem jeweils zuständigen Arbeitsamt zu entlassen bzw. gar nicht erst einzustellen wären, wenn sie nicht mindestens ein Jahr im Arbeitsdienst oder in der Landhilfe gearbeitet hätten.[79] Jeder jugendliche Arbeiter und Angestellte konnte nunmehr zum Arbeitsdienst oder zur Landhilfe gezwungen und ausdrücklich auch „zum Abtreten seines Arbeitsplatzes und zum Verlassen seiner Berufslaufbahn veranlaßt werden"[80]. Damit verkehrte sich die von den Faschisten propagierte „Arbeitsbeschaffung" für viele Jugendliche geradezu in ihr Gegenteil.

Aber auch die zunehmend verschärfte Anwendung der faschistischen „Arbeitsbeschaffungsmaßnahmen" konnte den Widerstand der betroffenen Jugendlichen nicht zum Erliegen bringen. Das mußte in gewisser Weise sogar öffentlich eingestanden werden. So rügte die faschistische Presse das „verständnislose Verhalten"[81] vieler Jugendlicher, das „gänzlich im Widerspruch zu der beabsichtigten Wirkung der Maßnahmen"[82] stünde. Dieser häufig in organisierten Aktionen gipfelnde Widerstand war

76 DZA Potsdam, RWiM, Nr. 10 391, Bl. 143 f., Schacht an Heß, v. 10. 8. 1934.

77 *RGBl.* I 1934, S. 786, Verordnung über die Verteilung von Arbeitskräften, v. 10. 8. 1934.

78 *RGBl.* I 1934, S. 381. Kuczynski versucht, dieses Gesetz aus der Bedeutung der von Junkern betriebenen Landwirtschaft für die Kriegsvorbereitung zu erklären (*Kuczynski, Jürgen,* Studien zur Geschichte des staatsmonopolistischen Kapitalismus in Deutschland 1918 bis 1945, Berlin 1963, S. 147 f. = Die Geschichte der Lage der Arbeiter unter dem Kapitalismus, Bd. 16).

79 *RArbBl.* I 1934, S. 202 f., Anordnung über die Verteilung von Arbeitskräften, v. 28. 8. 1934.

80 *Müller, Albert,* Austausch der Arbeitsplätze, in: Das Junge Deutschland, Jg. 1934, S. 274.

81 *VB* v. 3./4. 2. 1935.

82 *Hass, Paul,* Aus der Praxis des Arbeitsplatzaustausches, in: Das Junge Deutschland, Jg. 1935, S. 303.

ein Werk der Kommunisten, die damit elementarste Interessen der Arbeiterjugend verteidigten. In Fortsetzung und Ausweitung der Aktionen, die seine Berliner Bezirksleitung mit dem „Anti-Göring-Plan" ausgelöst hatte[83], popularisierte der KJVD einen „Thälmann-Plan", der Aktionen gegen beabsichtigte Entlassungen und Zwangsverschickungen – wie beschwerdeführende Jungarbeiterdelegationen zu den Betriebsleitungen, passive Resistenz und Streiks – mit Forderungen nach Befreiung Ernst Thälmanns, Carlo Mierendorffs und Carl von Ossietzkys aus den faschistischen Kerkern verband[84].

Das geschah im Ergebnis der Tagung des Zentralkomitees der KPD, die Ende Juli/Anfang August 1934 die politische Lage in Deutschland analysiert und eine Wende in der Tätigkeit der gesamten Partei eingeleitet hatte. Angesichts des immer deutlicher hervortretenden jugendfeindlichen Charakters der faschistischen Politik forderte Wilhelm Pieck die sozialdemokratischen Jugendlichen im August 1934 auf, unbedingt eng mit den Kommunisten zusammenzuarbeiten[85]. Nachdem das Zentralkomitee der KPD im November 1934 eine „Resolution zu einigen Fragen der werktätigen Jugend"[86] beschlossen hatte, appellierte der KJVD an die sozialdemokratische, gewerkschaftliche und christliche Jugend Deutschlands und deren illegale und legale Organisationen und Gruppen[87], den Kampf gegen den Faschismus und insbesondere „gegen die Durchführung des Arbeitseinsatz- und Arbeitsaustauschgesetzes, d. h. gegen die Jugendentlassung, gegen den Arbeitsdienstzwang und Landhilfeverschickung"[88] gemeinsam zu führen. Diese Appelle verhallten nicht ungehört. In Berlin und im Ruhrgebiet konnten Jugendliche unterschiedlicher Weltanschauung ihre Entlassung und Verschickung zum Arbeitsdienst und zur Landhilfe durch einheitliches Auftreten verhindern.[89]

b) Die Einführung der Arbeitsdienstpflicht

Trotz vieler erfolgreicher Widerstandsaktionen konnten auf Grund der Anordnung Syrups vom 28. August 1934 bis Juni 1935 über 67 000 in Betrieben beschäftigte Jugendliche in den Arbeitsdienst gezwungen werden.[90] Dennoch war die Zahl der

[83] *Jahnke, Karl Heinz,* a. a. O., S. 189.

[84] *Die Junge Garde,* Jg. 1935, Nr. 1.

[85] *Pieck, Wilhelm,* Offener Brief an alle ehemaligen Mitglieder der Sozialistischen Arbeiterjugend, August 1934, in: *Derselbe,* Reden und Aufsätze, Bd. I; 1908 bis Juni 1945, Berlin 1952, S. 154ff.

[86] *Rundschau über Politik, Wirtschaft und Arbeiterbewegung,* Jg. 1934, S. 2693; siehe dazu *Ulbricht, Walter,* Zur Wendung in der Massenarbeit des Kommunistischen Jugendverbandes Deutschlands, in: *Derselbe,* Zur Geschichte der deutschen Arbeiterbewegung, Bd. II: 1933–1946, Berlin 1963, S. 42 ff.

[87] *Offener Brief an die Mitglieder, Gruppen, Organisationen und Leitungen der Sozialistischen Arbeiterjugend Deutschlands, der Jungsozialisten und der freigewerkschaftlichen Jugend, in:* Rundschau über Politik, Wirtschaft und Arbeiterbewegung, Jg. 1934, S. 3 013 f.; *Einheitsfrontappell an die christliche Jugend, die christlichen Jugend-Verbände, -Vereine und -Gruppen,* in: ebenda, S. 3 079 ff.

[88] Ebenda, S. 3 013

[89] *Jahnke, Karl-Heinz,* a. a. O., S. 186 ff.

[90] 7. *Bericht der RAVAV,* Beilage zum RArbBl. 1935, Nr. 35, S. 17.

dort erfaßten männlichen Jugendlichen niedriger als in den Vorjahren. Zählte der Arbeitsdienst im Juni 1933 noch 252 357 männliche Jugendliche, so waren es im Juni 1934 noch 221 593 und im Juni 1935 nur 212 099.[91] Diese Entwicklung lief der erklärten Absicht des Regimes zuwider, die gesamte deutsche Jugend einer Arbeitsdienstpflicht zu unterwerfen. In ihrem bereits erwähnten Aufruf vom 1. Februar 1933 hatte die Hitler-Regierung den Gedanken der Arbeitsdienstpflicht sogar als einen Grundpfeiler ihres Programms bezeichnet.[92]

Der Arbeitsdienst bot eine keineswegs zu unterschätzende Möglichkeit, Jugendliche faschistisch zu beeinflussen und vormilitärisch auszubilden. Schon unter der Papen-Regierung hatte Schleicher darauf hingewiesen, daß Arbeitsdienst, Notwerk und ähnliche Einrichtungen „in zwingendem Zusammenhang mit der Sicherstellung der Landesverteidigung durch eine gesunde, leistungsfähige und einsatzbereite junge Mannschaft"[93] gesehen werden müßten. Schon damals standen im Arbeitsdienst – ebenso wie dann im Notwerk und später im Landjahr – zwei Stunden täglich für die „Schulung und Ertüchtigung" der Jugendlichen zur Verfügung. Sie wurden von den faschistischen Trägerorganisationen, für die der „Freiwillige Arbeitsdienst" nur eine Vorstufe der allgemeinen Arbeitsdienstpflicht darstellte, bereits lange vor der Einsetzung der Hitler-Regierung in ihrem Sinne genutzt.

Daß der Gedanke der Arbeitsdienstpflicht nicht sofort verwirklicht wurde, lag – chronologisch betrachtet – zunächst einmal an den Differenzen zwischen dem Bundesführer des Stahlhelm, Franz Seldte, und dem „Beauftragten der NSDAP für den Arbeitsdienst", Konstantin Hierl. Seldte, der als Arbeitsminister in die Hitler-Regierung eingetreten war, wurde nach langwierigen Verhandlungen mit Hierl am 13. März 1933 zum Reichskommissar für den Arbeitsdienst ernannt.[94] Das verdankte er nicht zuletzt der Unterstützung durch die Reichswehrführung, die in ihm den „geeigneten Mann" sah, die Jugend „im Verein mit uns Soldaten" vormilitärisch auszubilden.[95] Hitler gegenüber hatte sich Seldte zuvor verpflichtet, den Arbeitsdienst in diesem Sinne zu einer Dienstpflichtorganisation umzubauen.[96] Am 27. April 1933 erklärte Seldte seinen Eintritt in die Nazipartei und am Tage darauf ordnete er an, daß nur noch die im Reichsverband Deutscher Arbeitsdienstvereine zusammengeschlossenen nazistischen Verbände und der Stahlhelm als Träger des Arbeitsdienstes fungieren dürften.[97] Alle anderen Dienstträger mußten sich diesen unterstellen oder ihren Arbeitsdienst nach Abschluß des laufenden Arbeitsvorhabens aufgeben. Die offenen

91 *Statistisches Jahrbuch* ... 1938, S. 637.

92 *Dokumente der deutschen Politik*, Bd. 1, a. a. O., S. 5.

93 Schleicher an Papen, v. 17. 10. 1932, zit. nach *Schützle, Kurt*, a. a. O., S. 189.

94 *Horkenbach, Cuno*, Das Deutsche Reich von 1918 bis heute, Berlin 1935, S. 112.

95 Blomberg in der Befehlshaberbesprechung mit Hitler, am 3. 2. 1933, zit. nach *Vogelsang, Thilo*, Neue Dokumente zur Geschichte der Reichswehr 1930 bis 1933, in: Vierteljahrshefte für Zeitgeschichte, 1954, S. 433.

96 *Benz, Wolfgang*, Vom Freiwilligen Arbeitsdienst zur Arbeitsdienstpflicht, in: ebenda, 1968, S. 333.

97 *RArbBl.* I 1933, S. 124 f., Erlaß über die Dienstträger, v. 28. 4. 1933.

Lager wurden aufgelöst. Die Stammabteilungen der geschlossenen Lager sollten zu 60 Prozent aus Angehörigen faschistischer Verbände bestehen.[98]

Mit der „Gleichschaltung" des Arbeitsdienstes wollte Seldte offenbar seine Kompetenzen gegenüber Hierl unterstreichen, der dann auch am 4. Mai 1933 zum Staatssekretär für den Arbeitsdienst im Reichsarbeitsministerium ernannt[99] und also Seldte unterstellt wurde. Anläßlich seines Amtsantritts gab Hierl eine umfangreiche Erklärung ab[100], in der er die Einführung der Arbeitsdienstpflicht für Anfang 1934 ankündigte. Den Rahmen für die „allgemeine Arbeitsdienstpflichtorganisation" sollte der FAD abgeben, der bis zum 1. Oktober 1933 in ein „staatliches Arbeitsheer" umzuwandeln wäre. Einen entsprechenden Gesetzentwurf stellte er den Ressorts wenige Wochen danach zu.[101]

Die Schwierigkeiten, die sich der Verwirklichung dieses Planes entgegenstellen mußten, wurden von Hierl ganz offensichtlich unterschätzt. Allein die entstehenden Kosten ließen von vornherein bezweifeln, „daß dieser Plan sofort in vollem Umfange"[102] durchführbar sei. Von den veranschlagten 734 Millionen Mark[103] bewilligte das Kabinett nur 200 Millionen, und selbst dieser Etat lag im August 1933 noch unbearbeitet im Reichsfinanzministerium[104]. Neben der ungeklärten Finanzierung und den Widerstandsaktionen in den Arbeitslagern, die die „innere Aufbauarbeit" des Arbeitsdienstes erschwerten, tauchten sofort auch außenpolitische Schwierigkeiten auf. Die Internationale Abrüstungskonferenz des Völkerbundes in Genf erklärte, „daß selbst dann, wenn der Arbeitsdienst nicht militärischen Zwecken dient, seine allgemeine und pflichtmäßige Durchführung als Vorbereitung für den Militärdienst gelten könne."[105] Das für diese Fragen zuständige Effektivkomitee der Konferenz entsprach am 12. Juni 1933 einem französischen Antrag und untersagte „jede Arbeitsdienstpflicht der Jugend vor dem Militärdienst, wenn damit eine Aufstellung ständiger Einheiten und eine ununterbrochene Dienstleistung anstelle vereinzelter Übungen neben der normalen Betätigung der jungen Leute verbunden ist."[106] Da Deutschland nach dem Versailler Vertrag keine Streitkräfte auf der Grundlage der allgemeinen

[98] *Treue, Wilhelm/Frede, Günther,* a. a. O., S. 16. Wenn Seldte die Lager des Stahlhelms auch erst am 24. Juli 1933 offiziell auf den von Hierl geführten Reichsverband übertrug (*Sack, Gerhard,* Die Entwicklung des freiwilligen Arbeitsdienstes in der nationalen Revolution, jur. Diss. Leipzig 1934, S. 26), so war die „Gleichschaltung" des Arbeitsdienstes doch bereits mit dieser Anordnung erreicht.

[99] *Croon, Helmuth,* Arbeitslager und Arbeitsdienst, in: *Die Jugendbewegung.* Welt und Wirkung. Zur 50. Wiederkehr des freideutschen Jugendtages auf dem Hohen Meißner, hg. v. Elisabeth Korn, Otto Suppert, Karl Vogt, Düsseldorf/Köln 1963, S. 234.

[100] *Dokumente der deutschen Politik,* Bd. 1, a. a. O., S. 244 ff.

[101] *Benz, Wolfgang,* a. a. O., S. 335; *Köhler, Henning,* a. a. O., S. 258.

[102] *Varga, Eugen,* Wirtschaft und Wirtschaftspolitik, Januar bis Mai 1933, in: Rundschau über Politik, Wirtschaft und Arbeiterbewegung, Jg. 1933, S. 468.

[103] *Soziale Praxis,* Jg. 1933, S. 744.

[104] *Benz, Wolfgang,* a. a. O., S. 336. Der dann bewilligte Etat reichte bis zum 31. März 1934 für höchstens 250 000 Mann. (Hierl am 30. 11. 1933, in: *Horkenbach, Cuno,* a. a. O., S. 605).

[105] zit. nach *Die Arbeitslosigkeit der Jugendlichen,* a. a. O., S. 112.

[106] Ebenda.

Wehrpflicht unterhalten durfte, konnte das faschistische Regime also auch die Arbeitsdienstpflicht nicht einführen, solange es im Völkerbund verbleiben bzw. die demagogischen Friedensbeteuerungen Hitlers glaubhaft machen wollte. Selbst nach dem Austritt aus dem Völkerbund im Oktober 1933 bildeten die oben zitierten Erklärungen wegen der anhaltenden außenpolitischen Isolierung des faschistischen Regimes ein ernstes Hindernis für die Einführung der Arbeitsdienstpflicht.

Angesichts dieser Schwierigkeiten mußte sich Hierl damit begnügen, den Arbeitsdienst, der nun nichts mehr mit Arbeitslosenhilfe zu tun hatte, von der Reichsanstalt für Arbeitsvermittlung und Arbeitslosenversicherung zu lösen[107]. An die Stelle der 36 Arbeitsamtsbezirke traten Anfang August 1933 für den Arbeitsdienst 30 Arbeitsgaue, bestehend aus je zwei bis acht Arbeitsdienstgruppen, die wiederum in je zwei bis acht Arbeitsdienstabteilungen (Lager) untergliedert wurden. Die Stärke einer aus drei Zügen bestehenden Abteilung wurde auf 216 Mann festgelegt. Die im August 1933 gebildeten Arbeitsgauleitungen unterstanden unmittelbar Hierls Befehlsgewalt. Am 1. Dezember 1933 richteten die Arbeitsgauleitungen Meldeämter ein, die die Funktion der Arbeitsämter übernahmen, denen – allerdings auch nur bis zum 31. März 1934 – das Haushalts-, Kassen- und Rechnungswesen verblieb.

Einer weiteren Verselbständigung des Arbeitsdienstes trat Reichsinnenminister Wilhelm Frick entgegen, der den Arbeitsdienst einem zu errichtenden SA-Ministerium unterstellen wollte. Derartige Intentionen entsprachen durchaus den Bestrebungen vieler SA-Führer, den als Konkurrenz empfundenen Arbeitsdienst in eigene Regie zu nehmen.[108] Ob diese Bestrebungen von Seldte gefördert wurden, wie Hierl später behauptete[109], läßt sich allerdings nur schwer überprüfen. Immerhin waren sie aber so stark, daß Hierl es für angebracht hielt, die aus den verschiedensten Organisationen und besonders auch aus der SA kommenden Arbeitsdienstführer am 14. und 15. Februar 1934 auf der Wartburg zu versammeln, um sie für die eigenständige Existenz des Nationalsozialistischen Arbeitsdienstes (NSAD) – wie dessen offizielle Bezeichnung lauten sollte – zu gewinnen; zehn Tage später ließ er die NSAD-Führer auf Adolf Hitler vereidigen.[110] Mit diesen Gegenmaßnahmen erreichte Hierl zunächst die Anerkennung des NSAD als öffentliche Körperschaft, der per 1. April 1934 ein eigener Etat nach Maßgabe der Reichshaushaltsordnung gewährt wurde[111]. Doch sollte sich die Haltung, die Hierl damit gegenüber der SA-Führung zum Ausdruck brachte[112], auch weiterhin auszahlen.

107 *Köhler, Henning,* a. a. O., S. 254; *Benz, Wolfgang,* a. a. O., S. 334.

108 *Köhler,* S. 251; *Benz,* S. 331, 338 f.

109 Auf einer „Erinnerungstagung" von Arbeitsdienstführern am 20. August 1935 in Großkühnau erklärte Hierl: „Ich darf nur an die schwerste Krise Anfang 1934 erinnern. Es war die Zeit, als der damalige Reichskommissar bereit war, den Arbeitsdienst durch die Eingliederung in die SA dem damaligen Stabschef auszuliefern. Das wäre das Ende des Arbeitsdienstes gewesen." *(Hierl, Konstantin,* Ausgewählte Schriften, hg. v. Herbert von Stetten-Erb, Bd. II, München 1941, S. 222).

110 *Brauer, Heinz,* Der Arbeitsdienst in seiner historischen Entwicklung und gegenwärtigen rechtlichen Gestalt, jur. Diss. Hamburg 1935, S. 97.

111 *Schmeidler, Herbert,* Die Verwaltung im Arbeitsdienst, in: NS-Monatshefte, Jg. 1934, S. 1 009 f.

112 *Köhler, Henning,* a. a. O., S. 260 f.

Am 29. Juni 1934 besichtigte Hitler die NSAD-Führerschule Buddenburg bei Lünen in Westfalen. In einem anschließenden Gespräch unter vier Augen kündigte er Hierl die unmittelbar bevorstehende blutige Ausschaltung Ernst Röhms und der anderen SA-Führer an und versprach, daß das Amt des Reichskommissars für den Arbeitsdienst danach Hierl übertragen würde.[113] Das geschah dann auch. Zugleich wurde der Arbeitsdienst aus dem Kompetenzbereich des Arbeitsministeriums herausgelöst und dem Innenministerium unterstellt, in das Hierl als Staatssekretär eintrat.[114] Damit wurde der Arbeitsdienst nicht nur Seldtes direkter Einflußnahme endgültig entzogen, sondern darüber hinaus der Einwirkung einer innerhalb des faschistischen Terrorapparates maßgebenden Instanz unmittelbar ausgesetzt. Das war angesichts der Widerstandsaktionen der Jugendlichen, die auf Grund der Schacht-Verordnung zum Arbeitsdienst gezwungen wurden, von entscheidender Bedeutung. Anfang 1935 verkündete das Innenministerium eine Dienststrafordnung für die Angehörigen des Arbeitsdienstes, die Stuben- und Lagerarreste bis zu vier Wochen und Gefängniszellenarreste bis zu acht Monaten vorsah.[115] Wie die Arbeitsdienstführung den Reichsministerien am 21. März 1935, wenige Tage nach der Verkündigung der Wiedereinführung der allgemeinen Wehrpflicht durch Hitler, mitteilte, war der Arbeitsdienst nunmehr „so ausgebaut, daß nach bemessener Anlaufzeit die allgemeine Arbeitsdienstpflicht reibungslos durchgeführt werden kann. Ernste außenpolitische Schwierigkeiten sind nicht zu erwarten . . ."[116]

In der Tat hatte sich das faschistische Regime – auch außenpolitisch – soweit konsolidiert, daß die Aufrüstung offen forciert werden konnte. Das imperialistische Ausland hatte die Aufkündigung der Rüstungsbeschränkungen des Versailler Vertrages hingenommen und leistete auch der Inkraftsetzung des lange vorbereiteten Gesetzes über den Aufbau der Wehrmacht am 16. März 1935 keinerlei ernstzunehmenden Widerstand. Waren damit alle wesentlichen Voraussetzungen für die Verwirklichung der Arbeitsdienstpflicht gegeben, so drohte die gleichzeitige Einführung der allgemeinen Wehrpflicht und der Arbeitsdienstpflicht jetzt, wie Schacht und Seldte angesichts der sprunghaft wachsenden Rüstungsproduktion in eiligen Stellungnahmen übereinstimmend warnten, „die Versorgung der Wirtschaft mit jugendlichen Arbeitskräften ernstlich zu gefährden."[117]

Schacht hatte bisher nur „ein Zwischending zwischen freiwilligem Arbeitsdienst

[113] *Hierl, Konstantin,* Im Dienst für Deutschland 1918–1945, Heidelberg 1954, S. 130; *Vogelsang, Thilo,* Zur Entwicklung des Arbeitsdienstes, in: *Gutachten des Instituts für Zeitgeschichte,* Bd. II, Stuttgart 1966, S. 144 f.

[114] *Das Archiv,* Juli 1934, S. 512; *RGBl.* I 1934, S. 581 f., 2. Verordnung über den Arbeitsdienst, v. 3. 7. 1934.

[115] *RGBl.* I 1935, S. 5 ff., Dienststrafordnung für die Angehörigen des Freiwilligen Arbeitsdienstes, v. 8. 1. 1935.

[116] DZA Potsdam, RWiM, Nr. 10 338, Bl. 128, Begründung zum Entwurf des Reichsarbeitsdienst-Gesetzes, v. 21. 3. 1935.

[117] Ebenda, Bl. 134, Schacht an sämtliche Ressorts, v. 28. 3. 1935; Bl. 139, Seldte an sämtliche Ressorts, v. 28. 3. 1935 (Zitat).

und Arbeitsdienstpflicht"[118] zugelassen, wie die Arbeitsdienstführung den auf Grund der Schacht-Verordnung geschaffenen Zustand recht treffend charakterisierte. Auch der in dieser Weise regulierte Arbeitsdienst hätte beim weiteren Ansteigen der Beschäftigung zwangsläufig verschwinden müssen, ebenso wie der freiwillige Arbeitsdienst in den anderen Ländern verschwand[119]. Die Arbeitsdienstführung rechnete damit, daß bei einer 60prozentigen Erfassung des jeweiligen Jahrgangs zunächst 163 400 männliche Jugendliche ihre Arbeitsplätze in Betrieben und Verwaltungen zur Ableistung der Arbeitsdienstpflicht verlassen müßten.[120] Im Verhältnis zu den 67 000 Jugendlichen, die – wie bereits erwähnt – auf Grund der bisherigen Regelung diesen Weg gehen mußten, war das eine beachtlich hohe Zahl. Und diese Zahl mußte größer werden, wenn die Beschäftigung Jugendlicher in der Rüstungsindustrie weiter zunahm. Der wenig später festgestellte „Zwiespalt zwischen dem Mannschaftsbedarf der Wehrmacht und dem Arbeiterbedarf der Wirtschaft"[121] wurde hier bereits sichtbar und erklärt das unterschiedliche Verhalten zur Arbeitsdienstpflicht innerhalb der faschistischen Ministerialbürokratie, das in einer Vorlage für den Reichserziehungsminister Rust[122] folgendermaßen beschrieben wird:

„Die Stellungnahmen zum Arbeitsdienstgesetz lassen drei Gruppen ersichtlich werden.
1. Eine Gruppe, die das Gesetz möglichst *bis auf weiteres* zurückgestellt wissen möchte;
2. eine Gruppe, die das Gesetz *sofort* in Kraft gesetzt sehen möchte, die jedoch dabei die Aufgaben des Arbeitsdienstes in einer Weise formuliert und durchgeführt wissen will, wie sie von Herrn Minister nicht verantwortet werden können;
3. eine Gruppe, die den Erziehungsgedanken mehr als in der Vorlage zum Ausdruck gebracht sehen möchte.

Zu 1. Das Hauptargument der Vertreter dieser Gruppe ist die Entvölkerung des Arbeitsmarktes von jungen Arbeitern durch den Arbeitsdienst. Es soll die Gefahr bestehen, daß kein jugendlicher Facharbeiternachwuchs herangezogen werden kann... Das ist jedoch nicht der wahre Grund. Die Wirtschaft hat ein sehr großes Interesse daran, mit jungen, billigen Kräften arbeiten zu können; sie mag nicht die verheirateten Leute, die höher zu bezahlen sind, beschäftigen. Solange noch viele Tausende von verheirateten Volksgenossen arbeitslos sind, kann dieses Argument nicht durchschlagen ...

Der zweite Einwand dieser Gruppe ist die Unmöglichkeit der Finanzierung. Da diese Gruppe den erzieherischen Wert und die produktiven Arbeitsleistungen des

118 Ebenda, Bl. 128, Begründung zum Entwurf des Reichsarbeitsdienstgesetzes, v. 21. 3. 1935.

119 *Raupach, Hans,* Arbeitsdienst, in: *Handwörterbuch der Sozialwissenschaften,* hg. v. Erwin Beckerath u. a., Bd. 1, Stuttgart/Tübingen/Göttingen 1956, S. 297.

120 DZA Potsdam, RWiM, Nr. 10 338, Bl. 132. Außerdem waren 35 000 Abiturienten und Studenten sowie 51 600 nicht unterstützte Arbeitslose für den Arbeitsdienst vorgesehen.

121 *Beyer, Friedrich,* Der Arbeitseinsatz in der Wehrwirtschaft, Berlin 1936, S. 103.

122 DZA Potsdam, REM, Nr. 11 840/1, Bl. 15 ff., Vorlage für Rust, weder datiert noch gezeichnet. (Hervorhebungen im Original).

Arbeitsdienstes unterschätzt, kommt sie allerdings zu der Überzeugung, die Finanzierung des Arbeitsdienstes sei unmöglich, zu mindesten (sic) müßten andere Dinge vorangestellt werden ...

Zu 2. Diese Gruppe besteht fast ausschließlich aus den Angehörigen des Arbeitsdienstes. Der Blick dieser Gruppe ist allzusehr darauf gerichtet, was für produktive Werte durch den Arbeitsdienst geschaffen werden können ... Um sich nicht allzusehr mit unproduktiven Kräften zu belasten, stellen sie sehr hohe Anforderungen an die Tauglichkeit der Arbeitsdienstmänner. Diese Anforderungen sind bisweilen höher als die der Wehrmacht. Sie errechnen deshalb eine Tauglichkeitsquote von etwa 60 bis 65 %. Das ist außerordentlich niedrig ... Um ein eingearbeitetes Menschenmaterial zu erhalten, und um damit die Produktivität zu erhöhen, treten die Anhänger der Gruppe 2 für eine möglichst lange Arbeitsdienstzeit (am besten 1 Jahr) ein. Die erzieherischen Momente treten infolge dieser Wünsche sehr stark in den Hintergrund. Die Forderung auf eine möglichst lange Arbeitsdienstzeit ist zur Zeit von ihnen zurückgestellt worden ...

Zu 3. Diese Gruppe wird einmütig von den Referenten des Hauses gebildet und sie erhält eine gewisse Unterstützung aus den Kreisen der Wehrmacht und des Rassepolitischen-Amtes (sic). Die erzieherischen Momente des Arbeitsdienstes werden allen anderen Werten des Arbeitsdienstes vorangestellt: Daraus folgert ..., daß der Arbeitsdienst so weitgehend wie möglich alle jugendlichen Volksgenossen beiderlei Geschlechts erfassen muß ... Der Standpunkt der Gruppe 2, der von der Tauglichkeit für die Arbeiten des Arbeitsdienstes ausgeht, wird von der Gruppe 3 abgelehnt. Da in Frankreich 78 % jeden Jahrgangs als militärtauglich befunden werden, so ist es ohne weiteres ersichtlich, daß die vom Arbeitsdienst angenommene Tauglichkeit von 60–65 % viel zu niedrig gegriffen ist ... Es ist deshalb nicht zuviel gesagt, wenn man eine Tauglichkeitsquote von 85–90 % beim Arbeitsdienst fordert. Damit nähert man sich der Forderung der Gruppe 3, daß möglichst *alle* Volksgenossen im jugendlichen Alter zum Arbeitsdienst herangezogen werden sollen.

Die Stellungnahme zu den Werten des Arbeitsdienstes bedingt daneben eine verschiedene Stellungnahme zu der Länge der Arbeitsdienstzeit ... Sieht man ... im Arbeitsdienst in erster Linie die erzieherischen Werte, so genügt ein halbes Jahr Arbeitsdienst ... Der Arbeitsdienst kann nur eine Erziehungs*stufe* sein ..."

Nachdem bereits das Wehrgesetz vom 21. Mai 1935 jedem männlichen Jugendlichen die „Erfüllung der Arbeitsdienstpflicht"[123] vor Antritt des Militärdienstes vorgeschrieben hatte und der Jahrgang 1915 laut Verordnung über die Musterung und Aushebung vom 29. Mai 1935 für den Arbeitsdienst vorgesehen worden war[124], wurde am 26. Juni 1935 mit dem „Reichsarbeitsdienst"-Gesetz[125] die Arbeitsdienstpflicht für Jugendliche von 18 bis 25 Jahren dekretiert. Ein Erlaß Hitlers vom gleichen Tage

[123] *RGBl.* I 1935, S. 609.

[124] Ebenda, S. 697.

[125] Ebenda, S. 769 ff.

bemaß die Dienstzeit auf jeweils ein halbes Jahr und die Zahl der einzuberufenden Jugendlichen auf zunächst 200 000 Mann.[126]

Obwohl die Arbeitsdienstführung von vornherein bereit gewesen war, den RAD für die weibliche Jugend zunächst noch auf „freiwilliger" Basis zu betreiben, „um dem Auslande gegenüber den nichtmilitärischen Charakter der Arbeitsdienstpflicht zu unterstreichen"[127], war der Arbeitsdienst nunmehr eine faschistische Dienstpflichtorganisation, deren Zusammenhang mit dem – und der hier dargestellten kontinuierlichen Entwicklung aus dem – „Freiwilligen Arbeitsdienst" der Weimarer Republik von bürgerlichen Publizisten in der BRD geleugnet wird[128]. Das geschieht unter der doktrinären Voraussetzung, daß Tendenzen zum Faschismus, die damals neben der NSDAP und dem Stahlhelm im FAD ein Wirkungsfeld fanden, durchaus mit einer Demokratie vereinbar wären.

Im RAD wurde die im Arbeitsdienst von Anfang an betriebene vormilitärische Ausbildung und faschistische Erziehung Jugendlicher zur absolut vorherrschenden Komponente. Die Arbeitsdienstpflicht ersetzte die Wehrpflicht nicht, ergänzte sie aber wesentlich. Anstatt die Zahl der jugendlichen Arbeitslosen in den faschistischen Statistiken zu vermindern, entzog sie den Betrieben jugendliche Arbeitskräfte, die – und das darf beim RAD nicht übersehen werden – zu befristeter Zwangsarbeit verurteilt wurden. Vor allem in der Investitionssphäre konnten mit dem Einsatz dieses staatlichen Arbeitsheeres Vorhaben in Angriff genommen werden, die „staatspolitischen Zwecken" dienten, „deren Ausführung durch die private Wirtschaft aber an der Kostenfrage scheitern würde."[129]

Unmittelbar bevor die Einberufung der wehr- und arbeitsdienstpflichtigen Jugendlichen wirksam wurde, am 31. Oktober 1935, führte die Reichsanstalt für Arbeitsvermittlung und Arbeitslosenversicherung ihre dritte Sonderzählung der bei den Arbeitsämtern gemeldeten Arbeitslosen durch und stellte fest, daß die Arbeitslosigkeit seit der ersten Sonderzählung am 16. Juni 1933 um über 60 Prozent abgenommen hatte:

Der Rückgang der Arbeitslosigkeit 1933 bis 1935[130]

Zählung	Arbeitslose	Rückgang gegenüber dem Stand vom 16. 6. 1933 in Prozent
16. Juni 1933	5 055 602	–
15. Juni 1934	2 696 195	46,7
31. Okt. 1935	1 921 827	62,0

[126] Ebenda, S. 772.

[127] DZA Potsdam, RWiM, Nr. 10 338, Bl. 128, Begründung zum Entwurf des Reichsarbeitsdienst-Gesetzes, v. 21. 3. 1935.

[128] *Benz, Wolfgang*, a. a. O.; *Croon, Helmuth*, Arbeitslager und Arbeitsdienst, a. a. O.; *Köhler, Henning*, a. a. O.

[129] *Egloff, Helmut*, Die Arbeit im neuen Reich, in: Jahrbuch für nationalsozialistische Wirtschaft, hg. v. Otto Mönckmeier, Stuttgart/Berlin 1935, S. 148.

[130] *Statistisches Jahrbuch* ... 1934, S. 311; 1935, S. 321; 1936 S. 339.

Bei den Arbeitslosen unter 25 Jahren war der Rückgang – insbesondere bis Mitte 1934 – noch stärker:

Die jugendlichen Arbeitslosen 1933 bis 1935[131]

Zählung	Arbeitslose unter 25 Jahren	Anteil an der Gesamtzahl in Prozent	Rückgang gegenüber dem Stand vom 16. 6. 1933 in Prozent
16. Juni 1933	1 317 433	26,1	–
15. Juni 1934	507 864	18,8	61,3
31. Okt. 1935	427 652	22,2	67,6

In diesen Zahlen sind außer den Notstandsarbeitern[132] auch die Jugendlichen, die im Rahmen der Landhilfe, des Landjahrs und des Hauswirtschaftlichen Jahres für Mädchen beschäftigt wurden, nicht enthalten:

Die Jugendlichen in der Landhilfe, im Landjahr und im Hauswirtschaftlichen Jahr für Mädchen 1933 bis 1935

	Jugendliche in der Landhilfe[133]	im Landjahr[134] (rd.)	im Hauswirtschaftlichen Jahr[135] (rd.)	insgesamt (rd.)
Juni 1933	100 378	–	–	100 000
Juni 1934	145 151	22 000	3 000	170 000
Okt. 1935 (rd.)	117 000	31 000	5 000	153 000

Die Zahl der auf diese Weise beschäftigten Jugendlichen war also – wiederum insbesondere bis Mitte 1934 – stark gestiegen. Dabei bildet sie noch den kleineren Teil der Gesamtzahl Jugendlicher, die von der Arbeitslosenstatistik nicht berücksichtigt wurde. Der in den Sonderzählungen der Reichsanstalt ausgewiesene überdurchschnittliche Rückgang der Arbeitslosigkeit unter den Jugendlichen ist nämlich vor allem darauf zurückzuführen, daß die Jugendlichen im Arbeitsdienst (und im Notwerk) im Juni 1933 noch als arbeitslos gezählt worden waren, bei den folgenden Zählungen jedoch nicht mehr erfaßt wurden. Im Oktober 1935 befanden sich im Arbeitsdienst einschließlich des Stammpersonals immerhin 193 699 Jugendliche.[136] Demzufolge haben bis zu diesem Zeitpunkt nicht 0,9 Millionen Jugendliche eine reguläre Beschäftigung gefunden, wie die Sonderzählungen der Reichsanstalt vortäuschen, sondern höchstens 550 000. Die meisten davon dürften schon bis Mitte 1934 einen Arbeitsplatz oder eine Lehrstelle erhalten haben. Nach diesem Zeitpunkt scheinen nur noch

131 Ebenda.

132 Die Zahl der Notstandsarbeiter betrug im Juni 1933 114 933, im Juni 1934 386 863 und im Oktober 1935 141 958. (*Statistisches Jahrbuch* ... 1934, S. 300; 1936, S. 325.).

133 *RArbBl.* II 1934, S. 96, 266; *Soziale Praxis*, Jg. 1936, Sp. 616.

134 *Das Junge Deutschland*, Jg. 1935, S. 226.

135 Ebenda, Jg. 1937, S. 64.

136 *Wirtschaft und Statistik*, Jg. 1938, S. 126.

etwa 130 000 Jugendliche in ein Arbeits- oder Lehrverhältnis eingetreten zu sein, ebensoviel wie von Oktober 1934 bis Oktober 1935 auf Grund der Schacht-Verordnung aus den Betrieben entlassen wurden[137].

Der starke Rückgang der Arbeitslosigkeit unter den Jugendlichen wurde schließlich durch umfangreiche Rekrutierungen bewirkt, die die Reichswehr schon vor der Einführung der allgemeinen Wehrpflicht vorgenommen hatte. Die dafür angegebenen Zahlen weichen zwar nicht unerheblich voneinander ab, lassen aber keinen Zweifel daran, daß die Reichswehr von 1933 bis 1935 um etwa 250 000 Mann verstärkt worden ist[138], die zu einem wesentlichen Teil entweder arbeitslos gewesen sein oder aber ihre Arbeitsplätze aufgegeben haben dürften.

Insgesamt wurden also schon vor dem Wirksamwerden der Wehr- und Arbeitsdienstpflicht mehrere Hunderttausend Jugendliche unter Ausnutzung ihrer ökonomischen Zwangslage und – zunehmend – unter Anwendung außerökonomischer Zwangsmaßnahmen von der Reichswehr rekrutiert oder im Arbeitsdienst, in der Landhilfe und ähnlichen in unterschiedlicher Weise mit faschistischer Schulung und vormilitärischer Ausbildung verbundenen Einrichtungen erfaßt und systematisch auf den Krieg vorbereitet. Das bedeutet, daß die – zudem manipulierte – statistisch ausgewiesene Verminderung der Arbeitslosigkeit gerade bei den Jugendlichen nur zu einem Teil auf regulärer Arbeitsbeschaffung durch Ausnutzung der Produktionskapazität beruhte.

Die arbeitsrechtlich unhaltbare Herauslösung der im Arbeitsdienst und in der Landhilfe beschäftigten jugendlichen Arbeitslosen aus der Arbeitslosenstatistik führte schließlich auch dazu, daß unzählige Jugendliche den Anspruch auf Arbeitslosenunterstützung verloren. In welchem Maße arbeitslose Jugendliche tatsächlich auf die ihnen zustehende Unterstützung verzichten mußten, vermag folgende Statistik, die auf Angaben der Reichsanstalt für Arbeitsvermittlung und Arbeitslosenversicherung beruht, leider nur anzudeuten:

Die Hauptunterstützungsempfänger der Arbeitslosenversicherung und der Krisenfürsorge 1933 bis 1935[139]

	insgesamt	unter 25 Jahren
15. Aug. 1933	1 574 853	280 104
31. Aug. 1934	1 092 934	114 656
31. Aug. 1935	865 620	82 896

Auch hier wird die hohe durchschnittliche Abnahme noch weit von der bei den Jugendlichen übertroffen.

137 7. *Bericht der RAVAV*, a. a. O., S. 17.

138 Nach den Unterlagen des Deuxième Bureau des französischen Generalstabs betrug die Mannschaftsstärke der Reichswehr am 1. April 1933 130 000 Mann und am 15. März 1935 380 000 Mann. (*Castellan, Georges,* Le Réarmement clandestin du Reich 1930–1935, Paris 1954, S. 113). In Deutschland wurde die Kopfstärke des Heeres für 1935 mit 296 000 Mann angegeben. (*Ploetz, Geschichte des Zweiten Weltkrieges,* 2. Teil: Die Kriegsmittel, Würzburg 1960, S. 122).

139 *Statistisches Jahrbuch* ... 1933, S. 304; 1934; S. 316; 1935, S. 326.

Obwohl die Zahl der Unterstützungsempfänger derartig reduziert wurde, erhob die Reichsanstalt in der Zeit vom 1. April 1934 bis zum 31. März 1935 eine zusätzliche Abgabe für „Zwecke der Arbeitslosenhilfe" vom Arbeitslohn[140]. Sie betrug 1,5 bis 6,5 Prozent der Lohneinkommen von 100 Mark monatlich aufwärts an. Mit Hilfe dieser „Arbeitslosenabgabe", der regulären Arbeitslosenversicherung und der Ledigensteuer zwang das faschistische Regime der arbeitenden Bevölkerung einen großen Teil der Kosten der „Arbeitsbeschaffung" auf.

2. Gründe und Grenzen der „sozialen Arbeit" der faschistischen Organisationen „Hitler-Jugend" und „Deutsche Arbeitsfront"

a) Die beginnende Einflußnahme der Hitler-Jugend und der Arbeitsfront auf die Arbeiterjugend in Deutschland – Der „Reichsberufswettkampf"

In der Skala der Einrichtungen, die insbesondere die männliche deutsche Jugend faschistisch erziehen und militärisch ausbilden sollten, stellte der Reichsarbeitsdienst die letzte Stufe vor der Wehrmacht dar. Die Schule und ein ganzes Netz faschistischer Organisationen bildeten die Vorstufen. Hitler selbst beschrieb dieses umfassende und geschlossene militaristische System des faschistischen deutschen Imperialismus auf dem Nürnberger Parteitag 1935 mit folgenden Worten: „Der Knabe wird eintreten in das Jungvolk, und der Pimpf wird zur Hitler-Jugend kommen, und der Junge der Hitler-Jugend wird einrücken in die SA, SS und die anderen Verbände, und die SA-Männer und die SS-Männer werden eines Tages einrücken zum Arbeitsdienst und von dort zur Armee ..."[1] Nächst der Schule sollten es also vor allem die Gliederungen der Hitler-Jugend (HJ) sein, in denen die deutsche Jugend auf den Krieg vorbereitet wurde.

Diese faschistische Jugendorganisation war bereits am 31. Mai 1929 unter der Bezeichnung „Hitler-Jugend – Bund Deutscher Arbeiterjugend" beim Amtsgericht Plauen (Vogtland) in das Vereinsregister eingetragen worden.[2] Die Anfänge des damals noch recht kleinen faschistischen Jugendverbandes, dessen über 18 Jahre alte Mitglieder der Nazipartei bzw. der SA angehören mußten, reichten zwar noch weiter zurück, doch erst während der Weltwirtschaftskrise nahm er – wie die gesamte faschistische Bewegung in Deutschland – einen fühlbaren Aufschwung. Dieser spielte sich im wesentlichen unter der Führung Baldur von Schirachs ab, den Hitler am 30. Oktober 1931 zum „Reichsjugendführer der NSDAP" ernannt hatte.[3]

Der im Nürnberger Hauptkriegsverbrecherprozeß zu 20 Jahren Haft verurteilte Baldur von Schirach entstammt jener in der herrschenden Klasse des preußisch-deut-

[140] *RGBl.* I 1934, 237, Arbeitslosenhilfeabgabe-Gesetz, v. 23. 3. 1934.

[1] *Der Hoheitsträger*, Jg. 1939, Folge 3, S. 25.

[2] *Baaden, Franz,* Jugendverfassung und Jugenddienstpflicht, Berlin/Leipzig/Wien 1943, S. 10.

[3] s. *Klönne, Arno,* Hitlerjugend. Die Jugend und ihre Organisation im Dritten Reich, Hannover/Frankfurt a. M. 1960, S. 9 f.

schen Kaiserreiches verwurzelten Offiziers- und Beamtenkaste, die in der Novemberrevolution von wichtigen Machtpositionen verdrängt worden war und unter deren Angehörigen Hitler bereits in den zwanziger Jahren geradezu fanatisch ergebene Anhänger fand.[4] In Weimar, wo Schirachs Vater, ein ehemaliger Rittmeister des Garde du corps, der in eine amerikanische Millionärsfamilie eingeheiratet hatte, bis zur Novemberrevolution Generalintendant des Hoftheaters gewesen war, hatte sich der 18jährige der Nazipartei angeschlossen. Hitler, der im Hause der Schirachs ein gern gesehener Gast war, bewog ihn dann, nach München zu gehen. Dort schrieb sich Schirach 1927 an der Ludwig-Maximilian-Universität ein, um Germanistik zu studieren – und unter den Studenten für die Nazis zu agitieren. Vor allem dem letzteren widmete er sich mit ganzer Kraft und nicht ohne Erfolg. Ein Jahr später war er bereits Führer des nazistischen Studentenbundes. Und nachdem er 1929 seine demagogischen Fähigkeiten auf einer faschistischen Massenveranstaltung in Hamburg auch als Redner unter Beweis gestellt hatte, rückte er endgültig in den führenden Kreis der faschistischen Bewegung in Deutschland auf. Im Frühjahr 1931 mußte er sich allerdings von Hitler gegen die Opposition im nazistischen Studentenbund in Schutz nehmen lassen, revanchierte sich dann aber dadurch, daß er im entscheidenden Moment gegen Gregor Strasser auftrat. Deshalb war es sicher kein Zufall, daß Hitler ihm mit der Ernennung zum Reichsjugendführer die HJ unterstellte, deren radikal auftretende Führer auf Strasser und die SA-Führer um Ernst Röhm zählten.[5]

Unter Schirachs Führung betrieb die HJ während der Weltwirtschaftskrise unter der notleidenden deutschen Jugend eine großangelegte demagogische Propaganda, in der neben nationalen vor allem antikapitalistische Phrasen dominierten. Ja, eine kritische Untersuchung zeigt, „daß die Inanspruchnahme sozialrevolutionärer Motive und die Verwendung ‚sozialrevolutionären Pathos' und dementsprechender Formen und Verhaltensweisen, sowie die Aggressivität gegenüber der sogenannten Reaktion, innerhalb der HJ ... eine weit bedeutsamere Rolle gespielt hat als irgendwo sonst innerhalb der NS-Verbände"[6].

Trotz dieser intensiven Propaganda konnte die HJ keinen nennenswerten Einbruch in die Reihen der Arbeiterjugend erzielen und im Januar 1933 zählte sie nur etwa 50 000 Mitglieder[7], von denen viele proletarisierten kleinbürgerlichen Schichten an-

4 s. *Schirach, Baldur von,* Ich glaubte an Hitler, Hamburg 1967, passim, und die Einvernahme Schirachs durch seinen Verteidiger Fritz Sauter vor dem Internationalen Militärgerichtshof, Nürnberg, 23. 5. 1946. (*Der Prozeß gegen die Hauptkriegsverbrecher vor dem Internationalen Militärgerichtshof Nürnberg,* 14. November 1945–1. Oktober 1946 [im folgenden: IMG], Bd. XIV, S. 401 ff.). Kritisch äußert sich zu Schirach: *Brandenburg, Hans-Christian,* Die Geschichte der HJ. Wege und Irrwege einer Generation, Köln 1968, S. 59 ff.

5 *Pross, Harry,* Jugend – Eros – Politik, Die Geschichte der deutschen Jugendverbände, Bern/München/Wien 1964, S. 426 f.

6 *Klönne, Arno,* a. a. O., S. 77. S. dazu auch die Forderungen der Berliner HJ aus dem Jahre 1932 (zit. bei *Ulbricht, Walter,* Zur Wendung in der Massenarbeit des Kommunistischen Jugendverbandes Deutschlands, in: *Derselbe,* Zur Geschichte der deutschen Arbeiterbewegung, Bd. II: 1933–1946, Berlin 1963, S. 47).

7 *Brandenburg, Hans-Christian,* a. a. O., S. 132.

gehörten, in den maßlos übertreibenden Darstellungen der HJ-Führung aber als Jungarbeiter ausgegeben wurden.[8]

Nach dem 30. Januar 1933 entwickelten Schirach und seinesgleichen beachtliche Aktivitäten, um zunächst die Jugendpflege, die bisher von Staat und Verbänden – zum Teil auch gemeinsam – betrieben worden war, an sich zu bringen. Entscheidend begünstigt wurden ihre Bestrebungen durch den Terror gegen alle demokratischen und fortschrittlichen Käfte, der auch die Abeiterjugendbewegung traf und deren Widerstand immer stärker behinderte. Der Kommunistische Jugendverband mußte nach dem Reichstagsbrand faktisch illegal arbeiten. Im März, April und Mai 1933 wurden die Sozialistische Arbeiterjugend, der Sozialistische Jugendverband und das Jungbanner Schwarz-Rot-Gold in den meisten deutschen Ländern verboten.[9] Auch die Jugendsektionen der freien Gewerkschaften und die Jugendabteilungen der Arbeitersportorganisationen sahen sich nach den Reichstagswahlen vom 5. März 1933 in wachsendem Maße Verfolgungen ausgesetzt. Unter diesen Bedingungen wagte schließlich auch Schirach, Gewalt anzuwenden. Auf seinen Befehl besetzten 50 bewaffnete HJler am Morgen des 5. April 1933 die Geschäftsstelle des Reichsausschusses der deutschen Jugendverbände, des Dachverbandes von 117 Jugendorganisationen mit etwa fünf Millionen Mitgliedern[10]. In der Zeitschrift des Reichsausschusses „Das Junge Deutschland", die nunmehr als „Amtliches Mitteilungsblatt des Jugendführers des Deutschen Reiches" erschien, sprach Schirach sofort offen aus, daß die faschistischen Pläne „für die Gleichschaltung und Straffung der Jugendarbeit in Deutschland"[11] jetzt verwirklicht würden.

Als erstes wurden allerdings die proletarischen und jüdischen Jugendorganisationen mit Wirkung vom 24. April 1933 aus dem Reichsausschuß der deutschen Jugendverbände ausgeschlossen.[12] Dadurch wurden zwar die Jugendpflegemaßnahmen der Arbeiterjugendorganisationen – soweit diese noch legal wirken konnten – entscheidend beeinträchtigt, deren Mitglieder – so mehrere Hunderttausend Jugendliche, die den Jugendsektionen der Gewerkschaften angehörten – aber aus dem Einflußbereich der HJ ausgeklammert. Erst am 24. Juli 1933 wurden diese Jugendlichen zwangsweise in die Deutsche Arbeitsfront (DAF) eingegliedert.[13]

Die DAF war von den Faschisten am 10. Mai 1933 in der Erkenntnis geschaffen worden, daß „der Gedanke der Gewerkschaft ... zu tief in den Herzen der deutschen Arbeiter verwurzelt (war), als daß der neue Staat das Experiment einer Zerschlagung der Gewerkschaften leichtfertig hätte unternehmen können"[14]. Unter dem „Reichs-

[8] *Kaufmann, Günter,* Das kommende Deutschland. Die Erziehung der Jugend im Reich Adolf Hitlers, Berlin 1940, S. 39.

[9] Eine – unvollständige – Zusammenstellung der Verbote enthält das *Jahrbuch des Jugendrechts,* hg. v. Heinrich Webler u. a., Bd. VI, Berlin 1934.

[10] *Soziale Praxis,* Jg. 1933, Sp. 748.

[11] *Das Junge Deutschland,* Jg. 1933, S. 98.

[12] Ebenda, S. 129.

[13] *VB* v. 25. 7. 1933.

[14] *Starcke, Gerhard,* NSBO und DAF, Berlin 1934, S. 41. Für die Motive der Politik des faschi-

organisationsleiter" der Nazipartei, Robert Ley, sollte die faschistische Arbeitsfront anstelle der Gewerkschaften die Arbeiter und Angestellten erfassen, ohne allerdings auf die Gestaltung der Lohn- und Arbeitsbedingungen Einfluß nehmen zu können. Dafür war sofort Sorge getragen worden.

Am 17. Mai 1933 hatte die Regierung auf Betreiben des Vorsitzenden des Vereins der deutschen Eisen- und Stahlindustriellen, Ernst Poensgen von der Vereinigte Stahlwerke AG, das Gesetz über „Treuhänder der Arbeit" beschlossen.[15] Die von Hitler für alle deutschen Wirtschaftsgebiete ernannten „Treuhänder" unterstanden der gemeinsamen Aufsicht des Reichsarbeits- und des Reichswirtschaftsministeriums, vertreten durch Wolfgang Pohl, der gleichzeitig die Abteilung III b (Arbeitsrecht, Sozialverfassung, Lohn- und Wirtschaftspolitik) des Arbeitsministeriums und des Referat S (Wirtschaftliche Auswirkungen der Sozialpolitik) des Wirtschaftsministeriums leitete.[16] Sie waren dem Regime „für die Aufrechterhaltung des Arbeitsfriedens"[17] verantwortlich und befugt, die Lohn- und Arbeitsbedingungen diktatorisch festzulegen.

Der Arbeitsfront kam unter diesen Bedingungen vor allem die Aufgabe zu, die gewerkschaftliche Betätigung der Arbeiter und Angestellten sozusagen organisiert zu unterbinden. Deshalb übernahm sie die Mitgliedschaft der „gleichgeschalteten" Gewerkschaften, wobei die Jugendlichen gemäß einer Anordnung Leys vom 18. September 1933 zu einer DAF-Jugend zusammengefaßt wurden[18], deren organisatorische Spitze ein DAF-Jugendamt bildete. Der Leiter dieses Amtes, Heinz Otto, untersagte alle Eingriffe in die DAF-Jugend[19] und handelte damit den unterdessen beträchtlich erweiterten Kompetenzen Schirachs zuwider.

Am 17. Juni 1933 war Schirach zum „Jugendführer des Deutschen Reiches" ernannt und an die „Spitze aller Verbände der männlichen und weiblichen Jugend, auch der Jugendorganisationen von Erwachsenen-Verbänden"[20], gestellt worden. Da Schirach

stischen Regimes gegenüber den Gewerkschaften s. *Bednareck, Horst,* Gewerkschafter im Kampf gegen die Todfeinde der Arbeiterklasse und des deutschen Volkes. Zur Geschichte der deutschen Gewerkschaftsbewegung von 1933 bis 1945, hg. v. der Hochschule der Deutschen Gewerkschaften „Fritz Heckert", Berlin o. J., S. 25 f. = Beiträge zur Geschichte der deutschen Gewerkschaftsbewegung, 8.

15 *RGBl.* I 1933, S. 285. Gesetz über die Treuhänder der Arbeit, v. 19. 5. 1933. Für die Einflußnahme Poensgens s. *Esenwein-Rothe, Ingeborg,* Die Wirtschaftsverbände von 1933 bis 1945, (West-)Berlin 1965, S. 42 = Schriften des Vereins für Sozialpolitik, Gesellschaft für Wirtschafts- und Sozialwissenschaften, Neue Folge, Bd. 37.

16 *Soziale Praxis,* Jg. 1933, Sp. 901; *Handbuch über den Preußischen Staat,* 139. Jg. (1935), S. 143 f., 173 f. Seit dem 16. November 1933 war Pohl auch Abteilungsleiter für Sozialfragen in der Obersten Leitung der Politischen Organisation der Nazipartei. (*Das Archiv,* Juli 1934, S. 562).

17 *RGBl.* I 1933, S. 285.

18 *Die Jugendpflege,* Jg. 1933, S. 235.

19 Ebenda, S. 176.

20 *Dokumente der deutschen Politik,* hg. v. Paul Meier Benneckenstein, Bd. 1, Berlin 1935, S. 55. Bereits am 2. Juni 1933 war Schirach zum Reichsleiter der Nazipartei avanciert. (*Baaden, Franz,* a. a. O., S. 12).

nunmehr befugt war, über die Zulässigkeit aller Jugendorganisationen zu entscheiden, hatte er sie zunächst einer Meldepflicht unterworfen[21]. Zugleich hatte er Gebietsführer der HJ zu seinen „Landesbeauftragten" ernannt, die die Obliegenheiten der staatlichen und kommunalen Jugendpflegeeinrichtungen übernehmen sollten.[22] Obwohl Schirachs Dienststelle nur im Einvernehmen mit dem Reichsinnenministerium handeln konnte[23], in dem Frick ein Jugendreferat eingerichtet hatte, lag die gesamte staatliche Jugendpflege nunmehr in ihren Händen[24]. Wie Schirach in seiner ersten programmatischen Rede als „Jugendführer des Deutschen Reiches" am 24. Juni 1933 in Hannover angekündigt hatte, wollte er nun „die gesamte deutsche Jugend in einen einheitlichen Plan der Wehrhaftigmachung einbeziehen"[25]. Die entsprechenden Vollmachten wurden ihm und dem gleichfalls beim Reichsinnenministerium ressortierenden „Reichssportkommissar", Hans von Tschammer und Osten, am 12. Juli 1933 übertragen.[26]

Jetzt verschwanden auch die meisten bürgerlichen Jugendverbände von der Bildfläche. Die parteigebundenen und die bündischen Jugendorganisationen lösten sich größtenteils auf und überführten ihre Mitglieder in die HJ, der sich unter dem Eindruck der demagogisch proklamierten „Einigung der Jugend" viele bisher nicht organisierte Jugendliche anschlossen. Infolgedessen stieg die Mitgliederzahl der HJ bis Mitte September 1933 auf 1,5 Millionen an.[27] Um die zahlenmäßig größte und sozialentscheidende Gruppe der deutschen Jugend – die Arbeiterjugend – zu gewinnen, richtete die faschistische Reichsjugendführung ein Soziales Amt ein, das – von Artur Axmann geleitet – neben einem Referat für Jugendpflege auch ein Referat für Jugendrecht hatte.[28] Wie der Jugendrechtsreferent ausführte, wollte die HJ den sozialen Fragen der Arbeiterjugend große Aufmerksamkeit widmen, denn aus „dem Arbeits-

[21] *Dokumente der deutschen Politik,* a. a. O., S. 57, Anordnung Nr. 2 des Jugendführers des Deutschen Reiches, v. 23. 6. 1933.

[22] *Schirach, Baldur von,* Die Hitler-Jugend. Idee und Gestalt, Leipzig 1934, S. 228.

[23] Richtlinien des Reichsministers des Innern für den Jugendführer des Deutschen Reiches, v. 8. 7. 1933, in: *Jahrbuch des Öffentlichen Rechts der Gegenwart,* Bd. 22 (1935), S. 46.

[24] *Soziale Praxis,* Jg. 1933, Sp. 1 034.

[25] *Das Junge Deutschland,* Jg. 1933, S. 174.

[26] Ebenda.

[27] *Keesings Archiv der Gegenwart,* Jg. 1933, Nr. 1 041 A.

[28] Die Struktur des Sozialen Amtes wurde bis Ende 1934 wie folgt verändert:

	*Juli 1933**	*Frühjahr 1934***	*Herbst 1934****
Referate:	Jugendpflege	Jugendpflege	Jugendpflege
	Jugendrecht	Jugendrecht (Berufsausbildung)	Jugendrecht
	Sozialhygiene	Gesundheitsführung	Gesundheitsführung
	Arbeitsdienst	Arbeitsdienst	Landdienst
		Landhilfe	Berufsberatung

* *Goldmann, Theo,* Der Jugend ihr Recht, in: Das Junge Deutschland, Jg. 1933, S. 204.

** *Axmann, Artur,* Im Dienste des Sozialismus, in: Wille und Macht, Jg. 1934, H. 7, S. 2 f.

*** *Schirach, Baldur von,* Die Hitler-Jugend, a. a. O., S. 117.

verhältnis Jugendlicher rühren die meisten Klagen und Beschwerden. Sie erstrecken sich sogar auf fast alle Wirtschaftszweige, betreffen die Überstunden, Maximalarbeitszeit, Arbeitspausen, Urlaubszeit, Lehrvertrag und dergleichen."[29]

Doch der beabsichtigte Einbruch in die Reihen der klassenbewußten Arbeiterjugend blieb aus. Nur die von der Arbeitsfront zwangserfaßten früheren Gewerkschaftsmitglieder konnten sich dem Zugriff der HJ nicht entziehen. Am 8. Dezember 1933 vereinbarten Schirach und Ley – unter Ablösung Ottos als Leiter des DAF-Jugendamtes[30] –, in allen die Arbeiterjugend betreffenden Fragen eng zusammenzuarbeiten und die von der Arbeitsfront erfaßten Jugendlichen in die HJ einzugliedern. Da diese Eingliederung aber erst im Juni 1934 abgeschlossen werden konnte[31], trug sie nur unwesentlich dazu bei, daß sich die Mitgliederzahl der faschistischen Jugendorganisation von Mitte September bis Ende Dezember 1933 fast verdoppelte:

Die in den Gliederungen der HJ erfaßten Jugendlichen Ende 1933

	männlich		weiblich	
Gliederung	Deutsches Jungvolk	Hitler-jugend	Jungmädel-bund	Bund deutscher Mädel
Altersstufe	10–14 Jahre	14–18 Jahre	10–14 Jahre	15–21 Jahre
Jugendliche überhaupt in 1 000[32]	2 412	1 496	2 338	3 095
davon erfaßt in 1 000[33]	1 131	568	349	244
in Prozent	47	38	15	8

Obwohl es der HJ also gelungen war, sich einen erheblichen Prozentsatz der deutschen Jugend einzugliedern, war sie von ihrem eigentlichen Ziel, die gesamte deutsche Jugend zu erfassen und auf diese Weise auch die Klassengegensätze unter der Jugend zu „überwinden", Ende 1933 noch weit entfernt. Wenn sie als faschistische „Erziehungsstufe" fungieren sollte, mußte sie insbesondere von den größtenteils nicht mehr in der Schule befindlichen Jahrgängen der bereits berufstätigen Jugend einen weitaus höheren Prozentsatz erfassen. Das aber hieß, in sozialen Fragen Aktivität an den Tag zu legen.

Eine Ansatzmöglichkeit dafür bot das Facharbeiterproblem, das wegen der nunmehr in die Produktion eintretenden geburtsschwachen Kriegsjahrgänge und des Rückgangs der Lehrlingsausbildung während der Krise in absehbarer Zeit akut zu werden drohte. Hier setzten HJ und Arbeitsfront auf der Grundlage der Vereinbarung vom 8. Dezember 1933 auch sofort gemeinsam an. Die dann propagandistisch

29 *Goldmann, Theo,* a. a. O., S. 204.

30 Leiter des DAF-Jugendamtes waren Franz Langer (bis 12. 7. 1935), Artur Axmann (bis 7. 7. 1936), Moosbrugger (bis 24. 1. 1937) und Hans Kurth. (*Das Archiv,* Juli 1935, S. 528; Juli 1936, S. 502; Januar 1937, S. 1 444).

31 *Klönne, Arno,* a. a. O., S. 15.

32 *Statistisches Jahrbuch für das Deutsche Reich* 1936, S. 12.

33 *Kaufmann, Günter,* a. a. O., S. 39.

groß angekündigte Aktion, mit der die beiden faschistischen Organisationen, „auf weite Sicht gesehen, dem deutschen Facharbeitermangel wirksam begegnen"[34] wollten, hieß „Reichsberufswettkampf der deutschen Jugend": Lehrlinge und Jungarbeiter sollten um berufliche Spitzenleistungen wetteifern und dabei auch sportlichen und „weltanschaulichen" Prüfungen unterzogen werden. Ein solches Vorhaben entsprach durchaus den Bedürfnissen und Absichten der herrschenden Kreise des deutschen Finanzkapitals, auf die die Arbeitsfront bereits ausdrücklich festgelegt worden war.

Am 27. November 1933 hatte Ley in einem gemeinsam mit dem Reichswirtschafts- und dem Reichsarbeitsminister sowie dem „Beauftragten des Führers für Wirtschaftsfragen" unterzeichneten „Aufruf an alle schaffenden Deutschen"[35] die Rolle, die die Arbeitsfront spielen sollte, folgendermaßen umrissen: „Nach dem Willen unseres Führers Adolf Hitler ist die Deutsche Arbeitsfront nicht die Stätte, wo die materiellen Fragen des täglichen Arbeitslebens entschieden, die natürlichen Unterschiede der Interessen der einzelnen Arbeitsmenschen aufeinander abgestimmt werden. Für die Regelung der Arbeitsbedingungen werden in kurzer Zeit Formen geschaffen werden, die dem Führer und der Gefolgschaft eines Betriebes die Stellung zuweisen, die die nationalsozialistische Weltanschauung vorschreibt.

Das hohe Ziel der Arbeitsfront ist die Erziehung aller im Arbeitsleben stehenden Deutschen zum nationalsozialistischen Staat und zur nationalsozialistischen Gesinnung."

Die Ideologie, die dieser Aufruf zum Ausdruck brachte, war bereits in den Jahren der Weimarer Republik entwickelt und in bestimmtem Maße auch wirksam geworden. Ihre Inspiratoren standen im Dienste schwerindustrieller Kreise, die angesichts der Entwicklung der Technik, des Klassenkampfes und der Konkurrenz nach neuen Möglichkeiten der Profitsicherung suchten. Die Schwerindustrie hatte sich, wie der Mitbegründer der Vereinigte Stahlwerke AG Albert Vögler auf der Bonner Tagung des Vereins deutscher Eisenhüttenleute im Mai 1925 erklärte, vor allem „in der Arbeiterfrage festgefahren"[36]. Deshalb war auf eben dieser Tagung die Gründung eines „Deutschen Instituts für technische Arbeitsschulung" (Dinta) beschlossen worden, das die Ausbildung von Betriebsingenieuren und Facharbeitern, deren technische Qualifizierung und ideologische Haltung gleichermaßen Maximalprofite garantieren würden, in Angriff nahm. Der Leiter dieses aus der Lehrlingsschule der Gelsenkirchener Bergwerks-AG hervorgegangenen Instituts, der Ingenieur Karl Arnhold, ein Weltkriegs- und Freikorpsoffizier, sah die Lösung des Problems in einer möglichst umfassenden Militarisierung der kapitalistischen Ausbeutung in den Betrieben. In der von ihm propagierten „Betriebsgemeinschaft" der Arbeiter mit dem jeweiligen Unternehmer sollte der „Betriebsingenieur als Menschenführer", so der Titel einer 1927 von Arnhold in Düsseldorf herausgegebenen programmatischen Schrift, die Rolle des Of-

[34] DZA Potsdam, RWiM, Nr. 10 283, Bl. 7, Axmann an Schmitt, v. 10. 1. 1934.

[35] zit. nach *Müller, Willy*, Das soziale Leben im neuen Deutschland unter besonderer Berücksichtigung der Deutschen Arbeitsfront, Berlin 1938, S. 78 f. (Hervorhebung im Original).

[36] zit. nach *Michel, Ernst*, Sozialgeschichte der industriellen Arbeitswelt, ihrer Krisenformen und Gestaltungsversuche, Frankfurt a.M. 1947, S. 153.

fiziers übernehmen, während der Unternehmer gewissermaßen als kommandierender General im Hintergrund blieb. Den Arbeitern sollte das Bewußtsein ihrer niedrigeren und unterschiedlichen „Stellung und Ranghöhe" in der „produktiven Gemeinschaft" mit der jeweiligen Berufsausbildung vermittelt werden.[37] Die damit angestrebte Zerstörung der proletarischen Solidarität sollte durch eine „deutsche Nationalerziehung" der Arbeiter vollendet werden. Es ist bezeichnend, sowohl für dieses System wie für den deutschen Faschismus, daß Hitler 1931 „das Dinta-Werk als nationalsozialistisch anerkannt ... aber Zurückhaltung nach außen empfohlen"[38] hatte. Diese Zurückhaltung war nach der Zerschlagung der Gewerkschaften nicht mehr nötig. Am 26. Juli 1933 schloß sich das Dinta der Arbeitsfront an, um als deren Organ „dafür zu sorgen, daß die Möglichkeiten der betrieblichen Menschenführung, der Heranbildung eines hochwertigen Facharbeiters und der Methoden einer deutschen Betriebs- und Wirtschaftsführung zum Gemeingut der deutschen Wirtschaft werden"[39].

Ganz auf dieser Linie lag die in dem Aufruf vom 27. November 1933 bereits angekündigte und mit dem „Gesetz zur Ordnung der nationalen Arbeit"[40] vom 20. Januar 1934 vollzogene Einführung des faschistischen Führerprinzips in die Sozialverfassung. Gemäß den vom Dinta präfigurierten und in der Arbeitsfront vertretenen Prinzipien der „Betriebsgemeinschaft" entschieden die Unternehmer als „Führer des Betriebes" von nun an gegenüber den Arbeitern und Angestellten als ihrer „Gefolgschaft" alle innerbetrieblichen Angelegenheiten. Auch die Arbeitsfront war von jeder wirklichen Mitsprache ausgeschlossen. Um den Widerstand der zwangsorganisierten Arbeiter und Angestellten gegen dieses Gesetz auszuschalten, verfügte Ley am Tage nach dessen Verkündigung die endgültige und vollständige Umstellung der Arbeitsfront auf das faschistische Führerprinzip.[41]

Die mit dem „Reichsberufswettkampf" beabsichtigte „Mobilmachung der deutschen Jugend für den Beruf"[42] lag ebenfalls auf der Linie der vom Dinta entwickelten Vorstellungen, insbesondere auch deshalb, weil die Gesinnung der Teilnehmer in der bereits angedeuteten Richtung nachhaltig beeinflußt werden sollte. Für die Teilnahme am „Reichsberufswettkampf" konnte immerhin fast eine Million Jugendlicher im

[37] *Arnhold, Karl,* Deutsche Nationalerziehung, in: Gelsenkirchener Allgemeine Zeitung, Jg. 1928, Nr. 4, zit. nach *Jansen, Franz,* Die Berufsausbildung der Jugendlichen und Lehrlinge in Wirtschaft und Gesetzgebung und der Entwurf eines Berufsausbildungsgesetzes, jur. Diss. Greifswald 1931, S. 47.

[38] Arnhold auf der Tagung der Vereinigten Werkzeitungen des Dinta, am 17. 11. 1933 in Berlin, zit. nach *Jonas, Wolfgang,* Das Leben der Mansfeld-Arbeiter 1924 bis 1945, Berlin 1957, S. 376.

[39] *Soziale Praxis,* Jg. 1933, Sp. 1 024.

[40] *RGBl.* I 1934, S. 45 ff. S. dazu das Memorandum und den Gesetzentwurf Carl Goerdelers, v. 7. 9. 1933 (auszugsweise abgedruckt) in *Anatomie des Krieges.* Neue Dokumente über die Rolle des deutschen Monopolkapitals bei der Vorbereitung und Durchführung des zweiten Weltkrieges, hg. u. eingel. v. Dietrich Eichholtz u. Wolfgang Schumann, Berlin 1969, S. 118 ff.

[41] *Lölhöffel, Dieter von,* Die Umwandlung der Gewerkschaften in eine nationalsozialistische Zwangsorganisation, in: *Esenwein-Rothe, Ingeborg,* a. a. O., S. 164.

[42] *Das Junge Deutschland,* Jg. 1935, S. 1.

Alter von 14 bis zu 21 Jahren gewonnen werden.[43] Allerdings beteiligte sich dann nur etwa die Hälfte davon an den auf Orts- und Bezirksebene stattfindenden Leistungsvergleichen, die am 9. April 1934 von Schirach in der Krupp-Zeche „Friedrich Ernestine" in Essen eröffnet wurden. „Unbeschadet einzelner technischer Mängel"[44] bei der Durchführung dieses „Wettkampfes" konnten bis zum 15. April 1934 rund 56 000 Orts- und 2 200 Bezirkssieger ermittelt werden, von denen wiederum 500 am Endausscheid teilnahmen, der am 27. April 1934 in Berlin begann. Bei der Eröffnung im Preußenhaus wurde der enge Zusammenhang der von Schirach als „ein Stück deutscher Sozialismus"[45] deklarierten Veranstaltung mit bestimmten Plänen führender Kreise des deutschen Finanzkapitals durch eine Ansprache Friedrich Krupps verdeutlicht, der in seiner Eigenschaft als Präsident des Reichsstandes der deutschen Industrie erklärte: „Einem Facharbeitermangel kann vorerst nur durch eine vermehrte Einstellung von Lehrlingen vorgebeugt werden ... Ich erwarte daher von der von mir geführten industriellen Unternehmerschaft, daß sie diesen Aufgaben ihre volle Aufmerksamkeit zuwendet und in vermehrtem Umfange Lehrlinge einstellt."[46]

Insgesamt wurden in diesem ersten „Reichsberufswettkampf" 14 männliche und sechs weibliche „Reichssieger" ermittelt, denen Hitler am 1. Mai 1934 einen Empfang gab.[47]

Der von nun an alljährlich durchgeführte Wettkampf stand im Mittelpunkt der „sozialen Arbeit" der HJ. Die Teilnahme daran wurde faktisch für alle Jungarbeiter und Lehrlinge obligatorisch, so daß die beruflichen Leistungen und die faschistische Beeinflussung der deutschen Arbeiterjugend insgesamt kontrolliert und nicht unwesentlich gesteigert werden konnte.

Wenn Schirach dem „Reichsberufswettkampf" Symbolwert zuerkannte[48], so brachte er damit zum Ausdruck, daß die „soziale Arbeit" der HJ vorzüglich einer Leistungssteigerung diente, die ausschließlich den Unternehmern zugute kommen mußte. Die faschistische Reichsjugendführung erklärte dann auch ganz offen, daß „die Jugendertüchtigung ihren Rang vor dem Jugendschutz und der Jugendhilfe"[49] habe.

Die zweifellos große demagogische Wirkung dieser faschistischen Veranstaltung wurde der jeweiligen Situation entsprechend manipuliert. So wurde im Frühjahr 1935 der Eindruck zu erwecken versucht, „daß nicht eine vormilitärische Ausbildung, sondern die berufliche und sportliche Ertüchtigung Inhalt und Lebensgesetz"[50] der faschistischen Jugendorganisation wären. Angesichts der „katastrophalen Arbeitslosigkeit unter der werktätigen Jugend" im Frühjahr 1934 sollte der „Reichsberufswett-

[43] *Müller, Albert,* Der Reichsberufswettkampf – die freiwillige Leistungsprobe der deutschen Jugend, in: Soziale Praxis, Jg. 1935, Sp. 186.

[44] *VB* v. 6. 3. 1935.

[45] *VB* v. 28. 4. 1934.

[46] *Das Junge Deutschland,* Jg. 1934, S. 277.

[47] *Klönne, Arno,* a. a. O., S. 16.

[48] „Das Symbol der Bünde war die Fahrt, das Symbol der HJ ist der Reichsberufswettkampf." (*Schirach, Baldur von,* Die Hitler-Jugend, a. a. O., S. 49).

[49] *Das Junge Deutschland,* Jg. 1936, S. 80.

[50] Ebenda, Jg. 1935, S. 129, Axmann zum Reichsberufswettkampf 1935.

kampf" von der weithin unzufriedenen Arbeiterjugend als „große politisch-sozialistische Kampfansage gegen diesen Zustand verstanden werden[51] und sie auch auf diese Weise von der antifaschistischen Bewegung der Industriearbeiterschaft, die anläßlich der eben zu dieser Zeit stattfindenden Vertrauensrätewahlen einen Höhepunkt erreichte, ferngehalten werden.

Die „Vertrauensräte" traten auf Grund des Gesetzes zur Ordnung der nationalen Arbeit an die Stelle der bisherigen Betriebsräte. Ihre Funktion war auf die „Beratung" des „Betriebsführers" beschränkt, unter dessen Leitung sie auch nur tagen durften. In Abstimmung mit dem Obmann der faschistischen Betriebszelle schlug er der „Gefolgschaft" die „Vertrauensmänner" zur Wahl vor. Im Falle der Ablehnung der vorgeschlagenen Kandidaten konnten die „Treuhänder der Arbeit", deren Stellung durch das neue Gesetz grundsätzlich bestätigt und endgültig geregelt worden war, aus eigener Machtvollkommenheit „Vertrauensmänner" ernennen. Diese mußten in jedem Fall über 25 Jahre alt sein.

Um der offenen Benachteiligung der Jugendlichen entgegenzutreten, orientierte die KPD alle Antifaschisten darauf, dort wo es möglich war, Einfluß auf die Gestaltung der Kandidatenliste zu nehmen, „die von den Arbeitern vorgeschlagenen Jugendkandidaten nicht ans Ende der Liste kommen"[52] zu lassen und der von den Faschisten angestrebten Isolierung der Arbeiterjugend entgegenzuwirken. Dieser in jedem Fall auf den einheitlichen Kampf der deutschen Arbeiterklasse gerichteten Politik blieb der Erfolg nicht versagt. Der überwiegende Teil der Arbeiter boykottierte die Vertrauensrätewahl, und nur etwa 25 Prozent aller Stimmen wurden für die Kandidaten der Unternehmer und Nazibonzen abgegeben. Die Faschisten wagten nicht, diese Niederlage, die zugleich auch eine Niederlage der Dinta-Ideologie war, öffentlich einzugestehen. Erst ein Jahr später gab Robert Ley in seinem Mai-Aufruf zu, daß sich „kaum 40 Prozent an der Wahl beteiligten"[53].

b) Gründe und Grenzen der „sozialen Arbeit" der HJ und der Arbeitsfront unter der Arbeiterjugend – „Staatsjugendtag" – „Freizeit für Jungarbeiter" – „Leipziger Vereinbarung"

Die unter der werktätigen Bevölkerung weit verbreitete Unzufriedenheit, die im Ergebnis der „Vertrauensrätewahlen" ihren Niederschlag gefunden hatte, erstreckte sich auch auf einen bedeutenden Teil der Nazianhängerschaft. Der Ruf nach einer „zweiten Revolution", von der sie die Erfüllung ihrer sozialen Forderungen erwarteten, ging vor allem von den in der SA organisierten kleinbürgerlichen und proletarisierten Massen aus. Die allgemeine Mißstimmung veranlaßte Goebbels, am 11. Mai 1934

[51] *Kaufmann, Günter,* Der Reichsberufswettkampf. Die berufliche Ausrüstung der deutschen Jugend, Berlin 1935, S. 9 = Schriften der Deutschen Hochschule für Politik.

[52] *Ulbricht, Walter,* Erkämpft die Wahl von Vertrauensleuten der Arbeiter, in: *Derselbe,* Zur Geschichte der deutschen Arbeiterbewegung, Bd. II, a. a. O., S. 23.

[53] *Schulthess' Europäischer Geschichtskalender,* 1935, München 1936, S. 87.

einen propagandistischen „Feldzug gegen Kritikaster und Miesmacher, gegen Gerüchtemacher und Nichtskönner, gegen Saboteure und Hetzer“[54] anzukündigen, der die Unzufriedenheit vom faschistischen Regime ablenken und die Kritiker aller Richtungen unter Druck setzen sollte. Doch trug gerade die hektische Propaganda nicht wenig dazu bei, die Massen noch mehr aufzuwühlen und deren Erwartungen auf eine baldige Veränderung der Lage zu steigern.

Unter der Jugend schürte insbesondere der Pressechef der faschistischen Reichsjugendführung, Gebietsführer Gustav Staebe, auf seiner Propagandarundfahrt vom 8. bis 30. Juni 1934 die Unruhe[55]. Losungen wie „Schlagt die Reaktion, wo ihr sie trefft!“, „Der Feind steht rechts!“, „Gegen Bourgeoisie und Kapital . . . , Reaktionäre und Kapitalisten!“ gehörten zu seinem ständigen Repertoire.[56] Am 20. Juni 1934, eine Woche nachdem Frick Schirach ersucht hatte, „Herrn Staebe das öffentliche Auftreten bis auf weiteres zu verbieten“[57], erklärte dieser in Königsberg sogar: „Nicht gegen eine kleine Gruppe von Nörglern kämpfen wir, sondern gegen Reaktionäre und Kapitalisten. Die Arbeitgeber werden gebrandmarkt werden, die den deutschen Jungarbeitern nicht 14 Tage Erholung bewilligen wollen. Wir müssen den Sozialismus bis zur letzten Konsequenz treiben.“[58]

In einer mit solchen Parolen angeheizten Atmosphäre mußte die Nachricht von der beabsichtigten Einführung eines sogenannten „Staatsjugendtages“ große Beachtung finden. Erziehungsminister Rust hatte nämlich mit dem jetzt offiziell ihm unterstellten Schirach am 7. Juni 1934 vereinbart, daß der Sonnabend jeder Woche für die schulpflichtigen HJ-Mitglieder unterrichtsfrei sein und uneingeschränkt für den „HJ-Dienst“ genutzt werden sollte.[59] Um diesen Dienst einheitlich durchführen zu können, würde, wie es in dem Abkommen hieß, für die berufstätigen HJ-Mitglieder „bis zum vollendeten 18. Lebensjahr die gleiche Regelung angestrebt.“

Die beabsichtigte Einführung des „Staatsjugendtages“ wurde in der HJ-amtlichen Presse als „wahrhaft nationalsozialistische Tat“ und „revolutionärer Schritt“ gefeiert.[60] Wie Schirach selbst ausführte, sah die faschistische Reichsjugendführung „ihre Aufgabe darin, auf eine Ausdehnung des Staatsjugendtages auf alle Jugendlichen vom 10. bis zum 18. Lebensjahr hinzuwirken“[61].

Doch damit nicht genug. Wie Axmann den HJ-Sozialreferenten auf einer Tagung in Rheinsberg am 27. Juni 1934 erklärte[62], begann sich das Soziale Amt der Reichsjugendführung nunmehr auch des bereits seit sieben Jahren vorliegenden Regierungs-

54 *Dasselbe*, 1934, München 1935, S. 131 ff.

55 *VB* v. 6. 6. 1934.

56 *VB* v. 13. 6. und 14. 6. 1934; *Berliner Tageblatt* v. 11. 6. 1934.

57 DZA Potsdam, Reichsministerium des Innern, IA, Nr. 25 794/3, Bl. 203 v. Frick an Schirach, v. 14. 6. 1934. (Den Hinweis auf dieses Schreiben verdanke ich Herrn Dr. Kurt Gossweiler).

58 zit. nach *Jahnke, Karl Heinz*, Der Anteil der deutschen Jugend am antifaschistischen Widerstandskampf unter besonderer Berücksichtigung der kommunistischen Widerstandsbewegung 1933 bis 1945, phil. Habil. Greifswald 1964, S. 9.

59 *Dokumente der deutschen Politik*, Bd. 2, Berlin 1936, S. 286 f.

60 *Wrede, Franz Otto*, Hitlerjugend und Staatsjugendtag, in: Das Junge Deutschland, Jg. 1934, S. 175.

61 *VB* v. 13. 6. 1934.

62 *VB* v. 28. 6. 1934.

entwurfs für ein Berufsausbildungsgesetz[63] anzunehmen, das an die Stelle der entsprechenden Bestimmungen der Gewerbeordnung von 1869[64] treten sollte. „Das kommende Berufsausbildungsgesetz“, verkündete er am 20. Juli 1934 auf einer Pressetagung der HJ in Schneidemühl großsprecherisch, „wird es verhindern, daß es nochmals vorkommt, daß 60 Prozent der Arbeiter eines Betriebes Lehrlinge sind, daß ungeeignete Betriebe und Betriebsführer die Lehrbefähigung erhalten, daß die durch den Berufsschulunterricht ausfallende Arbeitszeit vom Lohn abgezogen wird, daß das Prüfungswesen mangelhaft ist, daß der Jungarbeiter keine Freizeit und keinen Urlaub erhält!“[65] Zugleich stellte er jedem HJ-Führer die Aufgabe, „schon jetzt durch Vereinbarungen das kommende Gesetz des Jungarbeiters vorzubereiten“. Zwei Monate später wurden in allen Betrieben mit mehr als zehn Beschäftigten unter 21 Jahren „Sprecher der Jugend“ eingesetzt, die als Angehörige der Arbeitsfront sowie der HJ oder der SA insbesondere den Forderungen der faschistischen Reichsjugendführung nach Freizeit für den „HJ-Dienst“ Nachdruck verleihen sollten.[66]

Gerade in dieser Frage mußte die HJ-Führung Verbesserungen für die werktätige Jugend erreichen, wenn sie die Klassenunterschiede aus dem Bewußtsein der Jugendlichen verdrängen und die gesamte deutsche Jugend auf den imperialistischen Krieg vorbereiten wollte. Denn die soziale Ungleichheit der Jugendlichen machte sich auf Grund des Bildungsprivilegs der herrschenden Klassen vor allem in der höchst unterschiedlich bemessenen Freizeit bemerkbar. Daß der „Staatsjugendtag“ am 30. Juli 1934 nur für die schulpflichtigen HJ-Mitglieder eingeführt wurde[67], ließ diese Ungleichheit besonders augenfällig hervortreten. Der Sonnabend jeder Woche war für die Angehörigen der HJ nur unterrichts-, jedoch nicht arbeitsfrei. Diesbezügliche Vorstellungen der faschistischen Jugendführer entbehrten nicht einer gewissen äußeren Ähnlichkeit mit jahrzehntealten Forderungen der proletarischen Jugendbewegung nach Arbeitszeitverkürzung und waren deshalb sehr wohl dazu angetan, die Arbeiterjugend über den Klassencharakter der HJ und des gesamten faschistischen Regimes zu täuschen; sie konnten aber auch im Sinne des antifaschistischen Kampfes für die Verbesserung der Arbeitsbedingungen der werktätigen Jugend ausgenutzt werden. Auf diese Möglichkeit wies die vom Kommunistischen Jugendverband illegal herausgegebene „Junge Garde“ wiederholt hin.[68] Sie entlarvte den „Staatsjugendtag“ als demagogische Maßnahme, die „die ganze Jugend, alle Kinder der Werktätigen, in die Reihen der Hitlerjugend hineinzwingen“ sollte, und forderte zugleich eine Verkürzung der wöchentlichen Arbeitszeit „bei vollem Lohnausgleich für alle Lehrlinge und Jungarbeiter“.[69]

63 *Entwurf eines Berufsausbildungsgesetzes* nebst amtlicher Begründung, 39. Sonderheft zum RArbBl. 1927.

64 Die Gewerbeordnung für das Deutsche Reich war im Norddeutschen Bund bereits seit dem 21. Juni 1869 in Kraft und wurde 1873 Reichsgesetz. Die Bestimmungen über die Lehrzeitdauer wurden 1897 erlassen.

65 *VB* v. 21. 7. 1934. 66 *VB* v. 29. 9. 1934.

67 *Zentralblatt für die gesamte Unterrichts-Verwaltung in Preußen* 1934, S. 242.

68 *Junge Garde,* Nr. 10 (Ende Juni 1934) und Nr. 12 (Mitte Juli 1934).

69 Ebenda, Nr. 10/1934.

Das entsprach den wahren Interessen der werktätigen deutschen Jugend, an der Goebbels' Propagandafeldzug nicht spurlos vorübergegangen war. Die pseudorevolutionäre Aktivität hatte sich besonders auf die Angehörigen der HJ ausgewirkt. Ihrer Stimmung entsprachen Kundgebungen, wie sie zum Beispiel am 20. Juli 1934 in Chemnitz stattfanden. Dort marschierte die HJ in Schüler- und Jungarbeiterkolonnen durch die Stadt. Dem Sprechchor der Schüler: „Wir haben 70 Tage Ferien!" antworteten die Jungarbeiter und Lehrlinge, ebenfalls im Chor: „Und wir? Freizeit für Jungarbeiter!"[70]

Demonstrationen dieser Art beschworen zwar nach dem Blutbad vom 30. Juni 1934 keinerlei ernsthafte Gefahr für die Politik der herrschenden Kreise des deutschen Finanzkapitals herauf, machten aber deutlich, daß die radikalen Tendenzen unter der Nazianhängerschaft mit dem Mord an den SA-Führern durchaus nicht restlos beseitigt worden waren. Allerdings kamen diese Tendenzen jetzt stärker in der HJ und – mehr noch – in der Arbeitsfront zum Vorschein.

In der Arbeitsfront wirkte immer noch der Einfluß von Funktionären der vor allem von Angestellten getragenen, sogenannten gelben Verbände (Deutschnationaler Handlungsgehilfenverband, Hirsch-Dunckersche Gewerkvereine), die sich schon vor 1933 der Nationalsozialistischen Betriebszellenorganisation angeschlossen oder am 3. und 4. Mai 1933 Hitler unterstellt hatten. Ungeachtet der völligen Umstellung der Arbeitsfront auf das faschistische Führerprinzip wandten sie sich gegen das Gesetz zur Ordnung der nationalen Arbeit – im folgenden kurz AOG genannt –, das im Gegensatz zum bisherigen Sozialrecht die Angestellten den Arbeitern gleichsetzte. Daß Ley diese Leute später durch die Behauptung, sie hätten die „Hausmacht" des am 30. Juni 1934 ermordeten Gregor Strasser werden sollen[71], zu diffamieren suchte, darf nicht darüber hinwegtäuschen, daß er selbst am 11. Oktober 1934 in Hamburg und am 15. Oktober 1934 in Leipzig öffentlich eine Revision dieses Gesetzes gefordert hat[72]. Und am 24. Oktober 1934 ließ sich auch Hitler herbei, eine Verordnung zu unterzeichnen, die die Arbeitsfront zu einer Gliederung der Nazipartei erhob, in der „die Angehörigen der ehemaligen Gewerkschaften, der ehemaligen Angestelltenverbände und der ehemaligen Unternehmer-Vereinigungen als gleichberechtigte Mitglieder zusammengeschlossen" sein sollten, und die beauftragt sei, „den Arbeitsfrieden dadurch zu sichern, daß bei den Betriebsführern das Verständnis für die berechtigten Ansprüche ihrer Gefolgschaft, bei den Gefolgschaften das Verständnis für die Lage und die Möglichkeiten ihres Betriebes geschaffen wird".[73]

Eine derartige Revision des AOG, nach dem ja die „Treuhänder der Arbeit ...

[70] *VB* v. 25. 7. 1934.

[71] *Dokumente der deutschen Politik*, Bd. 5, Berlin 1938, S. 367, Rechenschaftsbericht auf der 5. Jahrestagung der DAF zu Nürnberg, v. 11. 9. 1937.

[72] *Goerrig, Franz*, Kam das Arbeitsordnungsgesetz zu früh? in: Soziale Praxis, Jg. 1934, Sp. 1 297. S. dazu auch *Schweitzer, Arthur*, Big Business in the Third Reich, Bloomington (Ind.) 1964, S. 178 f., und *Lölhöffel, Dieter von*, a. a. O., S. 165 f.

[73] *Dokumente der deutschen Politik*, Bd. 2, a. a. O., S. 153 f., Verordnung des Führers über die Deutsche Arbeitsfront, v. 24. 10. 1934.

für die Erhaltung des Arbeitsfriedens zu sorgen“[74] hatten, mußte natürlich bei den herrschenden Kreisen des deutschen Finanzkapitals auf Ablehnung stoßen, und das um so mehr, als ihre Vereinigungen sich gerade zur Errichtung eines ihrer faschistischen Herrschaftsform gemäßen umfassenden staatsmonopolistischen Wirtschaftssystems reorganisierten. Damit diese Reorganisation nicht gestört wurde, bestritt Schacht durch den Hinweis darauf, daß der „Stellvertreter des Führers“, Heß, nicht informiert worden sei, zunächst einmal die Rechtsgültigkeit dieser Verordnung und verhinderte ihre Veröffentlichung im Reichsgesetzblatt.[75]

Fünf Wochen später erschien eine Verordnung[76], nach der die gesamte Wirtschaft in sechs mit staatlichen Vollmachten ausgestattete Reichsgruppen (Industrie, Handel, Handwerk, Banken, Versicherungen, Energiewirtschaft) und weiter in Wirtschafts-, Fach- sowie Fachuntergruppen gegliedert wurde, in denen die jeweils mächtigsten Monopole die Vorherrschaft ausübten. Die regionalen Untergliederungen der Reichsgruppen bildeten zusammen mit den Industrie- und Handelskammern und den Handwerkskammern sogenannte Wirtschaftskammern. Als Spitzengremium der staatsmonopolistischen Organisation der gewerblichen Wirtschaft fungierte eine Reichswirtschaftskammer, in der die aus dem Reichsverband der deutschen Industrie hervorgegangene Reichsgruppe Industrie maßgeblichen Einfluß hatte. Ihr Leiter, der Schwerindustrielle Ewald Hecker, war zugleich Präsident der Reichswirtschaftskammer.[77]

Die wichtigste Schlüsselposition in diesem faschistischen staatsmonopolistischen System nahm der mit immer größeren Vollmachten ausgestattete geschäftsführende Reichswirtschaftsminister Schacht ein, der nunmehr daran ging, die Rolle und die Aufgaben der Arbeitsfront endgültig im Sinne des AOG festzulegen. Auf Grund der sogenannten Leipziger Vereinbarung zwischen ihm und Seldte einerseits und Ley andererseits trat die Organisation der gewerblichen Wirtschaft korporativ in die Arbeitsfront ein, um in speziellen Gremien „über gemeinsame wirtschaftliche und sozialpolitische Fragen“[78] zu sprechen. Dazu sollten im Bedarfsfall der Beirat der Reichswirtschaftskammer und eine erst zwei Monate später gebildete Reichsarbeitskammer, der die Leiter der Reichsbetriebsgemeinschaften und die Bezirkswalter der Arbeitsfront angehörten, zu einem Reichsarbeits- und Reichswirtschaftsrat zusammentreten können. Bei jeder anderen Beratung auf untergeordneter – fachlicher oder gebietlicher – Ebene konnte „eine Entscheidung über den zur Erörterung stehenden Gegenstand ... allein durch den Treuhänder der Arbeit nach Maßgabe der Bestimmungen des AOG“ erfolgen. Zugleich erhielt die Arbeitsfront in Gestalt der Geschäftsstelle der Reichswirtschaftskammer ein Wirtschaftsamt, das dem Wirtschaftsministerium unterstand und von dem bisherigen Leiter der Sozialwirtschaftsabteilung des Reichsverbandes der deutschen Industrie, Gerhard Erdmann, geleitet wurde[79].

[74] *RGBl.* I 1934, S. 50.

[75] *Mason, Timothy W.*, Labour in the Third Reich, 1933–1939, in: Past & Present, 3/1966, S. 118.

[76] *RGBl.* I 1934, S. 1 194 ff., 1. Verordnung zur Durchführung des Gesetzes zur Vorbereitung des organischen Aufbaus der deutschen Wirtschaft, v. 27. 11. 1934.

[77] *VB* v. 18. 12. 1934.

[78] *Dokumente der deutschen Politik*, Bd. 3, Berlin 1937, S. 165 ff.

[79] *Das Archiv*, Juni 1935, S. 478.

Aus diesen Regelungen ist klar ersichtlich, daß die Leipziger Vereinbarung wesentlich mehr bezweckte, als Schacht 20 Jahre später zuzugeben bereit war. Am 12. August 1955 schrieb er einem Doktoranden Walther Hofers: „Das Leipziger Abkommen entzog Ley jeden direkten Einfluß auf die Wirtschaftsführung, indem ich die Wirtschaft als Gesamtheit in eine rein formale Verbindung mit der Arbeitsfront brachte mit der Maßgabe, daß jede Einwirkung der Arbeitsfront auf die Wirtschaftsführung nur über den Wirtschaftsminister gehen durfte, jede direkte Einflußnahme aber ausgeschlossen werden sollte."[80] Diese Auslassung hat Hofer fast wörtlich in seine gerade in dieser Frage verwirrend unklar gehaltene Darstellung der „Diktatur Hitlers" aufgenommen.[81] Seitdem ist es in der bürgerlichen Geschichtsschreibung im wesentlichen bei dieser allein schon bezüglich der Quellen unkritischen und einseitigen Auffassung der Leipziger Vereinbarung geblieben.[82] Dabei hatte Schacht selbst den wahren Zweck der Vereinbarung recht deutlich werden lassen, als er sie am 26. März 1935 auf der Arbeitsfront-Tagung, die vorsätzlich am Gründungsort des Allgemeinen Deutschen Arbeitervereins in Leipzig abgehalten wurde,[83] verkündete. Dort erklärte er, daß die faschistische Arbeiterzwangsorganisation nicht lediglich neben der staatsmonopolistischen Wirtschaftsorganisation bestehen dürfte, denn daraus könnte sich „nur zu leicht ein neuer Gegensatz gestalten. Dieser Gegensatz muß unter allen Umständen vermieden werden."[84] Nachdrücklich wies Schacht, der hier geradezu als „Oberbefehlshaber über die Arbeitsfront"[85] auftrat, die versammelten Arbeitsfrontfunktionäre darauf hin, daß für alle „Fragen grundsätzlicher Art ... die Institution der Treuhänder der Arbeit geschaffen"[86] worden sei. Die Wirtschaft dem Einfluß der Arbeitsfront zu entziehen, bedeutete also – und das verschwiegen Schacht und die seiner späteren Interpretation folgenden bürgerlichen Historiker –, die faschistische Arbeiterzwangsorganisation der staatsmonopolistischen Wirtschaftsorganisation organisatorisch anzupassen und unmittelbar unterzuordnen.

Ganz in diesem Sinne äußerte sich auch der Mann, der in Schachts Auftrage die Leipziger Vereinbarung in die Tat umsetzen sollte: Wolfgang Pohl, der nach dem Blutbad vom 30. Juni 1934 Ministerialdirektor im Reichsarbeitsministerium geworden

80 *Reichhardt, Hans Joachim,* Die deutsche Arbeitsfront. Ein Beitrag zur Geschichte des nationalsozialistischen Deutschlands und zur Struktur des totalitären Herrschaftssystems, phil. Diss. (West-)Berlin 1956, S. 93 Anm. 14.

81 „Schacht hat vielmehr beabsichtigt, durch eine rein formale Verbindung mit der DAF, Leys Einfluß auf die Wirtschaft um so nachdrücklicher auszuschließen. Solange Schacht Reichswirtschaftsminister war, durfte jede Einwirkung der Arbeitsfront auf die Wirtschaftsführung nur über sein Ministerium gehen." (*Hofer, Walther,* Die Diktatur Hitlers bis zum Beginn des Zweiten Weltkrieges, in: *Handbuch der Deutschen Geschichte,* hg. v. Leo Just, Bd. IV/2, Konstanz o. J., S. 130).

82 Siehe *Lölhöffel, Dieter von,* a. a. O., S. 176 und *Schweitzer, Arthur,* a. a. O., S. 363 f.

83 *VB* v. 26. 3. 1935.

84 *Deutsches Arbeitsrecht,* Jg. 1935, S. 89.

85 *Ulbricht, Walter,* Um den Wiederaufbau der freien Gewerkschaften Deutschlands, in: Derselbe, Zur Geschichte der deutschen Arbeiterbewegung, Bd. II, Zusatzband, Berlin 1966, S. 17).

86 *Deutsches Arbeitsrecht,* a. a. O., S. 89.

war.[87] In seinem Kommentar zur Leipziger Vereinbarung hieß es, daß „in einer Zeit größerer wirtschaftlicher Schwierigkeiten, in der der *Staat die Preise reglementiert, die meisten Aufträge vergibt und finanziert, die Rohstoffe, Devisen bewirtschaftet und Ein- und Ausfuhr überwacht*, keinesfalls auf die *behördliche Regelung auch der Löhne* als der wichtigsten Selbstkostenbestandteile verzichtet werden kann ..."[88] Da aber bei „den Millionen Menschen, die die Deutsche Arbeitsfront am 2. Mai 1933 aus den alten Gewerkschaften übernahm, ... die Gefahr nur zu nahe lag, daß sich in den neuen Organisationsformen starke Elemente marxistischer Herkunft durchsetzten"[89], wurde sie kurzerhand in das faschistische staatsmonopolistische System des deutschen Imperialismus integriert und sollte sich nun „auf manchen Tätigkeitsgebieten umstellen"[90].

Diese Forderung war natürlich auch an die Adresse der faschistischen Reichsjugendführung gerichtet, die anläßlich des ja gemeinsam mit der Arbeitsfront durchgeführten „Reichsberufswettkampfes" 1935 noch verlautbarte: „Der empfindlichen Wirtschaftslage sind manche Opfer gebracht worden. Der Arbeiter hat seinen berechtigten Anspruch auf Lohnerhöhung seit 2 ½ Jahren zurückgestellt. Die Jugend wird in politischer Verantwortung vor der Zukunft ihre sozialen Forderungen weder zurückstellen noch preisgeben."[91]

Doch wurde sehr bald dafür gesorgt, daß aus solchen radikal klingenden Parolen keine den herrschenden Kreisen des Finanzkapitals unliebsamen Folgen erwuchsen. Die „Sprecher der Jugend", von denen viele die demagogische Propaganda ernst genommen und in den Betrieben dementsprechend aufzutreten versucht hatten[92], unterstellte Ley ganz im Sinne der Leipziger Vereinbarung am 28. August 1935 dem Jugendamt der Arbeitsfront. Dabei wurden die „Betriebsjugendwalter", wie die „Sprecher der Jugend" von jetzt an heißen sollten, vor jeder „Interessenwahrnehmung alten Stils" gewarnt. „Der Betriebsjugendwalter ist nicht Vertreter einer besonderen Arbeitnehmergruppe", hieß es, sondern im „Rahmen der Sozialordnung, die durch das AOG eingeleitet wurde, ... Garant der politischen Arbeitsauffassung im Betrieb: Von seinen Führerqualitäten, seinem Sachkönnen und seinem Einfluß auf die Kameraden hängt es ab, ob sie von dem Willen zur beruflichen Höchstleistung mitgerissen werden ..."[93] Im Gegensatz zu der Rolle, die die „Sprecher der Jugend" im Klassenkampf innerhalb der Betriebe vielfach eingenommen hatten, sollten die „Betriebs-

[87] *Das Archiv*, Juli 1934, S. 562. Pohl wurde Anfang August 1935 zum Ministerialdirigenten im Reichswirtschaftsministerium ernannt und blieb „auf Wunsch des Herrn Reichsbankpräsidenten Schacht auch weiterhin ... im engsten Einvernehmen mit der Abteilung III des Reichsarbeitsministeriums ... mit den Herren Treuhändern der Arbeit in Verbindung ..." (DZA Potsdam, RWiM, Nr. 10 296, Bl. 20, Pohl an die Treuhänder der Arbeit, v. 7. 8. 1935).

[88] *Deutsches Arbeitsrecht*, a. a. O., S. 93. (Hervorhebung des Verfassers).

[89] Ebenda, S. 91.

[90] Ebenda, S. 90.

[91] *Müller, Albert*, Einsatz und Forderung, in: Soziale Praxis, Jg. 1935, Sp. 866.

[92] *Ackermann, Anton*, Der Kampf der Partei um die werktätige Jugend. Referat, gehalten auf der Brüsseler Parteikonferenz der KPD, in: Tarnschrift „Kindermund", S. 9.

[93] *VB* v. 7. 9. 1935.

jugendwalter" also, der Dinta-Ideologie folgend, im Interesse der Unternehmer unter der Arbeiterjugend wirksam werden und zur Profitsteigerung beitragen.

Damit war selbst die Forderung nach Freizeit für den HJ-Dienst, die die „Sprecher der Jugend" gleichsam im Auftrage der faschistischen Reichsjugendführung in den Betrieben erhoben hatten, kaum noch zu vereinbaren. Auch hier schien es geraten, die „Treuhänder der Arbeit" einzuschalten, die mit der Herausgabe von „Empfehlungen" an die Unternehmer begannen, nach denen den Jugendlichen Urlaub von ein bis zu drei Wochen gewährt werden sollte. So lautete der Vorschlag des Treuhänders für die Nordmark, Friedrich Völtzer, im ersten Lehrjahr 12, im zweiten 10, im dritten 8 und im vierten 6 Tage Urlaub zu geben. In Hessen sollten die Lehrlinge und die Jungarbeiter im entsprechenden Alter nach Carl Lüers Empfehlung 18, 15, 12 und 9 Tage Urlaub erhalten.[94] Diesen „Empfehlungen" kamen große Industrieunternehmen auch bereitwillig nach. In vielen Fällen gewährten sie sogar schon vorher Urlaub. So hatten die „21 größten Maschinenfabriken und Eisengießereien", die allerdings lange vor 1933 auf Betreiben des Deutschen Metallarbeiterverbandes Urlaub an Jungarbeiter und Lehrlinge erteilen mußten, 12 bis 18 Tage Urlaub zugesagt.[95] Auch in den Leunawerken erhielten Jugendliche bis zu drei Wochen Urlaub.[96]

In welchem Maße tatsächlich Urlaub erteilt wurde, verdeutlichen folgende Angaben der Arbeitsfront für über 16 000 Jugendliche in Schleswig-Holstein, auch wenn sie für 1935 fehlerhaft sind:

Der Urlaub von 16 000 Jugendlichen in Schleswig-Holstein 1933 bis 1935[97] (in Prozent)

	1933	1934	1935
Keinen Urlaub	*45*	23	12
1–6 Tage Urlaub	40	*43*	33
7–12 Tage Urlaub	12	26	*46,5*
über 12 Tage Urlaub	3	8	14,2

In der Tat hat also ein immer größerer Prozentsatz der Arbeiterjugend Urlaub erhalten. Dennoch war es, wie die faschistische Reichsjugendführung mitteilte, selbst 1937 noch „keineswegs so, daß sich in den Urlaubsempfehlungen der Treuhänder bereits wirkliche Tatbestände widerspiegeln"[98]. Wesentlicher aber ist, daß dieser Urlaub nicht so sehr den Jugendlichen zur Verfügung gestellt wurde als vielmehr der HJ, die ihn, wie Schirach einem Vertreter der „Preußischen Zeitung" Ende September 1934 erklärt hatte, als Möglichkeit zur faschistischen Erziehung und vormilitärischen Ausbildung der Jugend dem „Staatsjugendtag" vorzog[99]. Viele von der

[94] *Das Junge Deutschland*, Jg. 1935, S. 220.

[95] Ebenda, Jg. 1934, S. 216. Eine Erhebung des ADGB im Jahre 1927 ergab, daß die Metallindustrie drei bis zwölf Tage Urlaub für Lehrlinge und Jungarbeiter gewährte. *(Fürnberg, Friedl/Müller, Kurt,* Die Lage der arbeitenden Jugend in den kapitalistischen Ländern, Berlin 1928, S. 18.

[96] *Das Junge Deutschland*, Jg. 1935, S. 238.

[97] Ebenda, Jg. 1936, S. 19. [98] Ebenda, Jg. 1937, S. 376.

[99] *Deutsches Philologen-Blatt*, Jg. 1934, S. 445.

Arbeit beurlaubte Jugendliche faßte sie drei Wochen lang in Zeltlagern zusammen. Die Zahl solcher Lager betrug 1934 bereits 450, 1935 waren es viermal soviel; die Zahl der daran teilnehmenden HJ-Mitglieder betrug 1934 rd. 100 000 und 1935 fast eine halbe Million.[100]

Diese Jugendlichen leisteten den HJ-Dienst nunmehr in ihrer Urlaubszeit, und nicht etwa in der Arbeitszeit, wie es bei Einführung des „Staatsjugendtages" hätte geschehen können, was aber den Interessen aller aus der Ausbeutung jugendlicher Arbeitskräfte profitierenden Unternehmer zuwiderlief und sie zur Beschwerdeführung beim Reichsarbeitsministerium veranlaßte[101]. Von dort aus wurde dem Reichsfinanzminister auf wiederholte Anfragen am 3. Dezember 1934 mitgeteilt, „daß die Frage der Beurlaubung der in privaten Betrieben beschäftigten Arbeiter und Lehrlinge am Staatsjugendtag bisher weder einheitlich geregelt noch eine derartige Regelung in nächster Zeit zu erwarten ist"[102].

Da die Mitglieder der faschistischen Jugendorganisation lediglich in einzelnen Betrieben und Verwaltungen sonnabends von der Arbeit beurlaubt wurden[103], konnte der „Dienst" der HJ auf diese Weise nur unter großen Schwierigkeiten durchgeführt werden. Mit der Masse der berufstätigen Jugendlichen fehlten auch die Führer des Jungvolks, das sich damit oft selbst überlassen blieb und herumlungerte.[104]

Trotzdem dürfte der „Staatsjugendtag" gerade bei der schulpflichtigen Jugend seinen Eindruck nicht verfehlt und dazu beigetragen haben, daß die Zahl der unter 14 Jahre alten Angehörigen der HJ von Ende 1933 bis Ende 1934 um über 800 000 auf mehr als 2,3 Millionen stieg[105]. Daß der Zugang bei den über 14 Jahre alten Jugendlichen prozentual fast gleich stark war, wenn er auch nur 400 000 betrug[106], hatte wahrscheinlich weniger mit der faschistischen Demagogie zu tun und war wohl nicht zuletzt auf die erpresserische Ausnutzung der ökonomischen Zwangslage der jugendlichen Arbeitslosen zurückzuführen. Nachdem die faschistische Reichsjugendführung bereits im Februar 1934 mit der Reichsanstalt für Arbeitsvermittlung und Arbeitslosenversicherung die zwangsweise Eingliederung der bis zu 18 Jahre alten Landhelfer in die HJ vereinbart hatte[107], traf sie im Juli 1934 ein weiteres Abkommen mit der Reichsanstalt, nach dem arbeitslose HJ-Mitglieder vorrangig Arbeits-

[100] *Kaufmann, Günter,* Die deutsche Jugend im Zeltlager, in: Das Junge Deutschland, Jg. 1937, S. 361.

[101] Bereits am 16. 7. 1934 übermittelte das Reichsarbeitsministerium dem Reichsministerium des Innern Beschwerden von Unternehmern wegen des „Staatsjugendtages". (DZA Potsdam, RMdI, Nr. 25 794/3, Bl. 265).

[102] DZA Potsdam, RWiM, Nr. 10 283, Bl. 3.

[103] Beispielsweise beurlaubten die Stadtverwaltung von Stolberg/Harz und die Betriebe des Fürsten zu Stolberg die bei ihnen beschäftigten HJ-Mitglieder. (*Das Junge Deutschland,* Jg. 1934, S. 216).

[104] *Eilers, Rolf,* Die nationalsozialistische Schulpolitik. Eine Studie zur Funktion der Erziehung im totalitären Staat. Köln/Opladen 1963, S. 123 = Staat und Politik, Bd. 4.

[105] *Kaufmann, Günter,* Das kommende Deutschland, a. a. O., S. 39.

[106] Ebenda.

[107] *RArbBl.* I 1934, S. 120, Erlasse über die Eingliederung der Landhelfer in die Hitler-Jugend, v. 19. 2. und 6. 4. 1934.

und Lehrstellen vermittelt bekommen sollten[108]. Unter diesen Bedingungen traten viele Jugendliche der HJ bei, denen es durchaus nicht gleich sein durfte, daß sie auf Grund ihrer Zugehörigkeit zur faschistischen Jugendorganisation einen Arbeitsplatz oder eine Lehrstelle erhalten konnten, wenn sie als Landhelfer schließlich doch zum Eintritt in die HJ gezwungen wurden. Auch die 22 000 Landjahrpflichtigen wurden sofort von der HJ erfaßt.[109] Nichtsdestoweniger lag die Mitgliederzahl der HJ Ende 1934 (fast 3,6 Millionen)[110] immer noch unter der Zahl Jugendlicher, die zuvor durch den Reichsausschuß der deutschen Jugendverbände repräsentiert worden war und von der noch immer weit über eine Million den durch das Reichskonkordat geschützten katholischen Jugendorganisationen angehörte[111]. Seit Anfang 1934 war ihnen zwar das öffentliche Auftreten mehr und mehr erschwert worden[112], doch ließen sich nicht alle dadurch einschüchtern, auch dann nicht als eine Polizeiverordnung den konfessionellen Jugendverbänden „jede Betätigung, die nicht rein kirchlich-religiöser Art ist"[113] untersagte.

Die Verschärfung des Terrors ging bezeichnenderweise mit der Errichtung jenes umfassenden und geschlossenen militaristischen Systems einher, das zugleich mit der Einführung der Wehr- und Arbeitsdienstpflicht durch eine „Jugenddienstpflicht" komplettiert werden sollte. In dem entsprechenden Gesetzentwurf, den das Reichserziehungsministerium den obersten Reichsbehörden drei Tage nach der Veröffentlichung des „Reichsarbeitsdienst-Gesetzes", am 29. Juni 1935, übersandte, wurde der „Staatsjugendtag" noch einmal aufgegriffen. Nach diesem „Reichsjugendtag-Gesetz"[114] konnten alle Jugendlichen im Alter von 10 bis 18 Jahren für jeweils einen Tag wöchentlich, den sogenannten Reichsjugendtag, zur Ableistung der „Jugenddienstpflicht" einberufen werden. HJ-Mitglieder sollten von vornherein als einberufen gelten und, soweit sie berufstätig waren, von den „Betriebsführern" unter Fortzahlung von Lohn und Gehalt für die Teilnahme am „Jugenddienst" Urlaub erhalten.

Allerdings wollte man nach den bisherigen Erfahrungen mit dem „Staatsjugendtag" im Reichserziehungsministerium noch abwarten, „welche Stellung Herr Reichsbankpräsident Schacht in der Angelegenheit einnehmen wird".[115] In dessen Behörde hielt man es wiederum für unumgänglich, „vor endgültiger Stellungnahme mit den

108 Das Junge Deutschland, Jg. 1934, S. 251.

109 *VB* v. 4. 4. 1934.

110 *Kaufmann, Günter,* a. a. O., S. 39.

111 Im Mai 1934 zählten die katholischen Jugendverbände noch 1,3 Millionen Mitglieder. (*Roth, Heinrich,* Katholische Jugend in der NS-Zeit unter besonderer Berücksichtigung des Katholischen Jungmännerverbandes. Daten und Dokumente, Düsseldorf 1959, S. 159). Der Reichsausschuß der deutschen Jugendverbände hatte etwa fünf Millionen Jugendliche repräsentiert (s. S. 26).

112 Ebenda, S. 20, 22 f.

113 *Preußische Gesetzsammlung* 1935, S. 105 f., Polizeiverordnung gegen die konfessionellen Jugendverbände, v. 23. 7. 1935. Diese Verordnung wurde fast sofort auf das gesamte Reichsgebiet ausgedehnt. (*Jahrbuch des Jugendrechts,* Bd. VIII, Berlin 1936, S. 5 f.).

114 DZA Potsdam, RWiM, Nr. 10 283, Bl. 85 ff.; der Entwurf dieses Gesetzes findet sich auch in: DZA Potsdam, REM, Nr. 11 936, Bl. 2 ff., 22 ff., 58 ff. und 65 ff.

115 Ebenda, Bl. 97, Aktenvermerk, v. 29. 6. 1935.

beteiligten Wirtschaftskreisen über die Hauptpunkte zu sprechen“[116]. Die wichtigste Frage, die der Reichswirtschaftskammer dann auf ihrer ersten Sitzung, am 4. September 1935, zur Stellungnahme übergeben wurde, lautete: „Können die jungen Leute aller Berufsgruppen an dem Reichsjugendtag teilnehmen, ohne daß die den Betreffenden obliegenden Arbeiten eine unerwünschte Unterbrechung erfahren?“[117]

Daß die Behandlung des „Reichsjugendtag-Gesetzes“ im Kabinett bis zum Eingang der erwünschten Stellungnahme ausgesetzt wurde[118], verdeutlicht einmal mehr die wirklichen Machtverhältnisse im faschistischen Deutschland und widerlegt die apologetische „Theorie“ Arthur Schweitzers, wonach das „Großkapital“ (big business) nur einen „Machtblock“ (power bloc) neben der Nazipartei, der SS und der Wehrmachtsgeneralität bildete, von denen jeder eine Vormachtstellung in einem ziemlich genau begrenzten Bereich besessen hätte, in dem jeweils eine kleine Clique die Linie festlegte und die Entscheidungen traf.[119] Fragen der Erziehung (educational activities) wurden eben nicht uneingeschränkt von der Naziführung bestimmt, sondern im Zweifelsfall dem „big business“ zur Entscheidung vorgelegt.

Der Inhalt der Frage, die die Reichswirtschaftskammer beantworten sollte, lenkt die Aufmerksamkeit zudem auf ein Problem, das bereits bei der Einführung der Wehr- und Arbeitsdienstpflicht eine Rolle spielte. Die Errichtung des militaristischen Systems des faschistischen deutschen Imperialismus mußte der kapitalistischen Ausbeutung in den (Rüstungs!-) Betrieben einen bedeutenden Teil der jugendlichen Arbeitskräfte entziehen und damit die Kriegsvorbereitungen auf wirtschaftlichem Gebiet beeinträchtigen. Die deutliche Interdependenz von Arbeitskräfte- und Militärpotential bedingte Gründe und Grenzen der „sozialen Arbeit“ der HJ und der Arbeitsfront unter der Arbeiterjugend. Beide faschistische Organisationen hatten es sich zur Aufgabe gemacht, die unmittelbare Ausbeutung der Jugendlichen in den Betrieben zugunsten ihrer Vorbereitung auf den imperialistischen Krieg zu modifizieren, ohne in jedem Falle von vornherein die konkreten Bedingungen zu kennen, die die herrschenden Kreise des deutschen Finanzkapitals dafür zu schaffen bereit und gewillt waren.

[116] Ebenda.

[117] Ebenda, Bl. 98, Fragen zum Gesetzentwurf des Kultusministeriums, v. 4. 9. 1935; ebenda, Bl. 99, Aktenvermerk, v. 7. 10. 1935.

[118] Ebenda, Bl. 99.

[119] „The oligarchic clique of the party dominated the strictly political – the educational and political-ideological – activities which were governed by the deliberately formulated party line. Big business was able to invigorate major capitalist institutions and extend or reimpose them upon small urban business. Each holder of power occupied a predominant position in a fairly well defined domain, in which a small clique enjoyed the privilege of laying down the lines of policy and of making the final decisions“ (*Schweitzer, Arthur*, a. a. O., S. 290).

3. Die Verschlechterung der Arbeitsbedingungen der Jungarbeiter und Lehrlinge in Industrie und Handwerk und die Analyse der Lage der deutschen Arbeiterjugend durch die KPD

Sozial drapierte Aktivitäten von faschistischer Seite wirkten vor allem deshalb so verwirrend, weil die Ausbeutung der – erwachsenen wie jugendlichen – Arbeiter in den Betrieben mit Hilfe des Hitlerregimes ständig verschärft worden war. Die Gewerkschaften waren noch nicht zerschlagen, als Seldte bereits dafür Sorge trug, daß Lohnerhöhungen unterblieben[1]. Nach Einsetzung der „Treuhänder der Arbeit" wurden diese am 17. Oktober 1933 ausdrücklich angewiesen, „das Lohnniveau aufrechtzuerhalten"[2]. Unter diesen Bedingungen war es den Unternehmern angesichts der Massenarbeitslosigkeit möglich, die Krisenlöhne weiter herabzudrücken.[3]

Die Entwicklung der Löhne – der Tariflöhne, der Bruttolöhne und der Gesamtlohnsumme – ist von Kuczynski[4] anhand der offiziellen Lohnstatistiken genauestens verfolgt, eingehend untersucht und ausführlich dargestellt worden.

Was die Tariflöhne anbetrifft, so sind sie – und diese Feststellung gilt ganz besonders für die ersten drei Jahre der faschistischen Diktatur – „abgesunken, abgesunken in einer Zeit steigender Produktion, unter das tiefste Niveau der Krise von 1929 bis 1932!"[5]

Durchschnittliche Tariflöhne 1932 bis 1935[6] (Pfennig pro Stunde)

Jahr u. Monat		Männer			Frauen	
		Gelernte	Angelernte	Hilfsarbeiter	Gelernte u. Angelernte	Hilfsarbeiter
1932		81,6	68,8	64,4	53,1	43,9
1933	Januar	79,2	68,3	62,8	52,2	43,5
1933		78,5	68,2	62,3	51,7	43,4
1934		78,3	68,2	62,2	51,6	43,3
1935		78,3	68,3	62,2	51,6	43,4

Im Laufe des Jahres 1933 fielen die tariflichen Stundenlöhne also um durchschnittlich 0,9 Prozent[7], obwohl nach der später eingestellten Tarifvertragsstatistik von den am 30. Januar 1933 bestehenden fast 14 000 Tarifabkommen nur etwa 600 verändert worden waren[8]. Größere Lohnminderungen traten nur im Baugewerbe ein.[9] Gerade

[1] *RArbBl.* I 1933, S. 106 f., Rundschreiben Seldtes, v. 6. 4. 1933.

[2] Ebenda, S. 271, Gemeinsames Rundschreiben Seldtes, Schmitts und Kepplers, v. 17. 10. 1933.

[3] *Mason, Timothy W.*, Labour in the Third Reich, 1933–1939, in: Past & Present, 3/1966, S. 113.

[4] *Kuczynski, Jürgen*, Darstellung der Lage der Arbeiter in Deutschland von 1933 bis 1945, Berlin 1964, S. 155 ff. = Die Geschichte der Lage der Arbeiter unter dem Kapitalismus, Bd. 6.

[5] Ebenda, S. 156.

[6] Ebenda.

[7] *Soziale Praxis*, Jg. 1934, S. 298.

[8] *Kroll, Gerhard*, Von der Weltwirtschaftskrise zur Staatskonjunktur, (West-)Berlin 1958, S. 542.

[9] *Vierteljahrshefte zur Statistik des Deutschen Reiches*, Jg. 1933, H. 2, S. 45 ff.

deshalb betrafen sie auch viele Jugendliche, denn in der Bauindustrie war wegen der hohen physischen Anforderungen, die an die Arbeitskräfte gestellt wurden, „die Gruppe der 18- bis 25jährigen am schnellsten in Arbeit und Brot gekommen"[10].

Erst 1934 als das Tarifvertragswesen durch das „Gesetz zur Ordnung der nationalen Arbeit" völlig beseitigt worden war, erreichte die Entwicklung der Tariflöhne ihren Tiefpunkt[11] um dann – zunächst kaum merklich – wieder etwas anzusteigen[12].

Eine „mäßige Steigerung"[13] erfuhren die von 1932 auf 1933 ebenfalls abgesunkenen Bruttowochenlöhne:

Durchschnittliche Bruttowochenlöhne 1932 bis 1935[14] *(in Mark und Pfennig)*

Jahr	1932	1933	1934	1935
Lohn	22,88	21,88	22,83	24,04

Die Bruttowochenlöhne, schreibt Kuczynski, „stiegen, während die Tariflöhne sanken, und zwar aus dem sehr einfachen Grunde, weil die Zahl der von dem einzelnen Arbeiter pro Woche geleisteten Arbeitsstunden heraufging"[15], und gibt dafür folgende Zahlen an:

Durchschnittliche Wochenstunden in der Industrie 1932 bis 1935[16]

Jahr	1932	1933	1934	1935
Stunden	41,46	42,96	44,58	44,46

Die beiden Tabellen widersprechen einander nur scheinbar. So hat die wöchentliche Arbeitszeit von 1932 auf 1933 zugenommen, und das gleichzeitige Fallen der Löhne erklärt sich aus den bereits erwähnten Lohnsenkungen. Daß dem vergleichsweise stärksten Anstieg der Löhne von 1934 auf 1935 ein leichter Rückgang der geleisteten Wochenstunden gegenübersteht, ist allerdings nicht auf das minimale Ansteigen der Tariflöhne bei den angelernten und Hilfsarbeitern zurückzuführen, sondern auf die unterschiedliche Entwicklung der Produktions- und der Konsumgüterproduktion im faschistischen Deutschland. Während die Produktionsgüterproduktion von 1932 bis 1935 mehr als verdoppelt und die Rüstungsproduktion sogar fast verzehnfacht worden war, hatte die Konsumgüterproduktion nach einem Rückgang gegenüber 1934, der besonders die Textilindustrie betraf, nur um ein Sechstel zugenommen.[17] Kurz-

[10] *Siemering, Hertha,* Deutschlands Jugend in Bevölkerung und Wirtschaft. Eine statistische Untersuchung, Berlin 1937, S. 349; s. dazu auch *Syrup Friedrich,* Der Arbeitseinsatz und die Arbeitslosenhilfe in Deutschland, Berlin 1936, S. 160.

[11] *Kroll, Gerhard,* a. a. O., S. 542.

[12] *Soziale Praxis,* Jg. 1935, Sp. 182.

[13] *Kuczynski, Jürgen,* a. a. O., S. 156.

[14] Ebenda.

[15] Ebenda.

[16] Ebenda, S. 233.

[17] Ebenda, S. 79, 82, 103. Im Laufe des Jahres 1935 wurden 3 124 Betriebe vor allem der Textilindustrie stillgelegt und 150 457 Arbeiter entlassen. (DZA Potsdam, RWiM, Nr. 10 296, Bl. 284 f., Reichsarbeitsministerium an die Treuhänder der Arbeit, v. 24. 2. 1936).

arbeit in der Konsumgüterindustrie mit ihren niedrigen Löhnen stand Überarbeit in der Produktions- und Investitionsgüterindustrie mit vergleichsweise höheren Löhnen gegenüber. Im Oktober 1935 betrug die durchschnittliche tägliche Arbeitszeit nach amtlichen Angaben in der Konsumgüterindustrie 6,83 Stunden, in der Produktionsgüterindustrie 7,54 und in der Investitionsgüterindustrie 7,73 Stunden.[18] Allerdings können diese Zahlen, ebenso wie die für die durchschnittliche Wochenarbeitszeit, „kein wahres Bild der Vorgänge vermitteln“[19], sie deuten nur deren Tendenz an.

Verlängerungen der Arbeitszeit über acht Stunden hinaus waren durch die am 26. Juli 1934 erlassene Arbeitszeitordnung[20] auch für Jugendliche ausdrücklich zugelassen worden. In keiner Weise wurde an den Bestimmungen der Gewerbeordnung von 1869 und des Gesetzes betreffend Kinderarbeit in gewerblichen Betrieben vom 30. März 1903 gerüttelt, diese wurden lediglich mit anderen Bestimmungen zusammengefaßt. Das Schutzalter wurde nicht auf 18 Jahre erhöht, sondern bei 16 Jahren belassen. Zahlreiche Ausnahmeregelungen gestatteten auch weiterhin die Beschäftigung 10- bis 12jähriger Kinder bis zu sechs Stunden täglich und 14- bis 16jähriger Jugendlicher bis zu 60 Stunden wöchentlich.

Angesichts dieser Rechtslage mußte durch die Gewerbeaufsichtsbeamten vor allem in der Landwirtschaft wieder eine „allgemeine Zunahme der Kinderarbeit, und zwar der Arbeit fremder Kinder, bei Frühjahrs- und Erntearbeiten im Mittel- und Großbesitz festgestellt werden ...“[21]. In der Industrie, wo Kinderarbeit seit langem so gut wie unbekannt war, wurden „Zuwiderhandlungen gegen die besonderen Schutzbestimmungen für weibliche und jugendliche Arbeiter ... wiederum in großer Zahl festgestellt“[22]. Die Zahl der Arbeitsunfälle Jugendlicher stieg von 1934 auf 1935 um 30 Prozent.[23]

Insbesondere in den Rüstungsbetrieben wurde immer häufiger „Mehrarbeit über die Normalarbeitszeit von 48 Wochenstunden hinaus erforderlich. Vielfach wurden alle Ausnahmemöglichkeiten der Arbeitszeitordnung bis zum äußersten ausgenutzt“[24]. Vor allem für das Baugewerbe und die Metallindustrie ergingen Tarifordnungen, die Arbeitszeiten bis zu zehn Stunden täglich als Regelfall vorsahen.[25] Ein interessantes Beispiel dafür lieferte die sächsische Metallindustrie, in der auf Grund eines noch geltenden Tarifvertrages (jetzt als Tarifordnung bezeichnet) aus der Zeit vor 1933

18 *Statistisches Jahrbuch* ... 1936, S. 329.

19 *Kuczynski, Jürgen*, a. a. O., S. 233.

20 *RGBl.* I 1934, S. 803 ff., Verordnung über die neue Fassung der Arbeitszeitverordnung, v. 26. 7. 1934.

21 *Schindlmayr, Adalbert*, Arbeitsschutz und Kinderlandarbeit, in: Das Junge Deutschland, Jg. 1935, S. 464. Nach Schindlmayr beschäftigte die Landwirtschaft 1935 rd. 400 000 Kinder.

22 *Jahresberichte der Gewerbeaufsichtsbeamten* 1935/36, Berlin 1937, S. 1/93 f.; s. auch S. 2/39, 3/39, 4/31, 6/20, 7/18, 8/8, 11/7, 12/7, 13/13, 15/9, 17/11.

23 *Das Junge Deutschland*, Jg. 1936, S. 34.

24 *Jahresberichte der Gewerbeaufsichtsbeamten*, a. a. O., S. 1/63; s. auch S. 3/60, 4/13, 26, 5/13, 16, 36, 6/13, 7/14, 8/5, 11/5, 12/7, 13/10.

25 Ebenda, S. 1/65, 2/22, 3/33, 4/28, 5/13, 6/13, 7/14, 8/5, 9/5, 10/6, 11/5, 12/7, 13/11, 14/6, 16/4, 17/10.

Wochenarbeitszeiten über 50 Stunden von der Zustimmung der Betriebsräte abhängig waren. Die diesbezügliche Entscheidung des Reichsarbeitsministeriums, daß „nach Auflösung der Betriebsvertretungen ... nunmehr die Gewerbeaufsichtsämter befugt seien, Längerarbeit zu genehmigen ...“[26], kennzeichnet zugleich die Rolle, die den faschistischen „Vertrauensräten“ zugedacht war, deren letzte Wahl im April 1935 die Unzufriedenheit der Arbeiter deutlich zum Ausdruck brachte.

Einen wesentlichen Grund für die zunehmende Unzufriedenheit lieferten die sinkenden Reallöhne. Ihre Berechnung nach den offiziellen Angaben für die Entwicklung der Löhne und der Lebenshaltungskosten ergibt zwar für den Zeitraum von 1932 bis 1935 eine dreiprozentige Steigerung[27], aber das entspricht in keiner Weise der Wirklichkeit. Wie in den Besprechungen der „Treuhänder der Arbeit“ im zweiten Halbjahr 1935 laufend und übereinstimmend festgestellt wurde, übertrafen die Preissteigerungen, insbesondere für Fleisch, Wurst und Butter, die amtlichen Angaben um sechs Prozent.[28] Nach anderen Berechnungen waren die Preise für einzelne Lebensmittel während des Jahres 1935 bis zu 50 Prozent gestiegen.[29] Die Preissteigerungen verursachten, wie der Staatssekretär im Reichsarbeitsministerium, Johannes Krohn, in der Treuhänderbesprechung am 14. August 1935 erklärte, eine „wachsende Unruhe unter der Arbeiterschaft“[30], so daß er schließlich gezwungen war, Hitler auf den sinkenden Reallohn hinzuweisen[31].

Für die Entwicklung der Gesamtbruttolohnsumme gibt Kuczynski folgende Zahlen an:

Gesamtbruttolohnsumme 1932 bis 1935[32] *(in Millionen Mark)*

Jahr	1932	1933	1934	1935
Lohnsumme	11 320	12 051	14 642	16 483

Die Lohnsumme ist also „sehr beträchtlich angewachsen, da nicht nur die Zahl der von dem einzelnen Arbeiter pro Woche gearbeiteten Stunden heraufgegangen ist, sondern auch die Zahl der beschäftigten Arbeiter stark zugenommen hat“[33].

Und in der Tat hat die Zahl der beschäftigten Arbeiter und Angestellten nach der Krankenkassenmitgliederstatistik von Juni 1933 (13 307 000) bis Oktober 1935 (16 508 000) um 3,2 Millionen zugenommen.[34] Davon könnte auf Grund der am Ende des ersten Abschnitts erfolgten Berechnungen jeder sechste ein Jugendlicher im

26 Ebenda, S. 3/33.

27 *Kuczynski, Jürgen*, a. a. O., S. 157.

28 DZA Potsdam, RWiM, Nr. 10 296, Bl. 23 v., 120, 190, 252, Protokolle der Treuhänderbesprechungen, v. 14. 8., 11. 10., 12. 11. und 9. 12. 1935.

29 *Petzina, Dieter*, Autarkiepolitik im Dritten Reich. Der national-sozialistische Vierjahrsplan, Stuttgart 1968, S. 33 = Schriftenreihe der Vierteljahrshefte für Zeitgeschichte, Bd. 10.

30 DZA Potsdam, RWiM, Nr. 10 296, Bl. 23, Protokoll der Treuhänderbesprechung, v. 14. 8. 1935.

31 Ebenda, Bl. 252, Protokoll der Treuhänderbesprechung, v. 9. 12. 1935 (Mitteilung Mansfelds).

32 *Kuczynski, Jürgen*, a. a. O., S. 156.

33 Ebenda.

34 *Statistische Beilage zum RArbBl.* 1934, Nr. 7, S. 1, und 1936, Nr. 7, S. 1.

Alter bis zu 25 Jahren und nach den Angaben der Reichsgruppe Handwerk[35] jeder dreißigste ein Handwerkslehrling gewesen sein. Gemessen an der Zahl der Lehrstellen suchenden Jugendlichen war das natürlich außerordentlich wenig. In welchem Maße Jugendliche die Berufsberatungsstellen der Arbeitsämter aufsuchten und von dort in Lehr- und Anlernstellen vermittelt werden konnten, zeigt folgende Tabelle:

Berufsberatung und Lehrstellenvermittlung durch die Reichsanstalt für Arbeitsvermittlung und Arbeitslosenversicherung 1932/33 bis 1934/35[36]

	Ratsuchende Jugendliche	Gemeldete Lehr- u. Anlernstellen	Vermittelte Jugendliche
1932/33	394 278	128 147	102 016
1933/34	600 518	219 035	184 108
1934/35	848 371	296 085	260 381

Die Zahl der von den Betrieben gemeldeten Lehr- und Anlernstellen war zwar etwas schneller gestiegen als die Zahl der ratsuchenden Jugendlichen, aber das fiel kaum ins Gewicht. Der latente Lehrstellenmangel bildete den entscheidenden Grund dafür, daß die bis zu 18 Jahre alten Jugendlichen einen immer größeren Prozentsatz der Arbeitslosen stellten.

Die Arbeitslosen unter 18 Jahren 1933 bis 1935[37]

		in Prozent aller Arbeitslosen
16. Juni 1933	166 467	3,3
15. Juni 1934	135 168	5,0
31. Okt. 1935	131 600	6,8

Dabei war die Lehrlingshaltung in Industrie und Handwerk eine billige Profitquelle. Nach der Gewerbeordnung von 1869 waren Lehrlinge zur Treue und Folgsamkeit gegenüber ihren Lehrherren verpflichtet (§ 127 a) und dadurch der Unternehmerwillkür ziemlich schutzlos ausgeliefert. Die Dauer der Lehre konnte drei bis vier Jahre betragen (§ 130 a) und wurde in individuellen und für die Lehrlinge nur schwer kündbaren Lehrverträgen festgelegt (§ 126 b). Vor allem die Handwerksbetriebe, die 1933 73,4 Prozent aller gewerblichen Lehrlinge beschäftigten[38], neigten dazu, mehr Lehrlinge einzustellen als sie ausbilden konnten. Dabei unterlag die Handwerkslehre besonderen Bestimmungen der Gewerbeordnung, deren Einhaltung von den Handwerkskammern kontrolliert wurde. Nur Handwerksmeister waren zur Anleitung von

[35] Die Zahl der Handwerkslehrlinge stieg von 419 000 (1933) auf 530 378 (31. 12. 1935). (*Jahrbuch des deutschen Handwerks* 1936, Berlin 1937, S. 94). Schweitzer hat für 1933/34 die Zahl von 1923/24 angegeben. (*Schweitzer, Arthur,* Big Business in the Third Reich, Bloomington (Ind.) 1964, S. 179).

[36] *9. Bericht der RAVAV,* Beilage zum RArbBl. 1937, Nr. 28, S. 43.

[37] *Statistisches Jahrbuch* ... 1934, S. 311; 1935, S. 321; 1936, S. 339.

[38] *Jahrbuch des deutschen Handwerks,* a. a. O., S. 94.

Lehrlingen befugt (§ 129), deren Ausbildung mit der Ablegung der Gesellenprüfung vor einer von der Handwerkskammer oder auch von der Innung bestellten Kommission abschließen sollte (§ 131).

Aber nach der Zerschlagung der Gewerkschaften, die auf Grund der Tarifvertragsordnung der Lehrlingsausbeutung und insbesondere auch der „Lehrlingszüchterei" gewisse Grenzen zu setzen vermocht hatten, bestimmte das Profitinteresse mehr denn je die Lage der Lehrlinge. Die Lehrzeit wurde maximal ausgedehnt, die Ausbeutung extensiviert und in Einzelfällen sogar Lehrgeld gefordert.[39] Die „Lehrlingszüchterei" wurde durch die faschistische „Arbeitsbeschaffung" begünstigt. Ley forderte am 8. Februar 1934 ausdrücklich: „Stellt mehr Lehrlinge ein!"[40] Unter diesen Bedingungen hatte es die Arbeitsfront nicht zuletzt ihrer eigenen Propaganda zu verdanken, daß eine von ihr vorgenommene Untersuchung der Arbeitsbedingungen bei 415 Lehrlingen unter anderem folgendes Ergebnis hatte: „Der normalen Arbeitszeit von 8 Stunden erfreuen sich – man wird es nicht für möglich halten – nur ganze neun Mann. Die doppelte normale Arbeitszeit dagegen, 16 Stunden, arbeiten ebenfalls 8 Jugendliche. Über 16 Stunden tägliche Arbeitszeit müssen ein 15- und ein 17jähriger ableisten. Mit 15 Arbeitsstunden warten schon 40, das heißt 10 Prozent der erfaßten Jugendlichen, auf. Bei 14 Stunden steigt die Zahl bereits auf 50, und bei 13 Stunden auf 65, um bei 12 Stunden auf 147 anzuwachsen. Mit 11 Arbeitsstunden täglich sinkt die Zahl wieder auf 61 und weiter auf 23. Zu ergänzen ist hier, daß von den erfaßten Jugendlichen nahezu die Hälfte auch Sonntagsarbeit, zum Teil mehr als vier Stunden, leisten muß ... Liegen schon die Arbeitszeiten der Jugendlichen ... unter jedem Maß der Kritik und reichen auch die bescheidenen Wochenentgelte nur in den seltensten Fällen über RM 2,– M hinaus, so bieten die Schlafverhältnisse ein Bild absoluter Würdelosigkeit ..."[41]

Betrachtet man diese Momentaufnahme als Detail des hier nachgestalteten, sozialen Panoramas, das für die Jugend im Ergebnis der Entwicklung seit dem Machtantritt der Faschisten entstanden war, dann wird man Erich Jungmann zustimmen müssen, der auf der Reichskonferenz des Kommunistischen Jugendverbandes, die Mitte Dezember 1934 in Moskau stattfand, feststellte, daß sich die „ökonomische Lage der Jugend ... in diesen zwei Jahren Hitlerdiktatur bedeutend verschlechtert"[42] hat. Als dann im Frühjahr und Sommer 1935 die letzten Hindernisse für die offene und unbegrenzte Aufrüstung fielen, wuchs dazu die dem Imperialismus innewohnende Bedrohung der rein physischen Existenz der Jugend sprunghaft an.

Im Juli und August 1935 beriet in Moskau der VII. Weltkongreß der Kommunistischen Internationale die Aufgaben, die sich angesichts der Veränderung des Kräfteverhältnisses im internationalen Klassenkampf, des Sieges der sozialistischen Produktionsverhältnisse in der Sowjetunion und der Offensive des Faschismus in wichtigen

[39] *Jahresberichte der Gewerbeaufsichtsbeamten* 1933/34, Berlin 1935, S. 1/100 ff., 2/30, 3/39 f., 4/35, 5/24, 7/17, 8/16, 11/9, 12/7; *Geier, Erwin,* Das Recht des Lehrlings, in: Das Junge Deutschland, Jg. 1934, S. 271.

[40] *VB* v. 9. 2. 1934. [41] *Das Junge Deutschland,* Jg. 1934, S. 243, 247.

[42] Zit. nach *Jahnke, Karl Heinz,* a. a. O., S. 127.

imperialistischen Staaten, für die kommunistische Weltbewegung stellten. Die Aufgabenstellung – Schaffung der proletarischen Einheitsfront als Sammelpunkt einer antifaschistischen Volksbewegung – wurde im Hauptreferat des Kongresses, gehalten von Georgi Dimitroff, auf Grund einer umfassenden marxistisch-leninistischen Analyse des Faschismus herausgearbeitet; und der Kongreß forderte von allen kommunistischen Parteien, daß sie ihre Politik, entsprechend der einmütig beschlossenen Linie, „auf einer nüchternen Analyse der konkreten Wirklichkeit, auf der Berücksichtigung des Verhältnisses der Klassenkräfte und des politischen Niveaus der breitesten Massen"[43] aufbauen.

Als erste kam dieser Forderung die Partei nach, die den Kampf gegen die reaktionärste und aggressivste Spielart des Faschismus führte. Im Oktober 1935 brachet die KPD die Ausarbeitung des „neuen Weges zum gemeinsamen Kampf für den Sturz der Hitlerdiktatur" auf ihrer Brüsseler Konferenz in allen wesentlichen Punkten zum Abschluß.[44] Die Leninsche Lehre von der demokratischen und sozialistischen Revolution auf die Verhältnisse in Deutschland anwendend, entwickelte die KPD eine politische Konzeption, die von ihr – und später von der Sozialistischen Einheitspartei Deutschlands – konsequent verfolgt und im Osten Deutschlands erfolgreich verwirklicht wurde. Ein Programm von dieser wahrhaft historischen Tragweite zu entwerfen, erforderte nicht nur eine vorurteilslose Prüfung der eigenen Politik und eine richtige Einschätzung der Rolle der Sozialdemokratie unter den Bedingungen der faschistischen Diktatur, sondern, wie Wilhelm Pieck im Hauptreferat der Konferenz bemerkte, als „erste Voraussetzung ... eine richtige Analyse der Lage ..."[45].

In dieser Analyse wurde die Arbeiterjugend ihrer Bedeutung entsprechend berücksichtigt. Zu ihrer Lage und ihrer Haltung nahm außer dem Hauptreferat ein spezielles Referat von Anton Ackermann Stellung.[46] Obwohl bei der Ausarbeitung der Referate nur die damals zugänglichen Informationen ausgewertet werden konnten, erbrachte die Analyse in dieser Hinsicht grundlegende und noch heute gültige Ergebnisse.

Bereits im Referat Dimitroffs auf dem VII. Weltkongreß war darauf hingewiesen worden, daß der Faschismus der Jugend entgegen seinen demagogischen Versprechungen vor allem den Verlust von Arbeitsplätzen in den Betrieben, die Verbannung in Arbeitsdienstlager und militärischen Drill gebracht hatte. Die geschickt manipulierte Romantik der Arbeitsdienstlager und des Drills war allerdings dazu angetan, viele Jugendliche zu beeindrucken. Diesen Jugendlichen und denjenigen, die im Zuge

[43] *Dimitroff, Georgi,* Die jetzigen Herrscher der kapitalistischen Welt sind vorübergehende Leute – der wirkliche Herr der Welt ist das Proletariat. Schlußansprache in der Schlußsitzung des VII. Weltkongresses der Komintern, in: *Derselbe,* Ausgewählte Schriften, Bd. 2, Berlin 1958 S. 678.

[44] *Pieck, Wilhelm,* Der neue Weg zum gemeinsamen Kampf für den Sturz der Hitlerdiktatur. Referat und Schlußwort auf der Brüsseler Parteikonferenz der Kommunistischen Partei Deutschlands, Berlin 1957.

[45] Ebenda, S. 15.

[46] *Ackermann, Anton,* Der Kampf der Partei um die werktätige Jugend. Referat, gehalten auf der Brüsseler Parteikonferenz der KPD, in: Tarnschrift „Kindermund".

der Wiederbelebung der Wirtschaft seit langer Zeit wieder Arbeit erhalten hatten, flößte der Faschismus Vertrauen ein.[47]

Diese Feststellungen trafen, wie Pieck und Ackermann bestätigten, in besonderem Maße auf die Situation in Hitlerdeutschland zu. Die Wirtschaft hatte eine anhaltende Belebung erfahren und einige Millionen Arbeitslose waren wieder in den Produktionsprozeß eingegliedert worden. Die Arbeitsintensität stieg, aber die Löhne blieben „niedriger als 1932, am Tiefpunkt der Krise“[48]. Demzufolge hatte sich die Ausbeutung der Arbeiter, der erwachsenen wie der jugendlichen, verschärft, und ihre wirtschaftliche Lage wurde durch Preissteigerungen verschlechtert. Für viele in der Industrie beschäftigte Jugendliche war der Urlaub verlängert worden. Diese Maßnahme erhöhte zwar die demagogische Wirkung des Regimes auf die Jugend, diente ihm aber in erster Linie dazu, „die Jugend unter seinem Kommando zusammenzufassen, sie faschistisch zu beeinflussen, militärisch auszubilden ...“[49].

Im Laufe des Jahres 1935 rief vor allem die Teuerung Unzufriedenheit bei den Arbeitern hervor und führte zu einer „Welle des Widerstandes ..., die sich durch eine Reihe von passiven Resistenzen und auch Streiks auszeichnet, bei der es fast ausschließlich um Lohnforderungen geht ...“[50]. Unzufriedenheit zeigte sich auch unter der Jugend, die den faschistischen „Führern“ zwar Gefolgschaft leistete, zugleich aber, wie das Schicksal der „Sprecher der Jugend“ bewies, „ihre unmittelbaren Interessen zu verteidigen in wachsendem Ausmaße gewillt ist“[51]. Trotz aller sozialer Demagogie stieß der Faschismus bei den „Hauptmassen der deutschen Arbeiterklasse“[52] nach wie vor auf Ablehnung. Nur die werktätige Jugend, insbesondere die Jahrgänge, die seit 1933 die Schule verlassen hatten, war der faschistischen Beeinflussung wehrlos ausgeliefert.

Der KPD war auch nicht verborgen geblieben, daß die wirtschaftlichen Schwierigkeiten, so die „Devisennot“[53], Meinungsverschiedenheiten innerhalb der führenden Kreise des faschistischen Deutschland über den in der Wirtschaftspolitik nunmehr zu steuernden Kurs hervorriefen. Diese Meinungsverschiedenheiten fanden „Ausdruck besonders in den Differenzen zwischen den mit Schacht verbundenen Kreisen des deutschen Finanzkapitals und den Wirtschaftspolitikern der Nazipartei“[54], die, was damals schlechterdings nicht zu erkennen war, in den meisten Fällen die Konzeption der aggressivsten Monopole mit dem IG-Farben-Konzern an der Spitze vertraten. Nichtsdestoweniger hatte die KPD erkannt, daß die Kontrahenten einen Ausweg aus den wirtschaftlichen Schwierigkeiten nur im Krieg suchten. „Dieser Krieg, den Hitler

47 *Dimitroff, Georgi,* Die Offensive des Faschismus und die Aufgaben der Kommunistischen Internationale im Kampf für die Einheit der Arbeiterklasse gegen den Faschismus, in: *Derselbe,* Ausgewählte Schriften, a. a. O., S. 531, 590 f.

48 *Pieck, Wilhelm,* a. a. O., S. 88.

49 *Ackermann, Anton,* a. a. O., S. 5

50 *Pieck, Wilhelm,* a. a. O., S. 85.

51 *Ackermann, Anton,* a. a. O., S. 9.

52 *Pieck, Wilhelm,* a. a. O., S. 91.

53 Ebenda, S. 107.

54 Ebenda, S. 100.

vorbereitet, wird der Jugend unausdenkbare Opfer, Leiden und Entbehrungen auferlegen", warnte sie. „Er wird Millionen junger blühender Menschenleben vernichten."[55]

Für den Kampf gegen die tödliche Bedrohung der deutschen Jugend galt es jede Möglichkeit, die sich unter den Bedingungen des faschistischen Regimes bot, sorgfältig zu erschließen und voll zu nutzen. Dieser für den antifaschistischen Widerstandskampf insgesamt so bedeutungsvollen Erkenntnis Bahn brechend, forderte Wilhelm Pieck alle Kommunisten dazu auf, „in den faschistischen Jugendorganisationen einen engen Kontakt mit der organisierten Arbeiterjugend zu schaffen. Wir müssen dabei", fuhr er fort, „an die Sprache und die Versprechungen der Faschisten anknüpfen. Wir müssen die Durchführung der in dem Berufsausbildungs- und Arbeitsschutzgesetz enthaltenen Bestimmungen fordern, den Kampf darum organisieren, wir müssen in den Betrieben dagegen auftreten, daß die Jungarbeiter zu niedrigeren Löhnen als die erwachsenen Arbeiter beschäftigt werden, daß sie minderen Rechts sind, und vor allen Dingen dagegen, daß sie als Kanonenfutter für den kommenden Krieg im Heere gedrillt werden."[56]

Da der Kommunistische Jugendverband in der Anwendung dieser Taktik des „Trojanischen Pferdes" über vereinzelte Ansätze, wie sie hier beispielsweise im Zusammenhang mit der Einführung des „Staatsjugendtages" erwähnt wurden, nicht hinausgekommen war, ging Anton Ackermann ausführlich darauf ein und betonte: „Die Arbeit besteht nicht nur in einer abenteuerlichen, unterirdischen Betätigung. Sie besteht in der Ausnutzung der legalen und halblegalen Möglichkeiten innerhalb der Massenorganisationen. Der Treuhänder der Arbeit hat für den Ruhrbergbau 12 Tage Urlaub für Jugendliche verordnet. Wir greifen diese Forderung auf, machen sie zu unserer eigenen und treten in den Schächten, in der Arbeitsfront, in der Hitlerjugend für die Erfüllung derselben ein. Wir sagen: der Treuhänder der Arbeit hat erweiterten Urlaub verordnet, die Jugend braucht das, um leistungsfähig zu sein. Wir fordern, daß der Unternehmer das vom Treuhänder gegebene Versprechen erfüllt und der Jugend den festgesetzten Urlaub bei voller Entlohnung gewährt.

So müssen wir in allen Fällen hartnäckig die Erfüllung der Versprechungen fordern, die die Nazis gegeben haben. An Anknüpfungspunkten wird es nicht fehlen. Nehmt das Berufsausbildungsgesetz. Niemand hat ein größeres Interesse daran, daß unsere Jugend etwas Rechtes lernt, als die Arbeiterklasse selbst. Gerade deshalb sind wir für eine gründliche Ausbildung, gegen die Verwendung der Lehrlinge als Handlanger und Laufburschen und für die Rechte der Lehrlinge ...

Die Hitlerjugend fordert unter anderem die Einbeziehung der bezahlten Berufsschulzeit in die reguläre Arbeitszeit, das Verbot der Akkordarbeit für Lehrlinge, eine verstärkte strafrechtliche Verfolgung der Verstöße gegen den Jugendschutz, die Unterstellung der Lehrlinge unter die allgemeinen Jugendschutzbestimmungen, das Verbot der Beschäftigung mit außerberuflichen Arbeiten und so weiter.

Beweisen wir wahre Kameradschaft, indem wir den Jugendlichen helfen, gemeinsam kameradschaftlich diese Forderungen durchzusetzen ...

[55] *Ackermann, Anton,* a. a. O., S. 5. [56] *Pieck, Wilhelm,* a. a. O., S. 63.

Es gibt Genossen, die glauben, wenn ein Nazivertrauensrat eine Forderung der Jugend durchsetzt, so wird das Illusionen erzeugen und die Autorität des Nationalsozialismus stärken. Sie stellen sich dann gegen diesen Vertrauensrat. Das ist eine sehr schädliche Einstellung; denn in Wirklichkeit ist diese Bewegung objektiv bereits eine antifaschistische Bewegung, auch wenn das den Massen noch nicht bewußt wird. In dem Maße, wie die Arbeiter und die Jugend anfangen, immer häufiger Rechte für sich zu fordern und ihre Interessen zu verteidigen, geraten sie unweigerlich mit der faschistischen Diktatur in Konflikt. Die Kluft zwischen der Jugend und den Unternehmern wird so vergrößert, daß eine offene Austragung (der Widersprüche – d. Verf.) unvermeidlich wird. Die Massen werden zusammengeführt und treten nicht mehr als Einzelne dem Unternehmer gegenüber. Das Wichtigste ist, daß auf diesem Wege Massen in Bewegung gebracht werden und nur auf diese Weise an den wirklichen Kampf gegen den Faschismus herangeführt werden können."[57]

[57] *Ackermann, Anton,* a. a. O., S. 10 f. (Hervorhebung im Original).

Die Verschärfung der Ausbeutung der Jugend unter den Bedingungen der offenen Aufrüstung und Kriegsvorbereitung des faschistischen deutschen Imperialismus (1935 bis 1939)

Im Zusammenhang mit dem offenen Bruch der militärischen Bestimmungen des Versailler Vertrages durch den deutschen Imperialismus traten bemerkenswerte Veränderungen in den internationalen Beziehungen ein. Die einseitige Revision des Versailler Vertrages wurde durch das deutsch-britische Flottenabkommen vom 18. Juli 1935 sanktioniert. Unter diesen Bedingungen ging das Hitler-Regime sogleich dazu über, zunächst die territorialen Bestimmungen des Versailler Vertrages liquidierend, das Eroberungsprogramm des deutschen Imperialismus in die Tat umzusetzen. Der erste dafür vorgesehene Schritt wurde am 7. März 1936 gemacht. An diesem Tage marschierten Wehrmachtseinheiten in die entmilitarisierte Rheinlandzone ein.

Gegen diese kriegsvorbereitende Aktion erhob im Völkerbundsrat nur die Sowjetunion entschiedenen Protest, während die imperialistischen Westmächte das völkerrechtswidrige Vorgehen Hitlerdeutschlands tolerierten und auch in der Folgezeit begünstigten. An ihrer sogenannten Appeasementpolitik scheiterten damals alle Bemühungen der Sowjetunion, ein System der kollektiven Sicherheit in Europa zu schaffen und damit ein Kräfteverhältnis herzustellen, das der faschistischen Aggressionspolitik des deutschen Imperialismus jede Aussicht auf Erfolg genommen hätte. Denn im schroffen Gegensatz zu seinem Eroberungsprogramm waren die verfügbaren Kräfte des deutschen Imperialismus begrenzt.

1. Die staatsmonopolistische Regelung des Arbeitskräfteeinsatzes

a) Die Einflußnahme der Industrie auf das gewerbliche Lehrlingswesen und die Einführung der allgemeinen Arbeitspflicht

Schon beim Übergang zur schrankenlosen Aufrüstung hatte sich hinsichtlich der Jugendlichen eine Interdependenz von Arbeitskräfte- und Militärpotential gezeigt. Jede Steigerung der Rüstungsproduktion mußte Arbeitskräfte binden, die dann nicht rekrutiert werden konnten; und umgekehrt drohte jede stärkere Rekrutierung, der Rüstungsproduktion Arbeitskäfte zu entziehen. Von der Verteilung der Kräfte hingen Art und Ausmaß der ökonomischen und militärischen Kriegsvorbereitungen und somit die künftige Strategie des faschistischen deutschen Imperialismus ab. Alle damit zusammenhängenden Fragen waren zu dieser Zeit Gegenstand grundsätzlicher Auseinandersetzungen zwischen den verschiedenen Monopolpruppierungen. Dabei war die von Schacht, der auf Grund des geheimen Reichsverteidigungsgesetzes vom 21. Mai 1935 zum „Generalbevollmächtigten für die Kriegswirtschaft" ernannt worden war, repräsentierte schwerindustrielle Gruppierung gegenüber dem IG-Farben-Konzern, der seine Interessen über Görings Reichsluftfahrtministerium durchzusetzen suchte, zunächst noch im Vorteil.

Nachdem Schacht bereits im August 1934 die Arbeitskräfteverteilung bei der Reichsanstalt für Arbeitsvermittlung und Arbeitslosenversicherung monopolisiert hatte, wurde nunmehr mit der Einführung des Arbeitsbuches eine grundlegende Voraussetzung für „die zweckentsprechende Verteilung der Arbeitskräfte in der deutschen Wirtschaft"[1] geschaffen. Alle Arbeiter und Angestellten mit einem Monatseinkommen unter 1 000 Mark einschließlich der Lehrlinge und Volontäre sollten ein Arbeitsbuch erhalten und bei der Reichsanstalt karteimäßig erfaßt werden.[2] Dort wurde am 5. November 1935 neben der gesamten Arbeitsvermittlung auch die Berufsberatung und Lehrstellenvermittlung konzentriert.[3]

Die Monopolstellung der Reichsanstalt auf diesem Gebiet wurde im Frühjahr 1936 zum erstenmal wirksam. Den Jugendlichen brachte das kaum einen Vorteil, denn von 1 077 990 Ratsuchenden konnten die Arbeitsämter nur 355 609 in Lehr- und Anlernstellen vermitteln.[4] Im Februar 1936 fehlten in den Landesarbeitsamtsbezirken Schlesien, Brandenburg, Westfalen, Rheinland, Hessen, Sachsen und Bayern rund 248 000 Lehrstellen.[5] Andererseits waren die freien Lehr- und Anlernstellen zu mindestens 95 Prozent bei den Arbeitsämtern gemeldet worden, und das bewies nach den Worten des zuständigen Regierungsrates im Reichsarbeitsministerium ganz eindeutig, „daß die Wirtschaft die planmäßige Lenkung und die einheitliche Zuführung des Nachwuchses durch die Reichsanstalt bejaht"[6].

Es waren in erster Linie Betriebe der Schwerindustrie, die auf Betreiben Krupps die Lehrlingseinstellung verstärkten und ihren Bedarf über die Berufsberatungsstellen der Arbeitsämter deckten.[7] Wie die preußischen Gewerbeaufsichtsbeamten für die

[1] *RGBl.* I 1935, S. 311, § 1/1 des Gesetzes über die Einführung eines Arbeitsbuches, v. 26. 2. 1935.

[2] Ebenda, S. 602 ff., 1. Verordnung zur Durchführung des Gesetzes über die Einführung eines Arbeitsbuches, v. 16. 5. 1935.

[3] Ebenda, S. 1 281, Gesetz über Arbeitsvermittlung, Berufsberatung und Lehrstellenvermittlung, v. 5. 11. 1935.

[4] *9. Bericht der RAVAV,* a. a. O., S. 43.

[5] DZA Potsdam, REM, Nr. 7 517, Bl. 91, Vermerk über eine Besprechung im Reichsarbeitsministerium über nicht untergebrachte Jugendliche, v. 4. 4. 1936.

[6] *Handrick, Johannes,* Die berufliche Lenkung der deutschen Jugend durch die Berufsberatung der Reichsanstalt für Arbeitsvermittlung und Arbeitslosenversicherung, in: Monatshefte für NS-Sozialpolitik, Jg. 1937, S. 126.

[7] *Küch, Otto,* Neugestaltung der industriellen Facharbeiterprüfungen, in: Das junge Deutschland, Jg. 1936, S. 24; *Opitz, W.,* Die Berufsanwärter, ihre Berufswünsche und Einsatzmöglichkeiten nach der Berufsberatungsstatistik für das Berichtsjahr 1935/36, in: RArBl. II 1937, S. 110.

Jahre 1935 und 1936 berichteten, gingen „sogar Betriebe, die früher ihren Nachwuchs ausschließlich aus dem Handwerk entnahmen, ... immer mehr dazu über, eigene Lehrlinge auszubilden".[8] Dennoch wurden im Oktober 1936 von insgesamt 730 000 männlichen gewerblichen Lehrlingen nur 214 000 in Industrie- und 516 000 in Handwerksbetrieben ausgebildet, wobei allerdings abzusehen war, daß von den letzteren 316 000 nach dem Abschluß der Lehre ihr Fortkommen als Facharbeiter in der Industrie suchen mußten. Von den 214 000 Fabriklehrlingen beschäftigte allein die Eisen- und Stahlindustrie 167 000.[9]

Ihre Ausbildung erfolgte vielfach nach Richtlinien, die der Deutsche Ausschuß für technisches Schulwesen (Datsch) im Auftrage der Reichsgruppe Industrie entwickelt hatte. Dieser Ausschuß war bereits 1908 vom Verein deutscher Maschinenbauanstalten und vom Verein deutscher Ingenieure ins Leben gerufen worden, um auf eine Vereinheitlichung der Schul- und Berufsausbildung der Fachschulingenieure und Facharbeiter innerhalb Deutschlands hinzuwirken.[10] Im Jahre 1926 hatten sich ihm der Reichsverband der deutschen Industrie und die Vereinigung der deutschen Arbeitgeberverbände angeschlossen, um mit seiner Hilfe zur „bestmöglichen Verwertung der vorhandenen Menschenkräfte"[11] zu gelangen. Dazu sollte die Ausbildung von Facharbeitern, die im wesentlichen in Handwerksbetrieben erfolgte, den Bedürfnissen der technisch und organisatorisch rationalisierten Industrieproduktion angepaßt werden, und der Datsch wurde mit der Ausarbeitung entsprechender Richtlinien beauftragt. Insbesondere der Krupp-Konzern förderte die Arbeiten des Datsch, der seit 1933 engen Kontakt zum Reichswirtschaftsministerium besaß und am 11. September 1935 zu dessen offiziellem Beratungsorgan in allen Fragen der Berufsausbildung erhoben worden war.[12]

Zu dieser Zeit lagen bereits Richtlinien und Prüfungsanforderungen für 13 Industriearbeiterberufe, darunter zehn Metallarbeiterberufe, vor[13], die nach Billigung durch die Wirtschaftsgruppen Bestandteil des Lehrvertrages werden sollten, für den die Reichswirtschaftskammer unter Mitwirkung des Datsch ein reichseinheitliches Muster aufgestellt und am 1. April 1935 veröffentlicht hatte[14]. Mit der Verwendung dieses Lehrvertragsmusters in der Industrie begannen die Industrie- und Handels-

8 *Jahresberichte der Gewerbeaufsichtsbeamten* 1935/36, Berlin 1937, S. 1/99 f.

9 *Schweitzer, Arthur,* a. a. O., S. 174.

10 *Jansen, Franz,* Die Berufsausbildung der Jugendlichen und Lehrlinge in Wirtschaft und Gesetzgebung und der Entwurf eines Berufsausbildungsgesetzes, jur. Diss. Greifswald 1931, S. 42; *Tengelmann, Wilhelm,* Eröffnungsansprache der Wiener Tagung des Reichsinstituts für Berufsausbildung in Handel und Gewerbe, in: Berufsausbildung in Handel und Gewerbe (Technische Erziehung), Jg. 1939, S. 162.

11 *Technische Erziehung,* Jg. 1926, S. 1.

12 *Tengelmann, Wilhelm,* a. a. O., S. 162. Im Vorstand des Datsch saßen u. a. Arno Grießmann von der Krupp-Gruson AG Magdeburg und als „Ehrenvorsitzender" Staatssekretär Gottfried Feder vom Reichswirtschaftsministerium. (*VB* v. 11. 7. 1933).

13 *Küch, Otto,* a. a. O., S. 24. Schweitzer bezeichnet fälschlich alle 13 Richtlinien als für Metallarbeiterberufe verbindlich. (*Schweitzer, Arthur,* a. a. O., S. 176).

14 *VB* v. 13. 4. 1935.

kammern auf Grund einer Vereinbarung mit der Reichsgruppe Industrie nach dem Vorbild der Handwerkskammern Lehrlingsrollen zur Überwachung der Ausbildung anzulegen und Abschlußprüfungen vor allem in den Berufen durchzuführen, die im Handwerk nicht üblich waren (zum Beispiel Dreher).[15]

Die Facharbeiterprüfungen bei den Industrie- und Handelskammern 1935 bis 1938[16]

	Prüfungen	prüfende Industrie- und Handelskammern
1935	2 801	31
1936	7 748	66
1937	23 832	89
1938	40 759	89

Die Aufwertung der Facharbeiterausbildung durch die Reichsgruppe Industrie mußte vom Handwerk, das nach dem faschistischen Führerprinzip zu einer lückenlosen Zwangsorganisation unter dem Reichswirtschaftsministerium und der Reichswirtschaftskammer zusammengefaßt worden war, akzeptiert werden. Die Handwerkskammern hatten nach einer Anordnung des Reichswirtschaftsministeriums sogar solche Industrielehrlinge zu prüfen, die einen im Handwerk üblichen Beruf erlernten.[17] Der Leiter der Reichsgruppe Handwerk, „Reichshandwerksmeister" Wilhelm Georg Schmidt, der in Personalunion auch die Arbeitsfrontgemeinschaft „Das Deutsche Handwerk" leitete[18], versuchte allerdings noch in letzter Minute, die Gleichstellung der industriellen Facharbeiterausbildung mit der Handwerkslehre zu verhindern. Nur so kann seine Anlehnung an die Arbeitsfront und insbesondere seine Erklärung auf dem Reichshandwerkertag am 10. Juni 1936 in Frankfurt a. M., daß die berufliche und sozialpolitische Betreuung aller Jugendlichen im Handwerk Sache der Arbeitsfront sei[19], erklärt werden. Dennoch mußte der Reichsstand des deutschen Handwerks den Wirtschaftsgruppen der Industrie im Juli 1936 die Ausnutzung des gesamten handwerklichen Prüfungswesens für ihre Berufsausbildung zugestehen[20] und am 13. November 1936 berief Schacht den „Reichshandwerksmeister" wegen seiner Zusammenarbeit mit der Arbeitsfront ab[21]. 1938 wurden fast alle gewerblichen Lehrlinge in der Industrie durch Prüfungen erfaßt.[22]

[15] *Rocholl, Arnold,* Die deutsche Jugend im Beruf. Arbeitseinsatz der Jugend – Nachwuchsfragen in der Wirtschaft – Ordnung der nationalen Arbeitserziehung, Hamburg 1937, S. 152.

[16] *Soziale Praxis,* Jg. 1937, Sp. 1 207; Jg. 1938, Sp. 1 431; *Monatshefte für NS-Sozialpolitik,* Jg. 1938, S. 412.

[17] *Küch, Otto,* a. a. O., S. 24.

[18] *Das Archiv,* Juni 1934, S. 417.

[19] Ebenda, Juni 1936, S. 471; s. auch *Chesi, Valentin,* Struktur und Funktion der Handwerksorganisation in Deutschland seit 1933. Ein Beitrag zur Verbandstheorie, (West-)Berlin 1966. S. 106 = Untersuchungen über Gruppen und Verbände, Bd. 4.

[20] *Schweitzer, Arthur,* a. a. O., S. 177.

[21] *Schüler, Felix,* Das Handwerk im Dritten Reich, Bad Wörishofen 1951, S. 43 ff.; siehe auch Schachts einseitige Darstellung. (*Schacht, Hjalmar,* 76 Jahre meines Lebens, Bad Wörishofen 1953, S. 435).

[22] *Müller, Albert,* Die Lehrabschlußprüfungen 1938, in: Monatshefte für NS-Sozialpolitik, Jg. 1938, S. 412.

Allein diese Tatsachen widerlegen Schweitzers Behauptung, hier läge ein Kompromiß zwischen Handwerk und Industrie vor. Schweitzer unterstellt, daß das „big business" nur seine Herrschaft über die Berufsausbildung in der Industrie behalten wollte und deshalb die Handwerksorganisation hinderte, ihr Berufsausbildungsmonopol zu errichten.[23] Tatsächlich aber schränkten die großen Stahlkonzerne die Vorherrschaft des Handwerks im gewerblichen Lehrlingswesen ein. Das war eine Folge der gesetzmäßigen Verdrängung des Kleinbetriebes durch die Industrie und stellt deshalb auch unter den Bedingungen des Faschismus einen Fortschritt dar, zumal „sich der Kleinbetrieb im Kapitalismus nur dadurch halten kann, daß er aus dem Arbeiter eine größere Arbeitsmenge herauspreßt als der Großbetrieb"[24].

Selbstverständlich war auch in der Industrie die Lehrlingshaltung in erster Linie eine Frage des Profits. Viele Betriebe bildeten deshalb – zum Teil in Lehrwerkstätten und Lehrlingsabteilungen[25] – wesentlich mehr Kräfte aus, als sie nachher beschäftigen konnten. So bot die Maschinen- und Werkzeugindustrie, die 1936 über ein Drittel aller Fabriklehrlinge beschäftigte, nur jedem sechsten dieser Jugendlichen nach Abschluß der Lehre einen entsprechenden Arbeitsplatz. Die übrigen mußten sich ebenso wie die große Mehrheit der ausgelernten Handwerkslehrlinge ein Fortkommen in anderen Industriebetrieben suchen.[26] Dabei kam ihnen zweifellos zugute, daß sie nun endlich den Handwerksgesellen gleichgestellt waren.

Vor allem aber mußte die Emanzipation der industriellen Berufsausbildung naturgemäß eine Vereinheitlichung des gesamten gewerblichen Lehrlingswesens bewirken, und dadurch die stark extensive Ausbeutung der Lehrlinge in Handwerksbetrieben einschränken. Das Perverse dieser Entwicklung im faschistischen Deutschland liegt darin, daß sie ausgerechnet durch die Kriegsvorbereitungen erzwungen wurde, deren Intensität und Dimension unter dem zunehmenden Einfluß der aggressivsten Monopolgruppierung um den IG-Farben-Konzern gleichermaßen wuchsen.

Die Einflußnahme des IG-Farben-Konzerns, der aus der Produktion synthetischen Treibstoffs und Kautschuks Profit ziehen wollte, auf die faschistische Wirtschaftspolitik fand ihren Ausdruck in der Zurückdrängung Schachts durch Hermann Göring[27], der jetzt als politischer Exponent dieses Konzerns fungierte, und in der 1936 eingeleiteten Vierjahresplanpolitik. Das Autarkieprogramm, das Hitler im September

[23] „In consequence, the large steel concerns imitated the handicraft estate by accepting the idea of a vocational roll for apprentices and a uniform system of examinations. These devices were necessary if big business were to keep its control over vocational training in industry ... The handicraft organizations thus failed to establish their monopoly of vocational training." (*Schweitzer, Arthur*, a. a. O., S. 176 f.).

[24] *Lenin, W. I.*, Der Kleinbetrieb in der Landwirtschaft, in: Werke, Bd. 19, Berlin 1962, S. 272.

[25] *Jahresberichte der Gewerbeaufsichtsbeamten*, a. a. O., S. 1/103, 6/21, 12/9.

[26] *Schweitzer, Arthur*, a. a. O., S. 175.

[27] Schachts Kompetenzen wurden bereits am 4. April 1936 durch die Ernennung Görings zum Rohstoff- und Devisenkommissar erheblich beschnitten. (*Petzina, Dieter*, Autarkiepolitik im Dritten Reich, a. a. O., S. 40; *Eichholtz, Dietrich*, Geschichte der deutschen Kriegswirtschaft 1939 bis 1945, Bd. I: 1939 bis 1941, Berlin 1969, S. 42 = Forschungen zur Wirtschaftsgeschichte, Bd. 1).

1936 auf dem Naziparteitag als zweiten „Vierjahresplan" verkündet hatte, war nachweislich vom IG-Farben-Konzern inauguriert und determiniert. Bereits am 4. September 1936 hatte Göring dem Kabinett eine Denkschrift Hitlers verlesen, die weitgehend auf einer Expertise beruhte, die vom IG-Farben-Direktor Carl Krauch stammte und über Göring zu Hitler gelangt war.[28] In dieser Denkschrift wurde gefordert, die Kriegsvorbereitungen auf wirtschaftlichem Gebiet wesentlich zu beschleunigen und innerhalb von vier Jahren abzuschließen. Durch den Ausbau der teuren synthetischen Treibstoff- und Gummiproduktion und die Nutzung unrentabler einheimischer Erzvorkommen sollten Devisen für die Rüstung gespart werden.

Am 18. Oktober 1936 wurde Göring mit der Durchführung des Vierjahresplanes beauftragt und ermächtigt, „alle Behörden einschließlich der obersten Reichsbehörden und alle Dienststellen der Partei, ihrer Gliederungen und der ihr angeschlossenen Verbände ... mit Weisungen zu versehen"[29]. Damit war das Reichswirtschaftsministerium dem „Beauftragten für den Vierjahresplan" untergeordnet, was auch in der Organisation des Vierjahresplanes, die Göring am 23. Oktober 1936 dekretierte[30], zum Ausdruck kam. Schacht, der sich vergeblich bemühte, seinen Einfluß zu erhalten und zu vertiefen, wurde in Görings Ministerausschuß inkorporiert und die Staatssekretäre des Reichswirtschaftsministeriums Hans Ernst Posse und Rudolf Brinkmann waren Mitglieder des Generalrates der Vierjahresplanorganisation. Eine weit größere Rolle als diese beiden Gremien spielten jedoch die sechs Geschäftsgruppen (Erzeugung deutscher Roh- und Werkstoffe, Rohstoffverteilung, Arbeitseinsatz, Landwirtschaftliche Erzeugung, Preisüberwachung und Devisenangelegenheiten) und vor allem das Amt für deutsche Roh- und Werkstoffe, das die Entscheidungen über die Rohstoffproduktion fällte und in dem sich Krauch im Laufe der folgenden anderthalb Jahre gegenüber den Luftwaffenoffizieren, die zunächst mit der Leitung beauftragt worden waren, voll und ganz durchzusetzen verstand.[31]

Die Geschäftsgruppe Arbeitseinsatz wurde von Syrup und dem Leiter der Hauptabteilung III (Arbeitsrecht, Arbeitsschutz, Sozialverfassung, Lohn- und Wirtschaftspolitik, Berufsausbildung) des Reichsarbeitsministeriums, Ministerialdirektor Werner Mansfeld, geleitet. Ihrer Tätigkeit kam große Bedeutung zu. Das zeigten schon die ersten sechs Anordnungen Görings zur Durchführung des Vierjahresplanes vom 7. November 1936, die zunächst als Zweites Gesetz zur Regelung des Arbeitseinsatzes veröffentlicht werden und vor allem dem Facharbeitermangel in der Metall- und Bauindustrie mit seinen „unerwünschte(n) Begleiterscheinungen wirtschaftlicher und sozialer Art"[32] entgegenwirken sollten.

Nach Schätzungen des Instituts für Konjunkturforschung standen den 4,7 Millionen

[28] *Eichholtz, Dietrich,* a. a. O., S. 43. Die Denkschrift selbst veröffentlichte *Treue, Wilhelm,* Hitlers Denkschrift zum Vierjahresplan, in: Vierteljahrshefte für Zeitgeschichte, 1955, S. 184 ff.

[29] *RGBl.* I 1936, S. 887, Verordnung zur Durchführung des Vierjahresplanes, v. 18. 10. 1936.

[30] *Das Recht des Vierjahresplanes.* Sonderteil des „Archiv", November 1936, S. 7 f. Dok. NG-1221 ist auf den 22. 10. 1936 datiert. (*Petzina, Dieter,* a. a. O., S. 58).

[31] *Eichholtz, Dietrich,* a. a. O., S. 44. Siehe auch *Petzina, Dieter,* a. a. O., S. 117 ff.

[32] DZA Potsdam, RWiM, Nr. 10 392, Bl. 16 (Nicht zur Veröffentlichung bestimmte) Begründung zum 2. Gesetz zur Regelung des Arbeitseinsatzes, v. Okt. 1936.

Beschäftigten im Metall- und Baugewerbe am 30. September 1936 nur 160 000 Arbeitslose gegenüber, die in diesen beiden Industriezweigen zum Einsatz kommen konnten.[33] Metall- und Baufacharbeiter waren also außerordentlich gefragt. Ihnen wurde „selbst das Dreifache der tariflichen Mindestlöhne gewährt", hieß es in einer drastisch gehaltenen Schilderung der Situation. „Gezahlt werden die übermäßig erhöhten Löhne insbesondere von Unternehmern, die öffentliche Aufträge auszuführen haben ... Unternehmungen mit starken Ausfuhrleistungen, die auf schärfste Preiskalkulation angewiesen sind und daher ähnliche Lohnerhöhungen nicht vornehmen können, werden durch Abwanderung geschädigt ... In vielen Fällen werden die Arbeitsstellen unter Kontraktbruch verlassen, oder die Entlassung wird durch undiszipliniertes Verhalten oder unzulängliche Arbeitsleistung herausgefordert. Auch Streikversuche der begünstigten Arbeiterkategorien (zur Erzielung weiterer Lohnsteigerungen) bilden leider keine Ausnahmeerscheinung mehr."[34]

Angesichts dieser Situation forderten die exportorientierten Kreise des deutschen Finanzkapitals schon jetzt die Einführung der allgemeinen Arbeitspflicht und eine gesetzliche Lohnfestsetzung. Im „Deutschen Volkswirt" hieß es zum Beispiel: „Unter keinen Umständen darf Gewinn- und Lohnanreiz, wie im Weltkriege, wieder zum Antriebsmittel der kriegswirtschaftlichen Produktion und Arbeitsleistung gemacht werden. Ebenso wie das Wehrethos muß auch das Arbeitsethos auf der Pflichterfüllung beruhen, die notfalls erzwungen werden muß ... Zur Durchführung und Überwachung einer einheitlichen Lohnpolitik sind die Treuhänder der Arbeit ... mit weitgehenden Vollmachten hinsichtlich Festsetzung von Betriebsordnungen, Tarifordnungen usw. auszustatten. Ihr besonderes Augenmerk haben sie auf die Entlohnung von Jugendlichen zu richten, für die erforderlichenfalls Einheitslöhne zwangsweise festzusetzen sind."[35]

Es liegt auf der Hand, daß so weitgehende Forderungen sich deutlich auch gegen die mit der Vierjahresplanpolitik verbundenen Kreise des deutschen Finanzkapitals richteten und deshalb zum gegebenen Zeitpunkt nicht durchzusetzen waren. Görings Anordnungen übertrugen allein die Regelung des Einsatzes der Metall- und Bauarbeiter vollständig den Arbeitsämtern[36], verpflichteten alle Metall- und Baubetriebe

[33] *Flügge, H. W.*, Arbeitseinsatz im Vierjahresplan, in: RArbBl. II 1936, S. 473.

[34] DZA Potsdam, RWiM, Nr. 10 392, Bl. 16 f., Begründung zum 2. Gesetz zur Regelung des Arbeitseinsatzes, a. a. O.

[35] *Dieckmann, Karl*, Gedanken über die Regelung des Arbeitseinsatzes und der Arbeitsverwendung in der Wehr- und Kriegswirtschaft, in: Der deutsche Volkswirt, Jg. 1936, S. 321.

[36] Die 2. (Sicherstellung des Bedarfs an Metallarbeitern für staats- und wirtschaftspolitisch bedeutsame Aufträge der Eisen- und Metallwirtschaft, *RArbBl.* I 1936, S. 29 f.), 3. (Rückführung von Metallarbeitern und Baufacharbeitern in ihren Beruf, ebenda, S. 294 f.), 4. (Sicherstellung der Arbeitskräfte und des Bedarfs an Baustoffen für staats- und wirtschafts-politisch bedeutsame Bauvorhaben, ebenda, S. 295 f.) und 6. Anordnung zur Durchführung des Vierjahresplanes (über das Verbot von Kennwortanzeigen für die Anwerbung oder Vermittlung von Metallarbeitern und Baufacharbeitern, ebenda, S. 297) wurden am 22. Dezember 1936 durch eine 7. (Verhinderung rechtswidriger Lösung von Arbeitsverhältnissen, ebenda, 1937, S. 13) erweitert und in der Folgezeit durch verschiedene Anordnungen Syrups zusammengefaßt, ergänzt

mit zehn und mehr Arbeitskräften aber auch, „eine Zahl von Lehrlingen zu beschäftigen, die in angemessenem Verhältnis zur Zahl der von ihnen beschäftigten Facharbeiter steht"[37]. Angesichts der weiteren Forcierung der Kriegsvorbereitungen war das die einzige Möglichkeit, den Facharbeitermangel wenigstens langfristig zu mildern. Und tatsächlich stellten die Metall- und Baubetriebe zu Ostern 1937 eine beträchtliche Zahl von Lehrlingen ein:

Die Zunahme der Lehrlingshaltung in Metall- und Baubetrieben mit zehn und mehr Beschäftigten 1936/37[38]

	Metallgewerbe	Baugewerbe
Lehrlingsbestand 1936	148 747*	38 415
davon im letzten Lehrjahr	26 095*	10 420
neueingestellte Lehrlinge 1937	46 601	17 033
Lehrlingsbestand 1937	169 253	45 028
Anstieg (in Prozent)	20	18

* am 4. Januar 1937

In den Handwerksbetrieben war die Zunahme der Lehrlingshaltung allerdings geringer. Immerhin betrug sie im Metallhandwerk 17,5 und im Bauhandwerk 14,2 Prozent, während die Lehrlingshaltung bei den Bäckern, Fleischern, Friseuren und Schuhmachern bezeichnenderweise um über drei Prozent sank.[39] So stieg die Lehrlingszahl im Handwerk insgesamt an und erreichte Mitte 1937 mit 618 000 ihren höchsten Stand seit 1933.[40] Doch die Ausbildungskapazität der Betriebe war damit angeblich noch keineswegs ausgelastet, und die Handwerksorganisation beklagte bereits am 8. April 1937 gegenüber dem Reichswirtschaftsministerium den „ausgesprochenen Mangel an Lehrlingen"[41].

Die Berufsberatungsstellen der Arbeitsämter vermittelten die Jugendlichen weisungsgemäß vor allem in die Ausbildungsstätten der Industrie.[42] Um den Bedarf zu decken, erfaßten sie einen immer größeren Prozentsatz der Schulentlassenen.

und präzisiert. Entscheidende Bedeutung hatten die Anordnungen über den Arbeitseinsatz von Metallarbeitern vom 11. Februar 1937 (ebenda, S. 38) und von Arbeitern und technischen Angestellten in der Bauwirtschaft vom 30. Mai 1938 (ebenda, 1938, S. 191), die jeden Arbeitsplatzwechsel an die Zustimmung der Arbeitsämter banden. Über die vorangegangenen Anordnungen vom 27. November 1936 (ebenda, 1936, S. 311) und 6. Oktober 1937 (ebenda, 1937, S. 248), die damit aufgehoben wurden, berichtet bereits *Kuczynski, Jürgen,* a. a. O., Bd. 6, S. 152. S. auch *Kuczynski, Jürgen,* a. a. O., Bd. 16, S. 151 f.

37 *RArbBl.* I 1936, S. 292, 1. Anordnung zur Durchführung des Vierjahresplanes über die Sicherstellung des Facharbeiternachwuchses, v. 7. 11. 1936.

38 *Monatshefte für NS-Sozialpolitik,* Jg. 1937, S. 207 f.

39 DZA Potsdam, RWiM, Nr. 13 686, Bl. 137 f., Bericht des Reichsstandes des Deutschen Handwerks an das Reichswirtschaftsministerium, v. 22. 12. 1937.

40 *Jahrbuch des deutschen Handwerks* 1936, a. a. O., S. 94, 98; *dasselbe* 1938/39, Berlin 1939, S. 62.

41 DZA Potsdam, RWiM, Nr. 13 686, Bl. 90.

42 *Soziale Praxis,* Jg. 1937, Sp. 617.

Berufsberatung Schulentlassener durch die Reichsanstalt für Arbeitsvermittlung und Arbeitslosenversicherung 1936/37 bis 1938/39

	Schulentlassene[43]	davon Ratsuchende[44]	in Prozent
1936/37	1 094 864	649 992	59,4
1937/38	1 063 276	743 912	69,9
1938/39	1 011 491	871 264	86,1

Während sich die Gesamtzahl der ratsuchenden Jugendlichen dadurch 1936/37 gegenüber 1932/33 aber nur verdreifachte, stieg die Zahl der gemeldeten Lehr- und Anlernstellen und der vermittelten Jugendlichen auf das Vierfache. Insofern trug die verstärkte Lehrlingshaltung nunmehr auch zum Rückgang der Arbeitslosigkeit unter der Jugend bei.

Berufsberatung und Lehrstellenvermittlung durch die Reichsanstalt für Arbeitsvermittlung und Arbeitslosenversicherung 1932/33 und 1936/37 bis 1938/39[45]

	Ratsuchende Jugendliche	Gemeldete Lehr- u. Anlernstellen	Vermittelte Jugendliche
1932/33	394 278	128 147	102 016
1936/37	1 183 897	514 342	447 593
1937/38	1 263 311	611 387	500 293
1938/39	1 491 436	622 740	597 616

In der Hauptsache ergab sich der Rückgang der Arbeitslosigkeit unter der Jugend aus den Rekrutierungen für die Wehrmacht und den Reichsarbeitsdienst, die den Arbeitsplatztausch, der auf Grund der Schacht-Verordnung erfolgte, zunächst stark verringerten und dann beendeten[46]. Als die Dauer der aktiven Wehrpflicht dann am 24. August 1936 von einem auf zwei Jahre verlängert wurde und die Zahl der Jugendlichen in Wehrmacht und Arbeitsdienst die erwartete Höhe von 1,1 Millionen erreichte,[47] sank die Arbeitslosigkeit endlich wieder auf das Vorkrisenniveau ab[48]. Die Sonderzählung der Reichsanstalt für Arbeitsvermittlung und Arbeitslosenver-

[43] *Statistische Sonderbeilage zum RArbBl.* 1939, Nr. 8, S. 21.

[44] *Statistisches Jahrbuch* ... 1939/40, S. 397.

[45] Statistische Sonderbeilage ..., a. a. O., S. 21.

[46] *9. Bericht der RAVAV*, a. a. O., S. 26. Am 1. Dezember 1936 wurde der Austausch abgebrochen. (*RArbBl.* I 1936, S. 312, Verordnung zur Änderung der Anordnung über die Verteilung von Arbeitskräften, v. 27. 11. 1936).

[47] *Wieneke, Karl-Heinz*, Arbeitseinsatz und Lehrlingsheime, in: Das Junge Deutschland, Jg. 1935, S. 403. Daß die Zahl tatsächlich so hoch war, beweisen die Prozentsätze, die das Amt für Berufserziehung und Betriebsführung der Arbeitsfront seinen Berechnungen über die Verteilung der männlichen Jugendlichen auf Wirtschaft und Wehrmacht zugrunde legte. (DZA Potsdam, RWiM, Nr. 10 250, Bl. 289 ff., Die Deutsche Arbeitsfront, Zentralbüro, Amt für Berufserziehung und Betriebsführung: Der männliche Nachwuchs im Arbeits- und Berufseinsatz. Statistische Unterlagen zur Ermittlung des Nachwuchs-Solls unter Berücksichtigung der Bestanderhaltung, v. 2. 11. 1937).

[48] *Kuczynski, Jürgen*, a. a. O., Bd. 6, S. 151.

sicherung vom 30. November 1936 ergab, daß bei den Arbeitsämtern noch 1 285 105 Arbeitslose registriert waren. Davon waren 117 774 (9,1 Prozent) noch nicht 18 und 229 995 (17,9 Prozent) noch nicht 25 Jahre alt.[49] Der Anteil der Jugendlichen an der Arbeitslosigkeit war also weiter gestiegen, seit der Sonderzählung vom 31. Oktober 1935 um 4,8 Prozent[50]; und das obwohl nunmehr ein erheblicher Prozentsatz der männlichen Jugend, nämlich 46,6 Prozent der 18- bis 20jährigen und 26,7 Prozent der 20- bis 25jährigen[51], gezwungenermaßen Wehr- und Arbeitsdienst leisteten.

Die Behauptungen Treues und anderer bürgerlicher Publizisten[52], die angeblich auf „Arbeitsbeschaffung" gerichtete faschistische Wirtschaftspolitik hätte Ende 1936 mit dem Erreichen der „Vollbeschäftigung" ihren Zweck erfüllt gehabt und sei erst dann durch Hitler auf die Kriegsvorbereitung umgestellt worden, sind also in jeder Hinsicht unzutreffend. Abgesehen davon, daß die „Arbeitsbeschaffung" von Anfang an der Kriegsvorbereitung untergeordnet war und die Arbeitslosigkeit vor allem in dem Maße zurückging, wie die Kriegsvorbereitung zunahm, kann für Ende 1936 von „Vollbeschäftigung" auch nicht entfernt die Rede sein. Insofern unter „Vollbeschäftigung" die weitgehende Abwesenheit von Arbeitslosigkeit infolge aber auch der Rekrutierung von Arbeitskräften verstanden wird, trat sie erst im Ergebnis der Forcierung die Kriegsvorbereitung durch den Vierjahresplan ein.

Für den 30. Juni 1937 ermittelte die Reichsanstalt für Arbeitsvermittlung und Arbeitslosenversicherung in einer Sonderzählung 648 421 Arbeitslose, von denen 52 269 (12,8 Prozent) unter 25 Jahre alt waren.[53] „Im Durchschnitt des Jahres 1937 war die Arbeitslosigkeit zum ersten Male geringer als 1928 ... und im September 1937 erreichte die Arbeitslosigkeit einen Tiefenrekord von 469 053, weniger als die Hälfte der niedrigsten Zahl für einen Monat des Jahres 1928."[54] Dabei übertraf die Zunahme der Beschäftigtenzahl die Abnahme der Arbeitslosenzahl um mehr als das Doppelte: Von Oktober 1936 bis Oktober 1937 stieg sie um 1 331 000, während sich die Arbeitslosenzahl nur um 575 000 verringerte. Die Zahl der Arbeiter und Angestellten wuchs demzufolge um 756 000 an, achtmal stärker als im gleichen Zeitraum 1933/34.[55] Nichtsdestoweniger überstieg die Arbeitslosenzahl im Januar 1938 noch einmal die Millionengrenze, bevor sie im April 1938 mit 422 530 den Tiefstand des Vorjahres unterschritt.[56]

Das Stadium der „Vollbeschäftigung" war damit erreicht[57] und erzwang eine um-

[49] *Statistisches Jahrbuch* ... 1937, S. 355.

[50] Siehe S. 48 der vorliegenden Arbeit.

[51] DZA Potsdam, RWiM, Nr. 10 250, Bl. 289 ff., Die Deutsche Arbeitsfront, a. a. O.

[52] *Treue, Wilhelm,* (Kommentar zu) Hitlers Denkschrift zum Vierjahresplan, a. a. O., S. 184; *Erbe, René,* Die nationalsozialistische Wirtschaftspolitik 1933–1939 im Lichte der modernen Theorie, Zürich 1958, S. 37, 95, 193; *Klein, Burton H.* Germany's Economic Preparations for War, Cambridge (Mass.) 1959, S. 97; dazu auch *Kroll, Gerhard,* a. a. O., S. 604.

[53] *Statistisches Jahrbuch* ... 1938, S. 375.

[54] *Kuczynski, Jürgen,* a. a. O., Bd. 6, S. 152.

[55] *Vierteljahrshefte zur Wirtschaftsforschung,* Jg. 1938/39, H. 3, S. 260 f.

[56] *Statistisches Jahrbuch* ... 1938, S. 371.

[57] *Stolper, Gustav/Häuser, Karl/Borchardt, Knut,* Deutsche Wirtschaft seit 1870, Tübingen 1964, S. 156, 159. Vorübergehend wurde die „Vollbeschäftigung" allerdings schon im Herbst 1937

fassende staatsmonopolistische Regelung der Verteilung der Arbeitskräfte nicht nur zwischen dem militärischen und dem ökonomischen Bereich der Kriegsvorbereitungen, sondern auch innerhalb der Wirtschaft selbst. In erster Linie wurden davon wieder die Jugendlichen betroffen. Bereits am 1. März 1938 wurde die auf Grund der Schacht-Verordnung eingeführte Meldepflicht der Betriebe bei der Einstellung von Jugendlichen auf die Einstellung von Lehrlingen, Volontären und Praktikanten ausgedehnt[58] und die Registrierung aller seit dem 1. Januar 1934 schulentlassenen Jugendlichen angeordnet.[59] Nunmehr unterlag „der gesamte Arbeitseinsatz der Arbeitskräfte unter 25 Jahren der planmäßigen Einflußnahme der Reichsanstalt“[60].

Mit der „Verordnung zur Sicherstellung des Kräftebedarfs für Aufgaben von besonderer staatspolitischer Bedeutung“ vom 22. Juni 1938[61] begann die Einführung der allgemeinen Arbeitspflicht, die in Deutschland schon einmal, und zwar während des ersten Weltkrieges[62] neben die allgemeine Wehrpflicht getreten war. Nunmehr sah sich der deutsche Imperialismus schon bei der Kriegsvorbereitung „zur Einsparung von Volksarbeit“ (W. I. Lenin) gezwungen. Die Einführung der allgemeinen Arbeitspflicht komplettierte das faschistische „Militärzuchthaus für die Arbeiter“ (W. I. Lenin), die auf Grund eines Himmler-Erlasses vom 26. Januar 1938 als „Arbeitsscheue“ in die Konzentrationslager eingeliefert werden konnten, wenn sie „in zwei Fällen die ihnen angebotenen Arbeitsplätze abgelehnt“[63] hätten.

Drei Tage nach der Verkündung dieser Arbeitspflichtverordnung schloß die Reichsanstalt für Arbeitsvermittlung und Arbeitslosenversicherung das seit 1935 erarbeitete Arbeitskräftekataster in Form einer Arbeitsbucherhebung ab. Auf dieser Grundlage konnte die beabsichtigte „Verteilung der Arbeitskräfte nach den jeweiligen staatspolitischen Notwendigkeiten“[64] vorgenommen werden. Im Vergleich mit den im Rahmen der Volks- und Berufszählung vom 16. Juni 1933 ermittelten Zahlen lassen die Ergebnisse der Arbeitsbucherhebung vom 25. Juni 1938 die quantitative Entwicklung der Arbeiterklasse in fünf Jahren faschistischer Diktatur des deutschen Imperialismus deutlich werden (siehe Tabelle S. 65).
Die Zahl der Arbeiter und Angestellten ist von 1933 auf 1938 erheblich angestiegen, die der Arbeiter fast viermal so hoch wie die der Angestellten! Während aber die Arbeiterklasse insgesamt in diesen fünf Jahren zahlenmäßig wesentlich gewachsen ist, zeigt die Entwicklung bei der Arbeiterjugend ein ganz anderes Bild. Einer

erreicht. (*Stucken, Rudolf*, Deutsche Geld- und Kreditpolitik 1914–1963, 3. Aufl., Tübingen 1964, S. 153).

58 *RArbBl.* I 1938, S. 69, Anordnung zur Änderung der Anordnung über die Verteilung von Arbeitskräften, v. 1. 3. 1938.

59 Ebenda, Anordnung über die Meldung Schulentlassener, v. 1. 3. 1938.

60 *Monatshefte für NS-Sozialpolitik*, Jg. 1938, S. 115.

61 *RGBl.* I 1938, S. 652; *Kuczynski, Jürgen*, a. a. O., Bd. 16, S. 152 f.

62 *RGBl.* 1916, S. 1 333 ff., Gesetz über den vaterländischen Hilfsdienst, v. 5. 12. 1916.

63 zit. nach *Broszat, Martin*, Nationalsozialistische Konzentrationslager 1933–1945, in: *Buchheim, Hans/Broszat, Martin/Jacobsen, Hans-Adolf/Krausnick, Helmut*, Anatomie des SS-Staates, Bd. II: Konzentrationslager, Kommissarbefehl, Judenverfolgung, Olten/Freiburg i. Br. 1965, S. 84.

64 *Monatshefte für NS-Sozialpolitik*, a. a. O., S. 418.

Die Arbeiter und Angestellten am 16. Juni 1933 und am 25. Juni 1938

	16. Juni 1933[65]	25. Juni 1938[66]	Zu- oder Abnahme in Prozent
Arbeiter	14 949 786	18 045 601	+ 20,7
davon 14–25 Jahre	5 130 503	5 180 205	+ 0,9
„ 14–18 Jahre	1 112 111	2 053 845	+ 84,8
„ 18–25 Jahre	4 018 392	3 126 360	— 25,3
Angestellte	4 032 345	4 241 483	+ 5,2
davon 14–25 Jahre	1 340 508	1 199 343	— 10,6
„ 14–18 Jahre	218 197	386 539	+ 77,5
„ 18–25 Jahre	1 122 311	812 804	— 27,5
Arbeiter und Angestellte	18 982 131	22 287 084	+ 17,9
davon 14–25 Jahre	6 471 011	6 379 548	— 1,4
„ 14–18 Jahre	1 330 308	2 440 384	+ 83,4
„ 18–25 Jahre	5 140 703	3 939 164	— 23,4

schwachen Zunahme der Zahl der Jungarbeiter (49 703) steht eine fast dreimal so große Abnahme der Zahl der Jungangestellten (141 165) gegenüber, wobei die Zahl der 14- bis 18jährigen sowohl bei den Jungarbeitern als auch bei den Jungangestellten eine ganz enorme Steigerung aufweist, die zunächst einmal aus der demographischen Entwicklung, auf deren Tragweite bereits in den Vorbemerkungen hingewiesen wurde, erklärt werden muß.

Die Bevölkerung Deutschlands am 16. Juni 1933 und am 1. Januar 1938[67]

	16. Juni 1933 (in Millionen)	1. Januar 1938 (in Millionen)	Zu- oder Abnahme in Prozent
insgesamt	65,2	68,1	+ 4,6
davon 14–25 Jahre	11,2	10,4	— 7,1
„ 14–18 Jahre	2,7	4,1	+ 51,9
„ 18–25 Jahre	8,5	6,3	— 25,9

Die demographische Entwicklung vermag aber die oben zutage getretenen Abweichungen nur in der Tendenz zu erklären, denn die Arbeiterklasse ist zahlenmäßig von 1933 auf 1938 weitaus stärker gewachsen als die Gesamtbevölkerung. Das heißt, daß auch ihr Anteil an der Bevölkerung größer geworden sein muß (siehe Tabelle S. 66).

65 *Siemering, Hertha*, Deutschlands Jugend in Bevölkerung und Wirtschaft. Eine statistische Untersuchung, Berlin 1937, S. 233 f.

66 *Statistisches Jahrbuch* ... 1939/40, S. 374, 376.

67 Diese und die nachfolgende Tabelle wurden berechnet nach den Angaben bei *Siemering, Hertha*, a. a. O., S. 122 f., 233 f., und in *Die Ergebnisse der Arbeitsbucherhebung vom 25. Juni 1938*, DZA Potsdam, RWiM, Nr. 10 407, Bl. 98.

Der Anteil der Arbeiter und Angestellten an der Bevölkerung 1933 und 1938 (in Prozent)

	1933	1938	Zunahme
überhaupt	28,9	32,7[68]	3,8
bei den 14- bis 25jährigen	57,2	61,5	4,3
bei den 14- bis 18jährigen	48,2	58,5	10,3
bei den 18- bis 25jährigen	60,0	61,9	1,9

In der Tat ist also der Grad der Proletarisierung der Bevölkerung und insbesondere der Jugend beträchtlich gestiegen. Das wird vor allem bei den 14- bis 18jährigen deutlich, deren Zahl überdies absolut um mehr als die Hälfte zugenommen hat. Selbst bei den 18- bis 25jährigen ist trotz des absoluten Rückgangs eine Steigerung des Anteils der Arbeiter und Angestellten zu verzeichnen, obwohl die Arbeitsbucherhebung diejenigen von ihnen, die der Wehr- und Arbeitsdienstpflicht nachkamen, nicht erfaßte. Bei 21- bis 25jährigen Männern betrug der Anteil der Arbeitsbuchinhaber deshalb nur 47,8 Prozent (831 538).[69] Der Grad der Proletarisierung der Jugend lag also in Wirklichkeit noch sehr viel höher, als die Arbeitsbucherhebung anzeigt und muß infolgedessen die Durchschnittsquote wesentlich beeinflußt haben. Das aber heißt, daß die Proletarisierung der Bevölkerung vor allem eine Proletarisierung der Jugend war. Die Abeiterjugend dürfte deshalb zu jenen Bevölkerungsschichten zu rechnen sein, deren Antlitz sich unter den Bedingungen der faschistischen Diktatur des deutschen Imperialismus am meisten gewandelt hat. Leider fehlen alle Angaben zur sozialen Herkunft der proletarisierten Jugendlichen, zum überwiegenden Teil werden es Kinder von Handwerkern, Einzelhändlern und Kleinbauern gewesen sein, die der faschistischen Beeinflussung kaum etwas entgegenzusetzen vermochten.

b) Einsatz und Entwicklung des Arbeitsdienstes und der Landhilfe unter den Bedingungen der Kriegsvorbereitung

Im Zuge der Kriegsvorbereitungen und der durch sie hervorgerufenen Arbeitskräfteverknappung mußte auch der Arbeitsdienst, der ursprünglich den Arbeitskräfteüberschuß vermindern sollte, eine weitere Modifizierung erfahren. Während der freiwillige Arbeitsdienst überall der Konjunktur zum Opfer fiel, wurde der pflichtmäßige im faschistischen Deutschland ausgebaut. Im September 1936 wurde die Mannschaftsstärke des RAD für die Zeit von Oktober 1936 bis Oktober 1937 auf 230 000 erhöht, im folgenden Jahr sollte sie 275 000 und von Oktober 1938 an 300 000 betragen.[70] Zugleich sollte der RAD für die weibliche Jugend aufgebaut werden.

Ausbau und Einsatz des RAD wurden allerdings durch den Arbeitskräftemangel in der Landwirtschaft stark beeinflußt. Der chronische Arbeitskräftemangel der deutschen Landwirtschaft spitzte sich unter den Bedingungen der Kriegsvorbereitung

[68] Nach einer anderen Angabe 33,8 Prozent. (*Statistisches Jahrbuch* ... 1939/40, S. 374).

[69] *Die Ergebnisse der Arbeitsbucherhebung vom 25. Juni 1938*, a. a. O., Bl. 98.

[70] *RGBl.* I 1936, S. 747, Erlaß des Führers und Reichskanzlers über die Stärke des Reichsarbeitsdienstes und des Arbeitsdienstes für die weibliche Jugend, v. 26. 9. 1936.

immer mehr zu. Nach der Arbeitsbucherhebung vom 25. Juni 1933 hatte sich die Zahl der Arbeiter und Angestellten in der Landwirtschaft gegenüber 1933 um mehr als eine halbe Million verringert.[71] Am stärksten war der Rückgang in Hessen, wo er fast 30 Prozent betrug. In Mitteldeutschland, wo Städte mit vorwiegend chemischer Industrie wie Magdeburg, Halle, Halberstadt, Dessau, Bitterfeld und Bernburg ihre Einwohnerzahl im angegebenen Zeitraum mehr als verdoppelten, hatte die Zahl der Landarbeiter um über 13 Prozent abgenommen.[72]

Infolgedessen wurde nun der RAD „fast ausschließlich für die Arbeit am deutschen Boden eingesetzt"[73]. Gemäß den ursprünglichen Planungen der RAD-Führung stand er zunächst noch „an der ersten Stelle im Reichsmeliorationsprogramm"[74]. Doch schon im Oktober 1936 wurde er auf Betreiben Görings schwerpunktmäßig zur Bergung der Hackfruchternte eingesetzt.[75] Nachdem die bevorstehenden Erntearbeiten am 11. Juni 1937 eine Verordnung veranlaßt hatten, nach der Dienstpflichtige aus zwingenden beruflichen Gründen nach drei Monaten aus dem RAD entlassen werden konnten[76], bestimmte ein Erlaß Hitlers vom 24. November 1937, daß die Winterstärke des RAD zwei Fünftel und die Sommerstärke drei Fünftel des jeweils arbeitsdienstpflichtigen Jahrgangs betragen sollte[77]. Die Winterquote war überdies aus der Landjugend zu rekrutieren, um der Landwirtschaft in den Sommermonaten die Arbeitskräfte zu erhalten.[78] Doch kamen auf Grund einer Anordnung Görings vom

Die im RAD erfaßten Jugendlichen 1935 bis 1938[79]

	männlich	weiblich
1935 Dez.	182 370	10 278
1936 Juni	204 606	11 739
Dez.	186 733	10 175
1937 Juni	251 066	14 148
Dez.	165 576	17 946
1938 Juni	297 543	24 652

[71] *Scharlau, M.,* Der Arbeitseinsatz in den Wirtschaftszweigen des Altreichs 1938 und 1933. Nach den Ergebnissen der Arbeitsbucherhebung und der letzten Berufszählung, in: RArbBl. II 1939, S. 197.

[72] *Syrup, Friedrich,* Arbeitseinsatz gegen Landflucht, in: Odal, Jg. 1939, S. 525 f.; *Schweitzer, Arthur,* Der ursprüngliche Vierjahresplan, in: Jahrbücher für Nationalökonomie und Statistik, Bd. 168 (1956), S. 381.

[73] *Wirtschaft und Statistik,* Jg. 1936, S. 137.

[74] *Der Arbeitsmann* v. 28. 11. 1936.

[75] *Das Recht des Vierjahresplanes,* a. a. O., S. 15.

[76] *RGBl.* I 1937, S. 623, 8. Verordnung zur Durchführung und Ergänzung des Reichsarbeitsdienstgesetzes, v. 11. 6. 1937.

[77] Ebenda, S. 1 298, Erlaß des Führers und Reichskanzlers über die Sommer- und Winterstärke des Reichsarbeitsdienstes und über die Stärke des Arbeitsdienstes für die weibliche Jugend, v. 24. 11. 1937.

[78] *Soziale Praxis,* Jg. 1938, Sp. 79.

[79] *Wirtschaft und Statistik,* Jg. 1938, S. 126, 129; *Statistisches Jahrbuch ... 1938, S. 637.*

15. März 1938 auch diese Arbeitsdienstler vorfristig zur Entlassung, weil sie bei der Frühjahrsbestellung gebraucht wurden.[80] Dennoch wurde die Arbeitsdienstpflicht beibehalten und die Zahl der männlichen Arbeitsdienstpflichtigen und weiblichen Arbeitsdienstwilligen stieg ständig und weitgehend planmäßig an.

Obwohl der RAD für die weibliche Jugend noch nicht voll ausgebaut werden konnte, mußten ledige Frauen unter 21 Jahren auf Grund einer Anordnung Görings vom 15. Februar 1938[81] ein „Pflichtjahr" absolvieren, das heißt ein Jahr in der Haus- oder Landwirtschaft oder auch zwei Jahre im Gesundheitswesen arbeiten, bevor sie ein Arbeitsverhältnis aufnehmen konnten. Zunächst wurden 130 000 Mädchen[82] von dieser Neuauflage der Anordnung vom 28. August 1934 betroffen. Waren bereits jene Bestimmungen schon „für die Betriebe eine Vorbereitung auf die späteren Einziehungen zum Militärdienst"[83] gewesen, wie Syrup im September 1936 eingestand, so wird man nicht fehlgehen in der Annahme, daß es auch jetzt nicht nur darum ging, fehlende Arbeitskräfte billig zu ersetzen. Die verstärkte Einbeziehung der Frauen und Mädchen in die Produktion, und gerade ihr zwangsweiser Einsatz in der Landwirtschaft, ist wesentlich auch „vom Standpunkt der gesicherten Kriegführung aus zu betrachten"[84], wie es Göring für alle zu treffenden Maßnahmen gefordert hatte, unmittelbar bevor das faschistische Deutschland seine Kriegführung in Spanien zu erproben begann.

Seit 1936 erlebten dort modern ausgerüstete Einheiten der Luftwaffe, des Heeres und der Marine im Kampf gegen die republikanische Regierung ihren ersten praktischen Einsatz, der zugleich die schon 1935 forcierte Annäherung der faschistischen Regimes in Deutschland und Italien zum Abschluß brachte. Als weiteren Bündnispartner gewann das faschistische Deutschland Japan, mit dem es den „Antikominternpakt" schloß, dem am 6. November 1937 auch Italien beitrat. Am Tage zuvor hatte Hitler jene bekannte Besprechung mit dem Reichskriegsminister, den Befehlshabern der drei Wehrmachtsteile und dem Reichsaußenminister, in der er die Unterwerfung Österreichs und der Tschechoslowakei als nächstes Ziel seiner Politik bezeichnete (Hoßbach-Protokoll). Dementsprechende militärische Planungen lagen bereits vor und der Einfluß derjenigen Kräfte der deutschen Großbourgeoisie, die die Zeit für eine gewaltsame Erweiterung des Potentials noch nicht für gekommen hielten, wurde weiter zurückgedrängt.

Als politischer Exponent des IG-Farben-Konzerns reorganisierte Göring das Reichswirtschaftsministerium, aus dem mit Schacht viele verantwortliche Beamte aus-

[80] *Das Recht des Vierjahresplanes*, a. a. O., März 1938, S. 281.

[81] *RArbBl.* I 1938, S. 46, Anordnung über den verstärkten Einsatz von weiblichen Arbeitskräften in der Land- und Hauswirtschaft, v. 15. 2. 1938; ebenda 1939, S. 48, Durchführungsanordnung, v. 23. 12. 1938.

[82] *Soziale Praxis*, Jg. 1939, Sp. 81. Die Zahl der Pflichtjahrmädchen stieg sehr schnell auf 300 000. (*Albrecht, Gertrud*, Das Pflichtjahr, Berlin 1942, S. 11).

[83] *Syrup, Friedrich*, Wehrpflicht und Arbeitseinsatz der Jugend, in: Das Junge Deutschland, Jg. 1936, S. 7.

[84] Göring in der Kabinettssitzung am 27. Mai 1936: „Alle Maßnahmen sind vom Standpunkt der gesicherten Kriegsführung aus zu betrachten." (Dok. 1303–PS, *IMG*, Bd. XXVII, S. 145).

scheiden mußten.[85] Unter Walther Funk, den Göring am 7. Februar 1938 in seine Amtsgeschäfte als neuen Chef des Wirtschaftsministeriums und „Generalbevollmächtigten für die Kriegswirtschaft" einführte, war auch diese oberste Reichsbehörde faktisch ein Exekutivorgan der Vierjahresplanorganisation, die auf Krauchs Initiative ebenfalls erheblich verändert wurde.[86] Zur gleichen Zeit mußten Blomberg und Werner Freiherr von Fritsch aus der Wehrmachtsführung ausscheiden. Am 4. Februar 1938 übernahm Hitler selbst den Oberbefehl über die Streitkräfte, in deren Aggressionsvorbereitungen offenbar auch der RAD zunehmend einbezogen wurde, wie die am 11. Februar 1938 für seine Angehörigen ausgesprochene Schweigepflicht[87] vermuten läßt. Unmittelbar darauf erfolgte die Annexion Österreichs und ein halbes Jahr später der Einmarsch in die Tschechoslowakei. In Vorbereitung dieser Aktion unterstellte Hitler den RAD am 10. September 1938 dem Oberkommando der Wehrmacht[88] und bestätigte damit die Auffassung des französischen Generalstabs, der den faschistischen Arbeitsdienst von jeher zum „potentiel militaire" gerechnet hatte[89].

Außerdem wurden Einheiten des RAD in Stärke von 100 000 Mann auch beim Westwallbau eingesetzt[90], wozu 300 000 Arbeiter auf Grund der „Verordnung zur Sicherstellung des Kräftebedarfs für Aufgaben von besonderer staatspolitischer Bedeutung" zwangsverpflichtet worden waren[91]. In diesem Zusammenhang betrachtet, erschien die faschistische Arbeitsdienstpflicht nur als besondere Form der allgemeinen Arbeitspflicht; sie wurde beibehalten, „um Reserven für einen geschlossenen Einsatz bei plötzlich eintretenden Aufgaben zu haben", wie Göring auf einer Sitzung des „Reichsverteidigungsrates" am 18. November 1938 ausführte.[92]

Eine zusammenfassende Charakteristik des faschistischen Arbeitsdienstes, wie sie an dieser Stelle gegeben werden soll, muß davon ausgehen, daß er von vornherein als staatsmonopolistische Einrichtung zunächst zur Bekämpfung der Arbeitslosigkeit, dann aber mehr und mehr zur faschistischen Erziehung der deutschen Jugend diente. Je mehr die Arbeitslosigkeit im Zuge der Kriegsvorbereitungen zurückging, desto stärker nahm die ökonomische und militärische Bedeutung des

85 Im Rahmen der Reorganisation des Reichswirtschaftsministeriums wurde das Referat S in zwei Abteilungen aufgegliedert: W(irtschaft) O(rganisation) – Leiter: Artur Bernhard Krause und S(ozial) W(irtschaft) – Leiter: Bernhard Koehler. Pohl schied aus dem Reichswirtschaftsministerium aus und wurde in der Preußag tätig. (*Handbuch über den Preußischen Staat*, 140. Jg. (1938), S. 108 und 141. Jg. (1939), S. 114).

86 *Petzina, Dieter*, Autarkiepolitik im Dritten Reich, a. a. O., S. 119 ff.; *Eichholtz, Dietrich*, Geschichte der deutschen Kriegswirtschaft 1939 bis 1945, Bd. I, a. a. O., S. 50.

87 *RGBl.* I 1938, S. 190, 9. Verordnung zur Durchführung und Ergänzung des Reichsarbeitsdienstgesetzes, v. 11. 2. 1938.

88 Dok. 388–PS, *IMG*, Bd. XXV, S. 469 f.

89 *Castellan, Georges*, Le Réarmement clandestin du Reich 1930–1935, Paris 1954, S. 378.

90 *Hase, Günter*, Der Werdegang des Arbeitsdienstes, 2. Aufl., Berlin 1941, S. 110.

91 *Stothfang, Walter*, Die Aufgaben des Arbeitseinsatzes im Jahre 1939, in: Monatshefte für NS-Sozialpolitik, Jg. 1939, S. 11. Nach einer anderen Angabe waren im September 1938 bereits 360 000 zwangsverpflichtete Arbeiter beim Westwallbau eingesetzt. (*Vierteljahrshefte zur Wirtschaftsforschung*, Jg. 1938/39, H. 3, S. 265).

92 Dok. 3575–PS, *IMG*, Bd. XXXII, S. 414.

RAD zu. Das eigentliche Wesen der Arbeitsdienstpflicht wurde aber erst klar erkennbar, als das deutsche Volk außer der allgemeinen Wehrpflicht auch der allgemeinen Arbeitspflicht unterworfen war. Diese beiden „Pflichten gegenüber dem Monopolkapital, für deren Erfüllung der Staat sorgt“[93], waren in der Arbeitsdienstpflicht gewissermaßen zusammengefaßt. Die deutsche Jugend mußte im RAD beiden Pflichten gleichzeitig – wenn auch befristet – Genüge tun. Die damit beabsichtigte Steigerung des Potentials unterwarf sie intensivster Ausnutzung und Ausbeutung und hemmte und schädigte die Arbeiterjugend obendrein in ihrer beruflichen Entwicklung.

Eine etwas andere Entwicklung als der Arbeitsdienst nahm die Landhilfe, die zunächst ja ebenfalls jugendliche Arbeitslose erfaßte. Innerhalb dieser – nach faschistischer Auffassung – „Arbeitseinsatzmaßnahme relativ unpolitischen Charakters“[94] errichtete die Reichsjugendführung im Spätsommer und Herbst 1934 einen „Landdienst der HJ“, der am 12. März 1935 von der Reichsanstalt für Arbeitsvermittlung und Arbeitslosenversicherung als „Landhelfergruppeneinsatz“ anerkannt wurde[95].

1934 hatte dieser Landdienst zwar nur 500 männliche Jugendliche im Alter von 16 bis zu 22 Jahren erfaßt, die in 45 Gruppen auf 20 Gütern in Mecklenburg, Pommern und Ostpreußen zum Einsatz gekommen waren. 1935 waren es schon siebenmal soviel, die zum größten Teil in alten Schnitterkasernen und leerstehenden Landarbeiterkaten untergebracht wurden, um zehn Stunden täglich schwerste Landarbeit zu verrichten.[96] Die Gutsbesitzer erhielten von der Reichsanstalt für Arbeitsvermittlung und Arbeitslosenversicherung für jeden Jugendlichen eine Beihilfe von zehn bis zwölf Mark monatlich, wovon zwei Mark an die faschistische Reichsjugendführung abzuführen waren.[97] Als diese Form der Ausbeutung im Oktober 1936 von sechs auf neun Monate verlängert und vom Reichsnährstand als Teil einer Landarbeitslehre anerkannt wurde[98], zählte der Landdienst rd. 5 700 männliche und 900 weibliche Jugendliche im Alter von 14 bis zu 28 Jahren, von denen immer noch 70 Prozent in etwa 350 Gruppen in landwirtschaftlichen Großbetrieben eingesetzt waren.[99] 1937 stieg die Zahl der Landdienstler auf 15 000, von denen 65 Prozent noch nicht das 16. Lebensjahr erreicht hatten. 1938 waren 77 Prozent von 18 000 Landdienstangehörigen unter 16 Jahre alt.[100] Sie sollten, wie es in einem Abkommen zwischen Schirach und Himmler vom 17. Dezember 1938 hieß, „den festen Willen haben, Bauer auf eigener Scholle (Wehrbauer) zu werden“ und – insofern sie auch den übrigen Anforderungen

[93] *Kuczynski, Jürgen,* a. a. O., Bd. 16, S. 155.

[94] *Langmesser, Elisabeth,* Die öffentlichen Dienstleistungen der weiblichen Jugend im Kriege, jur. Diss. Berlin 1943, S. 69.

[95] *RArbBl.* I 1935, S. 104 f, Erlaß über den Gruppeneinsatz von Landhelfern, v. 12. 3. 1935.

[96] *Steindl, Hans,* Kritik des Landdienstes, in: Das Junge Deutschland, Jg. 1938, S. 27; *Kaufmann, Günter,* Das kommende Deutschland, a. a. O., S. 171.

[97] Ebenda, 1935, S. 104.

[98] *Woyirsch, Albert,* Ein Jahr Kampf um den Boden, in: Das Junge Deutschland, Jg. 1937, S. 82.

[99] Ebenda, S. 80; *Steindl, Hans,* a. a. O., S. 21 f.; *Kaufmann, Günter,* a. a. O., S. 171.

[100] *Das Junge Deutschland,* Jg. 1939, S. 74.

genügten – „nach Ausscheiden aus dem Landdienst in die allgemeine SS übernommen" werden.[101]

Während die Landdienstgruppen in diesem Sinne einen ausgeprägt „politischen", nämlich faschistischen Charakter erhielten, ging der Einsatz von Einzellandhelfern stark zurück. Als die Reichsanstalt für Arbeitsvermittlung und Arbeitslosenversicherung die Förderung für Einzellandhelfer mit Wirkung vom 1. April 1936 gänzlich einstellte[102], erreichte deren Zahl mit 26 689 im Mai 1936[103] einen Tiefstand. Sie stieg danach zwar wieder etwas an, blieb aber immer unter 55 000.[104]

Auch das Hauswirtschaftliche Jahr für Mädchen und das Landjahr hatten den Höhepunkt ihrer Entwicklung überschritten. Angesichts der hohen Schulabgängerzahlen, denen das Angebot von Lehr- und Anlernstellen in keiner Weise gerecht wurde, wies die Reichsanstalt für Arbeitsvermittlung und Arbeitslosenversicherung zwar 1935/36 19 143 und 1936/37 sogar 23 634 Mädchen in entsprechende Haushalte ein, aber in nur 11 064 bzw. 16 690 Fällen konnten diese die Mädchen halten.[105]

Bei den Landjahrlagern war wiederum die Aufnahmekapazität zu gering, als daß eine größere Zahl von Schulabgängern einberufen werden konnte. Das zeigte sich beispielsweise deutlich im oberschlesischen Industriegebiet, wo nach einem Bericht der Reichsanstalt für Arbeitsvermittlung und Arbeitslosenversicherung vom 12. Dezember 1935 an das Reichsarbeitsministerium[106] von 10 240 Schulabgängern nur 4 031 in Lehr- und Arbeitsstellen vermittelt werden konnten. „Die restlichen Jugendlichen können unter keinen Umständen bei der gefährdeten grenzpolitischen Lage ihrem Schicksal überlassen bleiben", hieß es in diesem Bericht, in dem um die Unterstützung durch andere Stellen nachgesucht wurde. „Da es sich um mehrere Tausend Jugendlicher handelt, können nur großzügige Maßnahmen Erfolg verheißen. Bemerkt sei noch, daß Ostern 1936 wieder annähernd die obengenannte Zahl Jugendlicher zur Schulentlassung kommt." Das Reichsarbeitsministerium übersandte eine Abschrift dieses Berichts am 31. Januar 1936 an das Reichserziehungsministerium, das am 7. April 1936 zusagte, ganze 2 800 Kinder aus diesem Gebiet zum Landjahr zu schicken.[107] Insgesamt wurden 1936 rd. 32 000 Jungen und Mädchen in 560 Lagern zusammengefaßt.[108] Bis 1939 sank die Zahl der Lager auf 450 mit je 40 bis 50 Jugendlichen.[109]

101 Ebenda, S. 93.

102 *RArbBl.* I 1936, S. 110, Erlaß über die Bereitstellung von Arbeitskräften für die Erzeugungsschlacht 1936, v. 3. 4. 1936.

103 *Statistisches Jahrbuch* ... 1937, S. 337.

104 *Statistische Sonderbeilagen zum RArbBl.*, 1938, Nr. 1, S. 7, und 1939, Nr. 8, S. 15.

105 *Die Berufsnachwuchslenkung der deutschen Jugend (Berufsberatung und Lehrstellenvermittlung) bei den Arbeitsämtern vom 1. Juli 1936 bis 30. Juni 1937*, hg. v. der Hauptstelle der Reichsanstalt für Arbeitsvermittlung und Arbeitslosenversicherung, S. XXIV.

106 DZA Potsdam, REM, Nr. 7 517, Bl. 73 f. (Abschrift).

107 Ebenda, Bl. 80.

108 *Sachse, Karl,* Hilfskräfte für den Arbeitseinsatz in der deutschen Landwirtschaft, in: Monatshefte für NS-Sozialpolitik, Jg. 1936, S. 543.

109 *Eilers, Rolf,* a. a. O., S. 38.

Pläne, nach denen das Landjahr, das ja beim Reichserziehungsministerium ressortierte, der unterdessen verselbständigten faschistischen Reichsjugendführung unterstellt werden sollte, um „einen Großteil der Landjahrpflichtigen zum Übertritt in den Landdienst zu gewinnen“[110] und damit auch dem Landdienst den Charakter einer Dienstpflichtorganisation zu verleihen, scheiterten. Die Verhandlungen darüber wurden im November 1937 ergebnislos abgebrochen[111] und dieser Umstand trug dazu bei, die Einführung der „Jugenddienstpflicht“ hinauszuzögern.

2. Die Einflußnahme der faschistischen Organisationen „Hitler-Jugend“ und „Deutsche Arbeitsfront“ auf die Arbeiterjugend und deren soziale Lage

a) Die Einführung der „Jugenddienstpflicht“

Die beabsichtigte Einführung der Jugenddienstpflicht konnte zunächst deshalb nicht erfolgen, weil der entsprechende Gesetzentwurf des Reichserziehungsministeriums wegen des darin wieder aufgegriffenen „Staatsjugendtages“ von den herrschenden Kreisen des deutschen Finanzkapitals einhellig abgelehnt worden war. Denn die Teilnahme der berufstätigen Jugendlichen am „Reichsjugendtag“ würde sich, wie es in dem Gutachten hieß, das die Reichswirtschaftskammer dem Reichswirtschaftsministerium am 6. Dezember 1935 erstattet hatte, „überall da besonders störend für die Betriebe auswirken, wo es auf die Kontinuität der Tätigkeit ankommt, vor allem in der Industrie ... Es würde den Betrieb empfindlich stören, wenn man die Jugendlichen aus der Arbeitskolonne oder aus der Zusammenarbeit mit älteren Facharbeitern oder etwa von dem Arbeitsplatz an der Maschine, die dem Jugendlichen in manchen Fällen schon anvertraut wird, herausnehmen würde. Was im besonderen die jugendlichen Hilfsarbeiter betrifft, so sind diese vielfach so in den Produktionsprozeß eingegliedert, daß ihre Herausnahme die Aufrechterhaltung des Betriebes in Frage stellen würde ... Eine Möglichkeit, diese Schwierigkeiten zu vermeiden, ist eigentlich nur dort zu sehen, wo Feierschichten verfahren (sic!) oder die 5-Tage-Woche eingeführt ist“[1].

Ganz in diesem Sinne waren die „Treuhänder der Arbeit“ am 9. Dezember 1935 angewiesen worden, „von einer Stellungnahme über die Freizeitgewährung am Staatsjugendtag ... in Tarifordnungen Abstand zu nehmen“[2]. Wenn der „Staatsjugendtag“ dennoch in der Diskussion geblieben war, so lag das an Ley, auf dessen Betreiben der Reichsarbeits- und Reichswirtschaftsrat das Gutachten der Reichswirtschaftskammer zum Gegenstand seiner ersten und einzigen „Arbeitstagung“ gemacht hatte. Schacht war zuvor von Pohl damit beruhigt worden, daß diese ungewöhnliche Ta-

110 *VB* v. 25. 11. 1937.

111 DZA Potsdam, REM, Nr. 11 845, Bl. 65 ff., Niederschrift über die Besprechung über das Landjahr, v. 15. 11. 1937.

1 DZA Potsdam, RWiM, Nr. 10 283, Bl. 106.

2 DZA Potsdam, RWiM, Nr. 10 296, Bl. 258 v./259 r., Protokoll der Treuhänderbesprechung, am 9. 12. 1935 in Essen.

gung „auf Grund eines Referats von Dr. Erdmann Stellung nehmen" würde. „Es handelt sich dabei um ein interessantes Experiment", hatte er hinzugefügt.[3] Und damit sollte er recht behalten. Denn diese Zusammenkunft führender Vertreter des deutschen Finanzkapitals und faschistischer Arbeitsfrontfunktionäre wies geradezu experimentell nach, wer so wesentliche Fragen der Kriegsvorbereitung, wie das Verhältnis von kapitalistischer Ausbeutung und militaristischem Drill der Jugend entschied.

Bevor der Referent in seiner Eigenschaft als Geschäftsführer der Reichswirtschaftskammer und Leiter des Wirtschaftsamtes der DAF die Stellungnahme vom 6. Dezember 1935 fast wörtlich wiederholte, ergriff Ley das Wort. Kurz und knapp bezeichnete er die Ausdehnung des „Staatsjugendtages" auf die „Werksjugend" als „von der Partei, vom Führer befohlen". Die ganze Diskussion hätte also nur zu klären, „wie die Industrie und Wirtschaft sich damit abfindet".[4]

Alle nachfolgenden Redner – nach Erdmann der Vertreter der Reichsgruppe Industrie, Gottfried Dierig[5], der Leiter der Reichsgruppe Handel, Carl Lüer[6], der „Reichshandwerksmeister" Schmidt und die Arbeitsfrontfunktionäre Jäzosch, Neumann und Klose – billigten übereinstimmend die „politische Zielsetzung des Staatsjugendtages", die deutsche Jugend so zu erziehen und auszubilden, daß sie ihrer im Sinne des aggressiven deutschen Imperialismus „großen Aufgabe im Ringen um die Zukunft Deutschlands dermaleinst gerecht wird".[7] Heftig angegriffen wurde von Dierig und Lüer nur die Auffassung, daß es dazu erforderlich wäre, „die gesamten schulentlassenen Jugendlichen bis zu ihrer Einberufung zum Arbeitsdienst und Heeresdienst durch diesen Staatsjugendtag zu erfassen"[8]. Sollte der allgemein befürwortete „Jugenddienst" so geplant sein, „daß die Jugendlichen aus der Produktion herausgezogen werden müssen, dann kann man ihn so nicht durchführen"[9], erklärte Dierig. „Es sind ja, wie Sie wohl wissen, Bestrebungen im Gange, das Jugendlichen-

[3] DZA Potsdam, RWiM, Nr. 10 283, Bl. 118, Vermerk Pohls für Schacht, v. 10. 2. 1936.

[4] Ebenda, Bl. 130 f., Protokoll der 1. Arbeitstagung des Reichsarbeits- und Reichswirtschaftsrates, v. 11. 2. 1936.

[5] Dierig war Vorstandsmitglied der Christian Dierig AG Langenbielau, die traditionell mit der Berliner Handels-Gesellschaft verbunden war. 1935 wurde die Christian Dierig AG mit Unterstützung der Deutschen Bank, in deren Aufsichtsrat Dierigs Sohn Wolfgang eintrat, zum größten Unternehmen der kontinentaleuropäischen Baumwollindustrie. In ihren Aufsichtsrat traten u. a. Oswald Rösler und Carl Stolcke von der Deutschen Bank und Hans Weltzien, Geschäftsinhaber der Berliner Handels-Gesellschaft, ein. Am 9. 12. 1936 berief Schacht Gottfried Dierig zum Leiter der Reichsgruppe Industrie.

[6] Der bereits als Treuhänder der Arbeit für den Wirtschaftsbezirk Hessen vorgestellte Carl Lüer trat 1938 in den Vorstand der Dresdner Bank ein, mit der er schon vorher eng verbunden war. Außerdem war er Aufsichtsratsmitglied der Opel AG. Gossweiler rechnet ihn zu jener staatsmonopolistischen Gruppierung, die im allgemeinen durch die Namen Schacht, Thyssen und Thomas gekennzeichnet wird. (*Gossweiler, Kurt,* Die Rolle des Monopolkapitals bei der Herbeiführung der Röhmaffäre [30. Juni 1934], phil. Diss. Berlin 1964, S. 462).

[7] DZA Potsdam, RWiM, Nr. 10 283, Bl. 133, Protokoll der 1. Arbeitstagung . . ., Erdmann.

[8] Ebenda, Bl. 153, Jäzosch.

[9] Ebenda, Bl. 147.

alter von 16 auf 18 heraufzusetzen, und alle möglichen derartigen Dinge, die an sich bestimmt richtig und wohltätig sind, wenn sie mit der nötigen Vorsicht und nicht zu schematisch durchgeführt werden. Aber das eine wird sich jeder sagen müssen: dadurch wird dann schon die Möglichkeit, die Jugendlichen in der Produktion zu beschäftigen, bis an die Grenze und in manchen Fällen schon über die Grenze hinaus erschwert werden. Wenn dazu noch der Reichsjugendtag oder Staatsjugendtag kommt, also ein Tag in der Woche, der vollkommen ausfällt, dann ist es für jeden, der in den Dingen drinsteht, klar, daß dadurch die Beschäftigung der Jugendlichen in der Produktion in vielen Fällen ausgeschlossen sein wird ... Nun wird man sich ja auf den Standpunkt stellen: diese Sache ist so wichtig – und wir sind uns alle darüber klar, daß die Jugenderziehung außerordentlich wichtig ist –, daß diese Lasten eben vom Volk getragen werden müssen. Gewiß, das alles ist in gewissen Grenzen möglich, in Grenzen allerdings, die man nicht überschreiten darf, wenn man dem Ausland gegenüber konkurrenzfähig bleiben will. Unter konkurrenzfähig verstehe ich, daß man nicht im Lebensstandard und damit selbstverständlich auch in der Möglichkeit zu rüsten und derartigen Dingen zurückbleibt."[10] Auch Lüer unterstrich, daß „überragende Leistungsarbeit nötig ist, um unserem Volk im Daseinskampf den Platz vor und neben den anderen Völkern zu sichern", und forderte, „ganz besonders zu prüfen, welchen Ausfall von Betriebstätigkeit und Berufsarbeit wir uns ... überhaupt im Wettstreit mit anderen Ländern leisten können"[11].

Dagegen versuchten die Vertreter der Arbeitsfront einzuwenden, daß „der Lehrling gemäß seinem Lehrlingsvertrag eine berufliche Erziehung erfährt, somit im Produktionsprozeß eines Betriebes keine Rolle spielen kann"[12] und „Schwierigkeiten in bezug auf die Abwechslung der jugendlichen Arbeitskräfte überall dort entstehen, wo der Jungarbeiter und der jugendliche Facharbeiter innerhalb des Arbeitsprozesses eine Stellung einnimmt, die über den Rahmen seiner Lehrjahre und Anlernjahre hinausgeht"[13]. Doch blieben diese Einwände ebenso unbeachtet wie das Vermittlungsangebot Schmidts, den „Reichsjugendtag, der nunmehr schon soweit in der Öffentlichkeit bekannt ist und von der Jugend gefordert wird"[14], mit dem Berufsschultag zu kombinieren.

Von dieser entscheidenden Aussprache erfuhr Rust erst durch Mitteilungen in der Tagespresse, so daß er sich um nähere Auskunft an Schacht wenden mußte.[15] Dieser ließ ihm am 24. April 1936 ein Protokoll der „Arbeitstagung" des Reichsarbeits- und Reichswirtschaftsrates übersenden.[16] Nun mußte man den „Staatsjugendtag" endlich auch im Reichserziehungsministerium als „erledigte Angelegenheit" betrachten, wie dem Reichswirtschaftsministerium am 10. Oktober 1936 telefonisch mitgeteilt wurde.[17]

[10] Ebenda, Bl. 149 f.
[11] Ebenda, Bl. 170.
[12] Ebenda, Bl. 162, Neumann.
[13] Ebenda, Bl. 173, Klose.
[14] Ebenda, Bl. 157.
[15] Ebenda, Bl. 119 v., Rust an Schacht, v. 18. 2. 1936.
[16] Ebenda, Bl. 186. [17] Ebenda, Bl. 189.

Um die gesamte deutsche Jugend im Alter von 10 bis zu 18 Jahren wenigstens erst einmal in der HJ zu erfassen, waren unterdessen andere Wege beschritten worden. Schirach hatte das Jahr 1936 zum „Jahr des deutschen Jungvolkes" proklamiert und erklärt, dafür zu sorgen, „daß alle im Jungvolkalter befindlichen Jugendlichen in diesem Jahr noch für das deutsche Jungvolk erfaßt" würden.[18] Bis zum 30. April 1936, zehn Tage länger als sonst, hatte die Werbekampagne gedauert, die vor allem den Einmarsch der Wehrmacht in die Rheinlandzone propagandistisch ausnutzte. Angeblich wurden die 10- bis 14jährigen zu 90 und der Jahrgang 1926 sogar zu 95 Prozent in die HJ eingegliedert[19], aber diese Angaben waren maßlos übertrieben, denn von 5,4 Millionen Jugendlichen dieses Alters zählten Jungvolk und Jungmädelbund Ende 1936 nur 3,4 Millionen (63 Prozent) in ihren Reihen[20].

Obwohl dieser Prozentsatz höchst beachtlich war, schien dem faschistischen Regime die Erfassung der gesamten deutschen Jugend in der HJ ohne gesetzlichen Zwang nicht möglich zu sein. Nachdem Rusts diesbezügliche Initiative gescheitert war, hatte Hitler den Kabinettsmitgliedern am 6. April 1936 den Entwurf eines „Gesetzes über die Führung der Deutschen Jugend (Reichsjugend)" zur Stellungnahme vorlegen lassen.[21] Danach sollte die gesamte deutsche Jugend zur „Reichsjugend" zusammengefaßt und von einem „Jugendführer des Deutschen Reiches ... im Geiste des Nationalsozialismus" erzogen werden. Der Jugendführer sollte von Hitler „ernannt und ihm unmittelbar unterstellt" werden und seine Dienststelle sollte eine oberste Reichsbehörde sein. Gegen diesen Entwurf äußerte Rust zwar am 18. April 1936 „erhebliche Bedenken", sie richteten sich aber nur gegen die beabsichtigte Aufwertung der Stellung Schirachs. Im Gegenentwurf des Reichserziehungsministeriums wurde daher „dem Jugendführer des Deutschen Reiches die gleiche Stellung gegeben, wie sie der Reichsarbeitsführer besitzt"[22]. Dieser Vorschlag, Schirach weiterhin beim Reichserziehungsministerium ressortieren zu lassen, erschien Leuten wie Pohl „allerdings wenig aussichtsreich"[23]. Andere „erhebliche Bedenken" wurden im Reichsfinanzministerium gehegt; sie entsprangen der Sorge, daß entstehende Kosten „notwendigerweise eine entsprechende Herabsetzung der Rüstungsausgaben zur Folge haben" könnten. Demzufolge forderte Schwerin-Krosigk am 6. Mai 1936, daß alle „Vorschläge des Jugendführers des Deutschen Reiches ... der Zustimmung der beteiligten Reichsminister"[24] bedürfen sollten. Ebenso wollte auch Frick, wie er am 8. Juni 1936 mitteilte, Schirach nur „im Einvernehmen mit den beteiligten Reichsministern"[25]

18 *Das Junge Deutschland,* Jg. 1936, S. 42. 19 *Reichsjugendpressedienst,* Jg. 1936, Nr. 72, Bl. 1.

20 *Kaufmann, Günter,* Das kommende Deutschland, a. a. O., S. 39.

21 DZA Potsdam, RWiM, Nr. 10 283, Bl. 41 ff.

22 Ebenda, Bl. 45 f., Rust an die Reichsminister und Lammers, v. 18. 4. 1936.

23 Ebenda, Bl. 44, Aktenvermerk, v. 23. 4. 1936.

24 Ebenda, Bl. 52 f., Schwerin-Krosigk an die Reichsminister und Lammers, v. 6. 5. 1936. Am 25. 5. 1936 übersandte die Reichskanzlei den Kabinettsmitgliedern eine Stellungnahme Schirachs zu den voraussichtlichen Kosten (ebenda, Bl. 56 f.), die die Bedenken Schwerin-Krosigks jedoch nicht beseitigte (ebenda, Bl. 63, Schwerin-Krosigk an die Reichsminister und Lammers v. 13. 6. 1936).

25 Ebenda, Bl. 59, Frick an die Reichsminister und Lammers, v. 8. 6. 1936.

handeln lassen. Eine solche Regelung wurde auch im Reichswirtschaftsministerium befürwortet.[26]

Nach der Verkündigung des Vierjahresplanes auf dem Naziparteitag, übersandte der Staatssekretär in der Reichskanzlei den Reichsministern am 21. November 1936 einen neuen, in den Einzelheiten wesentlich veränderten Gesetzentwurf.[27] Dieser wurde unter dem 1. Dezember 1936 als „Gesetz über die Hitler-Jugend" im Reichsgesetzblatt veröffentlicht.[28] Das HJ-Gesetz bestimmte, daß die gesamte deutsche Jugend in der HJ zusammengefaßt wird, und ermöglichte dadurch ihre totale Erfassung und zwangsweise Mobilisierung für den faschistischen deutschen Imperialismus. Neben die Schule sollte der „Dienst" in der HJ treten, die bereits im Oktober 1936 jahrgangsweise gegliedert[29] und damit dem Schulsystem angepaßt worden war. Durch das HJ-Gesetz erhielt der faschistische Reichsjugendführer als „Jugendführer des Deutschen Reiches" die Stellung einer obersten Reichsbehörde, die Hitler unmittelbar unterstellt und – was wichtiger ist – für das gesamte Gebiet der „Jugendpflege" in Deutschland zuständig war.[30]

Nun konnte das Reichserziehungsministerium auch den „Staatsjugendtag" aufheben, ohne das Gesicht zu verlieren. Die Aufhebung erfolgte bereits am 4. Dezember 1936[31] und wurde seitens der faschistischen Reichsjugendführung damit kommentiert, „daß bei weitem noch nicht alle Voraussetzungen im Wirtschaftsleben geschaffen werden konnten"[32], die die Durchführung der „Jugenddienstpflicht" ermöglicht hätten.

Selbst die am 1. Dezember 1936 dekretierte Zwangserfassung der deutschen Jugend konnte erst im Frühjahr 1939 näher geregelt und im darauffolgenden Jahr, beginnend mit der Einberufung des Jahrgangs 1929/30, wirksam werden. Diesen Umstand konnte Schirach vor dem Nürnberger Hauptkriegsverbrecherprozeß zu seiner Entlastung anführen.[33] Und wie er in seinen 1967 in der BRD veröffentlichten, den Tatsachen widersprechenden Memoiren behauptet, legte er 30 Jahre vorher angeblich „keinen Wert darauf, ... die gesamte deutsche Jugend gewaltsam zum HJ-Dienst zu pressen ..."[34] Demnach hätte sich die deutsche Jugend in ihrer Gesamtheit freiwillig seinem verhängnisvollen Einfluß unterworfen, der sie, wie es im Urteil von Nürnberg ausgedrückt wurde, dazu bestimmte, „für Hitler zu sterben"[35].

[26] Ebenda, Bl. 58, Aktenvermerk, v. 11. 6. 1936.

[27] Ebenda, Bl. 79 f.

[28] *RGBl.* I 1936, S. 993, Gesetz über die Hitler-Jugend, v. 1. 12. 1936.

[29] *Das Archiv,* Oktober 1936, S. 972.

[30] Offiziell wurde die Jugendpflege allerdings erst durch die 1. Durchführungsverordnung zum Gesetz über die Hitler-Jugend, v. 25. März 1939, auf den „Jugendführer des Deutschen Reiches" übertragen. (*RGBl.* I 1939, S. 709).

[31] *Deutsche Wissenschaft, Erziehung und Volksbildung* 1936, S. 536, Runderlaß, v. 4. 12. 1936.

[32] *Die Regelung der Dienstzeit in der Hitler-Jugend,* in: Das Junge Deutschland, Jg. 1937, S. 183.

[33] Einvernahme Schirachs durch seinen Verteidiger Fritz Sauter, am 23. 5. 1946, (*IMG,* a. a. O., S. 414 f.) und Erklärung Sauters, v. 17. 7. 1946. (Ebenda, Bd. XVIII, S. 474).

[34] *Schirach, Baldur von,* Ich glaubte an Hitler, a. a. O., S. 232.

[35] *IMG,* Bd. I, S. 359.

In Wirklichkeit aber hatten bereits im Frühjahr 1937 „zwischen Reichsjugendführung und Stab Heß Verhandlungen über die ... Freiwilligkeit des Eintritts"[36] in die HJ stattgefunden, und diese Frage war spätestens im Juni 1937 endgültig entschieden. Die Entwürfe der ersten beiden Durchführungsverordnungen zum HJ-Gesetz, die das Reichsinnenministerium dem Reichserziehungsministerium im Juni 1937 zustellte, stimmen gerade in dieser Hinsicht mit den am 25. März 1939 veröffentlichten Fassungen überein.[37] Ungeklärt blieben dagegen die Finanzierung und der staatliche Aufbau der HJ sowie die künftige Zuständigkeit für das Landjahr.[38]

Als sich abzeichnete, daß die Zwangserfassung nicht wie beabsichtigt – im März 1937[39] – verwirklicht werden konnte, verschärften die Faschisten die Unterdrückung der letzten legalen nichtfaschistischen Jugendorganisationen. Nach dem sogenannten Berliner Katholikenprozeß vor dem faschistischen Volksgerichtshof, der im April 1937 über katholische Jugendführer wegen gemeinsam mit Kommunisten betriebener Widerstandstätigkeit hohe Zuchthausstrafen verhängte[40], löste die Gestapo die katholischen Jugendverbände in den Diözesen Paderborn, Münster, Trier, Limburg, Köln und Aachen auf[41]. Diese Maßnahmen gegen die katholischen Jugendverbände unterstrichen in aller Deutlichkeit die Richtigkeit der Beschlüsse der Brüsseler Konferenz der KPD zur antifaschistischen Jugendarbeit. Der Widerstand mußte in den Reihen der HJ selbst entwickelt werden. Nachdem das Politbüro diese Orientierung im Juni 1936 mit den „Richtlinien über die Jugendarbeit der Partei" noch einmal bekräftigt und organisatorische Voraussetzungen dafür geschaffen hatte[42], analysierte die Berner Funktionärkonferenz des Kommunistischen Jugendverbandes mit Teilnehmern aus Nord-, West- und Süddeutschland Anfang Juli 1937 die durch das HJ-Gesetz entstandene Lage und die Möglichkeiten für die antifaschistische Arbeit in der HJ. In ihrer Resolution wurde festgestellt, daß die deutsche Jugend im Verlaufe der viereinhalb Jahre faschistischer Diktatur „jeglicher Freiheit beraubt" worden sei, und auf „die Schaffung einer einheitlichen, antifaschistischen, *freien deutschen Jugendbewegung*" orientiert.[43] Nach der Annexion Österreichs und des Sudetengebietes, ver-

[36] DZA Potsdam, REM, Nr. 11 845, Bl. 32, Niederschrift über die Besprechung der Durchführungsbestimmungen zum Gesetz über die Hitler-Jugend, v. 12. 5. 1937.

[37] Ebenda, Bl. 40 ff. und *RGBl.* I 1939, S. 709 ff., 1. (Allgemeine Bestimmungen) und 2. (Jugenddienstverordnung) Durchführungsverordnung zum Gesetz über die Hitler-Jugend, v. 25. 3. 1939.

[38] DZA Potsdam, REM, Nr. 11 845, Bl. 74 ff., Niederschrift über die Besprechung der Durchführungsbestimmungen zum Gesetz über die Hitler-Jugend, v. 24. 6. 1937.

[39] Die ersten Entwürfe der Durchführungsverordnungen zum Gesetz über die Hitler-Jugend waren auf März 1937 datiert. Die erste Besprechung darüber fand am 15. April 1937 statt. (DZA Potsdam, REM, Nr. 11 845, Bl. 12 ff., Entwürfe und Niederschrift über die Besprechung).

[40] *Geschichte der deutschen Arbeiterbewegung,* Bd. 5, a. a. O., S. 180 f.

[41] *Roth, Hans Heinrich,* Katholische Jugend in der NS-Zeit unter besonderer Berücksichtigung des Katholischen Jungmännerverbandes, Daten und Dokumente, Düsseldorf 1959, S. 41 f.

[42] *Jahnke, Karl Heinz,* a. a. O., S. 255 ff.

[43] *Für die Freiheit der deutschen Jugend!* Resolution der Berner Funktionärkonferenz des KJVD, Juli 1937, in: Junge Garde, November/Dezember 1937, Tarntitel: Hans Franck, Fort damit! Leipzig 1933, S. 58, 62. (Hervorhebung im Original).

öffentlichten die Zentralkomitees der KPD und des KJVD gemeinsam „Richtlinien für die Aufklärungsarbeit unter der werktätigen Jugend Deutschlands, insbesondere in den Reihen der Hitler-Jugend", in denen es hieß:

„Im Kampf der werktätigen deutschen jungen Generation für ihre Lebensinteressen, für Frieden, Freiheit und eine glückliche Zukunft ist die Klärung ihres Verhältnisses zur „Hitler-Jugend" und ihrer Tätigkeit in dieser Organisation von entscheidender Bedeutung. Durch den vielseitigen, vor allem wirtschaftlichen Druck, ist der größe Teil der werktätigen Jugend gezwungen worden, sich der Hitler-Jugend anzuschließen. Sogar die Jungen und Mädchen der klassenbewußten Arbeitereltern sehen sich gezwungen, in die Hitler-Jugend einzutreten, aber wie sie sich dort verhalten sollen, darüber sind weder sie selbst noch ihre Eltern sich im klaren. Diejenigen Eltern, die bisher ihre Jungen und Mädchen vom Eintritt in die Hitler-Jugend abhielten, sind im Zweifel, ob das Eintreten einen Verrat an der Sache der Arbeiterklasse bedeutet oder nicht. Die Hitler-Jugend stellt gegenwärtig ihrer Zusammensetzung nach eine allgemeine Organisation der deutschen Jugend dar, weil die Zugehörigkeit der Jugend zu dieser Organisation faktisch auf staatlichem Zwang beruht. Darum gehören zu dieser Organisation Millionenmassen der werktätigen Jugend, die nicht nationalsozialistisch sind, darunter auch bewußte kommunistische und sozialistische, christliche und demokratische Jugendliche. Allerdings ist die Führung dieser Organisation samt den leitenden Kadern ausgesprochen nationalsozialistisch, und sie versucht in jeder Weise die Mitgliedermassen nationalsozialistisch zu verseuchen. Die antifaschistisch gesinnte Jugend aber, die sich in den Reihen der Hitler-Jugend befindet, muß der nationalsozialistischen Verseuchung entgegenwirken. Wenn sie das tun wird, so bedeutet ihre Beteiligung an der Hitler-Jugend nicht nur keinen Verrat an der Sache der Arbeiterbewegung und der antifaschistischen Bewegung, sondern sie ist im Gegenteil unter den jetzigen Verhältnissen die beste und wirksamste Hilfeleistung für diese Sache.

Es ist durchaus möglich, die Mitgliedermassen der Hitler-Jugend durch eine richtig geleitete freiheitliche und fortschrittliche Aufklärungsarbeit erfolgreich zu beeinflussen. Denn die überwältigende Mehrheit dieser Mitglieder gehört den werktätigen Schichten des Volkes an und leidet unter den unerhört schweren Verhältnissen der faschistischen Diktatur."[44]

Diese erste umfassende marxistische Charakteristik der HJ und die daraus abgeleitete Aufgabenstellung entsprachen vollkommen der Realität. Als die faschistische Reichsjugendführung Anfang 1939 „das Recht zum Eingriff in die elterliche Erziehung" beanspruchte, sobald diese „den Eintritt in die Hitler-Jugend verwehrt"[45], zählte die HJ über 7,7 Millionen Jugendliche in ihren Reihen, von denen 42 Prozent ihrer sozialen Stellung nach zur Arbeiterjugend gerechnet wurden.[46] Bis zu diesem Zeitpunkt hatte die faschistische Jugendorganisation neun von zehn schulpflichtigen und sieben von zehn berufstätigen Jugendlichen erfaßt und damit immerhin erreicht,

[44] *Die Internationale*, Jg. 1938, S. 113 f.

[45] *Das junge Deutschland*, Jg. 1939, S. 33.

[46] *Kaufmann, Günter*, Das kommende Deutschland, a. a. O., S. 39, 43.

daß ihr die zwangsweise Erfassung der übrigen Jugendlichen nun keine unüberwindlichen finanziellen Schwierigkeiten mehr bereiten konnte. Eine Verschärfung des staatlichen Zwanges zum HJ-Dienst mußte ihr aber in Anbetracht des näherrückenden Krieges und der wachsenden Zahl gegen den Drill opponierender Jugendlicher dringend geboten erscheinen.

Unter dem 25. März 1939 wurden die beiden Durchführungsverordnungen zum HJ-Gesetz veröffentlicht.[47] Von jetzt an mußten alle Jugendlichen, die das zehnte Lebensjahr erreichten, jeweils bis zum 15. März dem zuständigen HJ-Führer gemeldet werden. Die entstehenden Kosten wurden von der Nazipartei getragen, die die Finanzhoheit über die staatliche Dienststelle „Der Jugendführer des Deutschen Reiches" und die HJ ausübte. Von den anderen Streitfragen wurde die Zuständigkeit für das Landjahr einer besonderen Regelung vorbehalten[48] und die der faschistischen Reichsjugendführung nachgeordneten staatlichen Dienststellen erst im November 1939 festgelegt[49].

Als die zehnjährigen Schüler am 20. April 1940 in die faschistische Jugendorganisation aufgenommen wurden, erfaßte sie das noch vor Kriegsausbruch komplettierte „lückenlose System nationalsozialistischer Charaktererziehung", wie es Schirach formulierte[50]. In diesem von Hitler-Jugend, Reichsarbeitsdienst und Wehrmacht gebildeten militaristischen System fungierte die faschistische Jugendorganisation als unterste, umfassendste und andauerndste Erziehungsstufe, auf der Haltung und Bewußtsein der deutschen Jugend am gründlichsten und nachhaltigsten für die Ziele des verbrecherischen deutschen Imperialismus manipuliert werden konnten.

b) Die Einwirkungsversuche der HJ und der Arbeitsfront auf die Gestaltung des Arbeitsschutzes und der Berufsausbildung der Arbeiterjugend

Die Unterwerfung der deutschen Jugend unter das militaristische System des faschistischen deutschen Imperialismus, das seit 1935 errichtet und immer weiter ausgebaut worden war, mußte letztlich auch auf die Gestaltung der Bedingungen einwirken, unter denen die Jugendlichen in den Betrieben unmittelbar kapitalistisch ausgebeutet wurden. Die Rolle des Fürsprechers dieser Entwicklung, die sich mit einigem Geschick als Verbesserung der sozialen Lage der Arbeiterjugend drapieren ließ, übernahmen HJ- und DAF-Führer. Die Wirklichkeit blieb jedoch weit von dem entfernt, was ihre demagogischen Versprechungen glauben zu machen suchten. So blieb auch die „Forderung" nach einem neuen Berufsausbildungsgesetz, zu der Axmann sich im

47 *RGBl.* I 1939, S. 709 ff.

48 Ebenda, S. 709. Eine klare Abgrenzung der Kompetenzen zwischen Reichserziehungsministerium und Reichsjugendführung erfolgte erst 1941.

49 Ebenda, S. 2178, Verordnung über die nachgeordneten Dienststellen des Jugendführers des Deutschen Reiches, v. 11. 11. 1939. In Preußen, Bayern, Sachsen und im tschechoslowakischen Okkupationsgebiet waren die Regierungspräsidenten, in den übrigen Ländern die Regierungen nachgeordnete Dienststellen.

50 *Das Junge Deutschland*, Jg. 1939, S. 193.

Juli 1934 verstiegen hatte, unerfüllt. Schon der erste interne Entwurf dieses Gesetzes war fallen gelassen worden, „da sich der Frage, welche Organe die Berufsausbildung durchzuführen haben, bedeutende Schwierigkeiten in den Weg gestellt hatten“[51]. Für die Arbeitsfront schien diese Streitfrage durch die Verordnung Hitlers vom 24. Oktober 1934 gelöst zu sein, denn dort hieß es: „Die Deutsche Arbeitsfront hat für die Berufsschulung Sorge zu tragen.“[52] Ihre zuständigen Funktionäre planten nun, die „gemeinsam mit der Reichsjugendführung bereits eingeführte Berufsausbildung weiter auszubauen und auf breiteste Grundlage zu stellen, bevor ein Gesetz, darauf fußend, eine endgültige Regelung bringt“[53].

Arbeitsfront und HJ hatten im Winterhalbjahr 1933/34 für über 50 000 und im Winterhalbjahr 1934/35 sogar für über 400 000 vorwiegend kaufmännische Lehrlinge Kurse organisiert[54], um die Jugendlichen einer faschistischen „Berufserziehung“ zu unterwerfen. Diese Bestrebungen gewannen an Bedeutung, als das Dinta im Juli 1935 in das „Amt für Betriebsführung und Berufserziehung“ der DAF umgewandelt und Arnhold zu dessen Leiter berufen wurde.[55] Über Arnholds Amt begann die Arbeitsfront nun auch Einfluß auf die unterdessen forcierte Facharbeiterausbildung in der Industrie zu nehmen, so daß sie den beabsichtigten Eindruck erweckte, „das gesamte Bildungswesen werde künftig ausschließlich von der Deutschen Arbeitsfront betreut werden“[56].

Welche Erwartungen Arbeitsfront und HJ in dieser Hinsicht hegten, war zahlreichen Publikationen zu entnehmen. In einer davon hieß es:

„Das vor seiner Verkündung stehende Reichsberufsausbildungsgesetz wird ohne angemessene Freizeitbestimmungen unzulänglich sein. Es wird auf der anderen Seite der Erkenntnis Rechnung tragen, daß mit dem übertriebenen Ausmaß der ungelernten Arbeit von jeher Gefahren für den Bestand des Staates und die Einheit des schaffenden Volkes verbunden waren, daß die Jugend also in ihrem Streben nach höchster Berufsleistung nach Möglichkeit vom Staat her zur Erlernung eines Grundberufes anzuhalten sei. Damit würde das Lehrverhältnis lediglich als besondere Form des Ausbildungsverhältnisses der Jugendlichen in Erscheinung treten.

Von dem in Vorbereitung befindlichen Arbeitsschutzgesetz muß die Reform der Arbeitszeitgesetzgebung für Jugendliche und Frauen, die Erhöhung des Jugendlichen-Schutzalters von 16 auf 18 Jahre, ferner die Neuregelung der Sonntags- und Nachtarbeit Jugendlicher erwartet werden.“[57]

[51] *Jahresbericht 1935/36 des Sozialamtes der DAF* (Als Manuskript gedruckt. Vertraulich, nur für den Dienstgebrauch. Abgeschlossen am 30. Juni 1936), S. 41, DZA Potsdam, RWiM, Nr. 10 281, Bl. 304.

[52] *Dokumente der deutschen Politik*, Bd. 2, a. a. O., S. 154.

[53] *Jahresbericht 1935/36 des Sozialamtes der DAF*, a. a. O., S. 41.

[54] *Das Junge Deutschalnd*, Jg. 1933, S. 328; *Das Archiv*, Januar 1935, S. 1 463.

[55] *Eichenseher, Franz Xaver*, Erziehungsprogramm und Erziehungsmaßnahmen der Deutschen Arbeitsfront, jur. Diss. Erlangen 1939, S. 24.

[56] DZA Potsdam, RWiM, Nr. 10 312, Bl. 190, Erdmann an Krause, v. 5. 8. 1936.

[57] *Müller, Albert*, Einsatz und Forderung, a. a. O., Sp. 863. S. auch weitere Aufsätze Müllers und Goldmanns (Jugendamt der DAF und Soziales Amt der Reichsjugendführung) in: *Das Junge*

Unschwer ist in solchen und ähnlichen Ausführungen die der Dinta-Ideologie verhaftete Absicht erkennbar, der Entwicklung des Klassenbewußtseins der Arbeiterjugend durch faschistische „Berufserziehung“ entgegenzuwirken, um den Bestand des Regimes und die von ihm suggerierte Einheit von Ausbeutern und Ausgebeuteten nicht zu gefährden. Die in diesem Zusammenhang erhobenen Forderungen, die Gestaltung der unmittelbaren kapitalistischen Ausbeutung Jugendlicher in den Betrieben zu verändern, sind daneben aber von der Aufgabe diktiert, die der HJ als einem Bestandteil des militaristischen Systems des faschistischen deutschen Imperialismus vor allem oblag. Daß die ideologische und militärische Vorbereitung der deutschen Jugend auf den Aggressionskrieg derartige Konsequenzen haben mußte, wurde auch von den zuständigen Ministerien erkannt. Reichsarbeits- und Reichswirtschaftsministerium hatten ein Gesetz über Kinderarbeit und die Arbeitszeit der Jugendlichen entworfen, das das Schutzalter auf 18 Jahre heraufsetzte, die Berufsschulzeit in die Arbeitszeit einrechnete, diese neu regelte und dabei einen mindestens zweiwöchigen Jahresurlaub vorsah.[58] Im Dezember 1935 war dieser vertrauliche Entwurf über die Reichswirtschaftskammer den Wirtschaftsgruppen zur Stellungnahme zugeleitet worden.

Bevor die Stellungnahmen beim Reichswirtschafts- und beim Reichsarbeitsministerium eingingen, lud Hans Frank in seiner Eigenschaft als Präsident der faschistischen „Akademie für Deutsches Recht“ die für die Jugendschutzgesetzgebung verantwortlichen Mitarbeiter dieser Ressorts zu einer Beratung der „Arbeitsgemeinschaft zur Bearbeitung von Jugendrechtsfragen“ ein.[59] Die Leitung dieser Arbeitsgemeinschaft hatte Axmann inne. Als sein Stellvertreter fungierte der Universitätsprofessor Wolfgang Siebert, der damals in Kiel und Bonn Jugendrechtsseminare eröffnet hatte.[60] An der ersten Sitzung der Arbeitsgemeinschaft, die am 27. Februar 1936 stattfand, nahmen Axmann und Siebert sowie Mansfeld als Vertreter des Reichsarbeitsministeriums und vom Reichswirtschaftsministerium Regierungsrat Artur Bernhard Krause (Referat S) teil.[61] Wesentlich wichtiger als diese Sitzung selbst, auf der Siebert in einem Vortrag zum Ausdruck brachte, „daß man das Arbeitsverhältnis des Jugendlichen als besonderes Erziehungsverhältnis eigener Art konstruieren müsse“[62], war die daran anschließende Besprechung zwischen Axmann, Siebert, Mansfeld und Krause. Hier wurde nämlich auf Mansfelds und Krauses „Anregung hin beschlossen, daß die Arbeitsgemeinschaft es sich nicht zur Aufgabe machen solle, Gesetzentwürfe auszuarbeiten; vielmehr solle sie lediglich zu allgemeinen Grundproblemen des Jugendarbeitsrechts Stellung nehmen, um den Regierungsstellen Material für die Gesetzgebung vorlegen zu können“[63]. Damit war das Soziale Amt der faschistischen

Deutschland, Jg. 1935, S. 152 ff., 391 ff., 363 ff., und Jg. 1936, S. 1 ff., sowie die Polemik Mansfelds in: *Monatshefte für NS-Sozialpolitik*, Jg. 1935, S. 262 ff.

58 DZA Potsdam, RWiM, Nr. 10 349, Bl. 37, 65, Stellungnahme der Reichsgruppe Industrie, v. 5. 5. 1936. – Der Gesetzentwurf selbst war leider nicht aufzufinden.

59 Ebenda, Bl. 2, Mitteilung der Akademie für Deutsches Recht, v. 10. 2. 1936.

60 *Das Archiv*, Oktober 1935, S. 1 004.

61 DZA Potsdam, RWiM, Nr. 10 349, Bl. 7 r., Vermerk Krauses, v. 9. 4. 1936.

62 Ebenda. 63 Ebenda, Bl. 7 v.

Reichsjugendführung der Möglichkeit beraubt, über die Arbeitsgemeinschaft Einfluß auf die Jugendschutzgesetzgebung zu nehmen. Zudem sollte das überwiegend „jugendliche Element in der Mitgliedschaft dieser Arbeitsgemeinschaft" ebenfalls auf „Anregung vom RWM und RAM" durch „alte Praktiker und erfahrene Männer", wie den Chef der Arbeitseinsatzzentrale Syrup und den „Treuhänder der Arbeit" Völtzer, ersetzt werden[64].

Die Paralysierung dieser Einflußmöglichkeit erfolgte am Vorabend des „Reichsberufswettkampfes" 1936, der das Interesse der werktätigen Jugend an sozialen Fragen naturgemäß steigerte. Vom Zentralkomitee des Kommunistischen Jugendverbandes wurden die Jungarbeiter und Lehrlinge aufgerufen, aus diesem Anlaß die immer wieder versprochene Jugendschutz- und Berufsausbildungsgesetzgebung zu fordern[65]. Die große Aktualität, die eine solche Losung besaß, verdeutlicht das Bemühen der Kommunisten, die auf der Brüsseler Parteikonferenz beschlossene Politik auf einem wichtigen Gebiet durchzuführen. Ihre Verwirklichung mußte die werktätige Jugend direkt mit der Politik der herrschenden Kreise des deutschen Finanzkapitals konfrontieren und sie folgerichtig in den antifaschistischen Kampf führen. Nicht von ungefähr betonten die Sprecher der HJ und der Arbeitsfront jetzt, „daß alle sozialpolitischen Wünsche und Anregungen nicht an der Spitze der sozialen Jugendarbeit stehen, sondern erst an zweiter Stelle hinter dem praktischen Einsatz auf allen Gebieten des sozialen Lebens folgen ... (und) die Jugendertüchtigung ihren Rang vor dem Jugendschutz und der Jugendhilfe hat und zwar in der Weise, daß auch Jugendschutz und Jugendhilfe als besondere Erscheinungsformen der Jugendertüchtigung auftreten ... Soziale Arbeit in diesem Sinne ... bleibt damit frei von dem Vorwurf, lediglich sozialpolitische Interessenwahrnehmung zu sein"[66]. Zugleich wurde mitgeteilt, daß „Zweifelsfragen hinsichtlich des Berufsausbildungsgesetzes die Fertigstellung um einige Zeit hinauszögerten"[67].

Und in der Tat waren die Kompetenzen auf dem Gebiet der Berufsausbildung nach wie vor umstritten. So hatte das „Amt für Betriebsführung und Berufserziehung" begonnen, in Konkurrenz zum Datsch, Lehrwerkstätten einzurichten und Ausbildungspläne herauszubringen, die die Ausbeutung der Lehrlinge zugunsten der Verwirklichung der „Betriebsgemeinschaft" beeinträchtigten.[68] Am 30. Oktober 1936 sprachen „einige maßgebliche Unternehmer" bei Schacht vor, um wegen der bereits erfolgten „Übergriffe der DAF in die Wirtschaft und vor allem in die Berufsausbildung des deutschen Facharbeiternachwuchses mündlich Bericht" zu erstatten.[69] Be-

64 Ebenda.

65 *Für Jugendschutz und Jugendrecht!* in: Rundschau über Politik, Wirtschaft und Arbeiterbewegung, Jg. 1936, S. 389 f.; s. auch *Zur Geschichte der Arbeiterjugendbewegung in Deutschland*, a. a. O., S. 310.

66 *Müller, Albert,* Jugend und Sozialpolitik, in: Monatshefte für NS-Sozialpolitik, Jg. 1936, S. 257, 260.

67 Ebenda, S. 261.

68 *Schweitzer, Arthur,* Der ursprüngliche Vierjahresplan, in: Jahrbücher für Nationalökonomie und Statistik, Bd. 168 (1956), S. 179.

69 DZA Potsdam, RWiM, Nr. 10 321, Bl. 2, Schacht an Göring, v. 23. 12. 1936.

reits am folgenden Tage erklärte Schacht die Richtlinien des Datsch in einem Erlaß als allein maßgeblich für die Facharbeiterausbildung in der Industrie.[70]

In diesem Zusammenhang muß auch das bereits erwähnte Vorgehen gegen den mit der Arbeitsfront kollaborierenden „Reichshandwerksmeister" Schmidt gesehen werden. Das reichseinheitliche Lehrvertragsmuster, das dieser in Zusammenarbeit mit der Arbeitsfront und der faschistischen Reichsjugendführung hatte entwerfen lassen und das für die Handwerkslehrlinge die Anrechnung der Berufsschulzeit und der Aufräumungsarbeiten auf die Arbeitszeit, Kost- und Lehrgeldfreiheit sowie die Teilnahme am „Reichsberufswettkampf" vorsah[71], wurde von Schacht dadurch zu Fall gebracht, daß er die Handwerksorganisation kurzerhand „mit den Vorarbeiten für die Neuordnung des Lehrlings- und Gehilfenprüfungswesens"[72] beauftragte.

Doch trotz aller dieser Maßnahmen, und obwohl Ley in einer persönlichen Aussprache Schacht am 5. November 1936 „loyale Zusammenarbeit" zugesichert hatte[73], ließ sich das „Amt für Berufserziehung und Betriebsführung" nicht von seinen Plänen abbringen. In einem Kommentar zur Anordnung Görings über die Sicherstellung des Facharbeiternachwuchses vom 7. November 1936 erklärte Arnhold, daß künftig die Richtlinien für die Facharbeiterausbildung, die Abfassung der Lehrverträge, die Führung der Lehrlingsrollen und das gesamte Prüfungswesen maßgeblich von der Arbeitsfront bestimmt würden.[74] Dementsprechend ließ die DAF-Gauwaltung Sachsen in der gesamten sächsischen Tagespresse bekanntgeben, daß alle kaufmännischen Lehrlinge und die gewerblichen Lehrlinge der Textil-, Metall- und Holzindustrie, die nach dem 1. April 1936 eingestellt wurden, bis zum 20. Dezember 1936 bei der zuständigen DAF-Kreisleitung in Lehrlingsrollen einzutragen wären. Für alle Lehrverträge, die nach dem 1. Dezember 1936 abgeschlossen wurden, sollte außerdem ein neues, von der Arbeitsfront herausgegebenes Lehrvertragsmuster benutzt werden.[75] Dieses wich in einigen Punkten wesentlich von dem in der Industrie bereits gebräuchlichen Muster ab. So sollten die Lehrlinge nicht bei den Industrie- und Handelskammern, sondern bei den DAF-Kreisleitungen in Lehrlingsrollen eingetragen und geprüft, sowie nicht nach den Richtlinien des Datsch, sondern nach denen der Arbeitsfront ausgebildet werden.[76]

Schacht versuchte nun, über den neuen Leiter der Reichswirtschaftskammer, Albert Pietzsch, auf Göring einzuwirken und diesen zum Einschreiten gegen die Arbeitsfront zu veranlassen. Auf keinen Fall sollten Fragen der Lohn- und Preispolitik sowie der Berufsausbildung in die Kompetenz der Arbeitsfront übergehen.[77] Am 23. De-

[70] *Schweitzer, Arthur,* a. a. O., S. 181.
[71] *Soziale Praxis,* Jg. 1937, Sp. 426 f.
[72] DZA Potsdam, RWiM, Nr. 13 686, Bl. 29, Erlaß, v. 12. 12. 1936.
[73] Ebenda, Nr. 10 321, Bl. 2, Schacht an Göring, v. 23. 12. 1936.
[74] *VB* v. 26. 11. 1936.
[75] DZA Potsdam, RWiM, Nr. 10 237, Bl. 38 ff., 61 ff., Beschwerden der Wirtschaftskammer Sachsen, v. 28. 11., 2. und 9. 12. 1936.
[76] Ebenda, Bl. 122 ff., Franke an Krause, v. 4. 2. 1937, nebst Anlagen (Lehrvertragsmuster) und Vermerken.
[77] Siehe dazu den von Schweitzer zitierten Brief Pietschs, v. 28. 11. 1936. Die Darstellung und Interpretation dieser Ereignisse durch Schweitzer ist allerdings fehlerhaft und fragwürdig. (*Schweitzer, Arthur,* a. a. O., S. 181).

zember 1936 beschwerte sich Schacht bei Göring darüber, daß der Arbeitsfront nahestehende Zeitungen „reinste Hetzartikel gegen die deutsche Unternehmerschaft" publizierten.[78]

Auch bei der Geschäftsgruppe Arbeitseinsatz, die für die Sozialpolitik während des Vierjahresplanes verantwortlich zeichnete, stießen die Bestrebungen der Arbeitsfront auf Widerstand. In einem Schreiben an Göring vom 24. November 1936 klagte Mansfeld vor allem darüber, daß die Arbeitsfront die „Erziehung zur Betriebsgemeinschaft ... nicht ernstlich und nachhaltig in Angriff genommen (hätte) ..., die schon im Interesse des Vierjahresplanes an die Stelle des heute noch äußerst lebendigen Klassenkampfes treten muß." Auch er lehnte „die völlig überspitzten Ansprüche der DAF auf dem Gebiete der Berufserziehung" nachdrücklichst ab und kritisierte den Riesenapparat, „der für die angeblich allein von der DAF zu leistende Berufserziehung aufgebaut ist, der sich immer mehr vergrößert und doch nichts Wesentliches leistet, weil die Erziehung zum Beruf nun einmal nur im Betriebe vorgenommen werden kann ..."[79].

Diese massive Kritik an der Arbeitsweise der faschistischen Arbeiterzwangsorganisation ignorierte jedoch völlig, daß die „Erziehung zur Betriebsgemeinschaft" durch die kapitalistische Ausbeutung im Betrieb ganz von selbst ad absurdum geführt wurde und nur so lange Aussicht auf Erfolg besaß, wie sie sich auf eine relativ kleine Zahl von Arbeitern konzentrierte, die sich angesichts drohender Arbeitslosigkeit mehr oder weniger willig mit Dintamethoden beeinflussen ließen. In dem Maße, wie die Arbeitslosigkeit abnahm und die Zahl der Arbeiter in den Betrieben wuchs, mußte die „Erziehung zur Betriebsgemeinschaft" an Wirksamkeit einbüßen, da sich der ökonomische Zwang, den drohende Arbeitslosigkeit naturgemäß auf jeden Arbeiter ausübt, nicht nur ideologisch kompensieren ließ. Ein solcher Zwang bestand aber für die ohnehin leichter beeinflußbaren Jugendlichen, die an einer Berufsausbildung interessiert waren, in Gestalt des Lehrstellenmangels weiter. Die Arbeitsfront mußte also mit der ihr übertragenen „Erziehung zur Betriebsgemeinschaft" vor allem bei den Facharbeiterlehrlingen einsetzen. Arnhold drückte das folgendermaßen aus: „Früher war der Lehrling schon bei Beginn der Lehre allen Einflüssen der übrigen Gefolgschaft ausgesetzt, und damit wurde seine Gesinnung in den meisten Fällen Beutestück irgendeiner Partei. Heute wird für die ersten zwei Jahre Ausbildung eine vom übrigen Betrieb abgeschlossene Lehre der Jugendlichen in einer Lehrwerkstatt angestrebt ... Die Lehrlinge werden – auch weltanschaulich – im nationalsozialistischen Sinne von Männern erzogen, die sich für diese Aufgaben berufen fühlen, für diese Zwecke besonders geschult und für gute Durchführung verantwortlich sind."[80] Eine zweijährige „Grundlehre", wie sie dieses System für alle Lehrlinge als Erziehungseinrichtung vorsah, mußte aber die Ausbeutung der Jugendlichen – noch dazu in einer Zeit der Arbeitskräfteverknappung – erheblich beeinträchtigen, und zwar schon allein dadurch, daß der Arbeitsfront die alleinige Kontrolle des gesamten Lehrlingswesens zugefallen wäre. In dieser Richtung wurde die Arbeitsfront auch von der faschistischen Reichs-

[78] DZA Potsdam, RWiM, Nr. 10 321, Bl. 3.

[79] Ebenda, Bl. 6 f., 9 f.

[80] *Arnhold, Karl,* Lehrling – einst und jetzt, in: Soziale Praxis, Jg. 1937, Sp. 868.

jugendführung unterstützt, und zwar dadurch, daß ihr Schirach, dem ja nach dem HJ-Gesetz vom 1. Dezember 1936 die Erziehung der gesamten deutschen Jugend außer in Elternhaus und Schule oblag, die „Berufserziehung der deutschen Jugend" am 10. Februar 1937 offiziell übertrug[81].

Da Göring den Ansprüchen der Arbeitsfront nicht entgegentrat, versuchte es Schacht mit einer ganzen Serie von Erlassen, die er am 17. April 1937 noch einmal zusammenfaßte[82], nachdem die Reichsgruppe Industrie am Vortage ihre Vereinbarung mit den Industrie- und Handelskammern ausdrücklich bestätigt hatte[83]. Als allein verbindlich konnten demnach nur das Lehrvertragsmuster der Reichswirtschaftskammer, die Ausbildungsrichtlinien des Datsch sowie die Lehrlingsrollen und Prüfungen bei den Industrie- und Handelskammern angesehen werden. Unterdessen hatte die Arbeitsfront begonnen, ihre Lehrvertragsmuster auch in Oldenburg und Halle herauszugeben.[84] Statt Lehrlingsrollen ließ sie nun sogenannte Berufsstammrollen einrichten, die eine „lückenlose Übersicht über die Lehrverhältnisse" gewährleisten sollten.[85] Als sich die Dienststellen der Arbeitsfront dann auch in die zentralen Lehrabschlußfeiern einzuschalten suchten, entschloß sich Schacht zu einem spektakulären Akt, der in seiner Bedeutung allerdings vielfach überschätzt worden ist. Mit Unterstützung Hitlers, dem er seinen Rücktritt als Wirtschaftsminister angedroht hatte, setzte Schacht gegen Leys Absicht durch, daß er bei der Freisprechungsveranstaltung der Industrie- und Handelskammer und der Handwerkskammer Berlin am 11. Mai 1937 im Sportpalast mit einer großangelegten Begrüßungsrede auftreten konnte. Hier wies er noch einmal öffentlich alle Ansprüche der Arbeitsfront auf die Berufsausbildung zurück und teilte mit, daß Hitler ihn beauftragt hätte, „ein umfassendes Gesetz über die fachliche und berufliche Ausbildung in Handel und Gewerbe beschleunigt vorzulegen"[86]. Das sollte jedoch das einzig Wichtige an dieser Erklärung bleiben, denn die Versuche der Arbeitsfront, ihren Einfluß auf die Berufsausbildung zu vergrößern, dauerten über Schachts Amtszeit als Wirtschaftsminister hinaus an. Weit in das Jahr 1938 hinein datieren die diesbezüglichen Beschwerden der Reichswirtschaftskammer, der Reichsgruppe Industrie und des Datsch, die beim Reichswirtschaftsministerium zu den Akten genommen wurden. Immer wieder und teilweise erfolgreich suchten Dienststellen der Arbeitsfront ihre Lehrvertragsmuster anwenden zu lassen, Berufsstammrollen anzulegen, Lehrwerkstätten zu errichten sowie Lehrabschlußprüfungen und Freisprechungsveranstaltungen unter ihre Regie zu bekommen.[87]

Nachdem Göring Schacht als Wirtschaftsminister abgelöst hatte, forderte er Ley

81 *Rocholl, Arnold,* a. a. O., S. 150.

82 DZA Potsdam, RWiM, Nr. 10 237, Bl. 166 f.

83 *Soziale Praxis,* Jg. 1937, Sp. 793. Vgl. *Schweitzer, Arthur,* a. a. O., S. 182.

84 DZA Potsdam, RWiM, Nr. 10 237, Bl. 164, Aktenvermerk, v. 17. 4. 1937.

85 *Deutsche Arbeits-Korrespondenz* v. 22. 4. 1937.

86 *Schacht, Hjalmar,* Die fachliche und berufliche Ausbildung unseres wirtschaftlichen Nachwuchses, Berlin 1937, S. 4.

87 Soweit der diesbezügliche Schriftwechsel im DZA Potsdam vorhanden ist, umfaßt er sechs dicke Aktenbündel: RWiM, Nr. 10 237 bis 10 241 und Nr. 10 257.

in einem auch als Erlaß an die Reichsstatthalter, Landesregierungen und Regierungspräsidenten adressierten Schreiben vom 20. Dezember 1937 auf, „unverzüglich sicherzustellen, daß alle Eingriffe von Dienststellen der DAF in Zusammenhang mit den Lehrabschlußprüfungen und Lehrlingsrollen der Kammern verhindert werden, damit bis auf weiteres auf Grund des geltenden Rechtszustandes die Lehrabschlußprüfungen durch die Kammern ordnungsgemäß durchgeführt werden können." Allerdings stellte er zugleich in Aussicht, „die Frage in einer grundlegenden Besprechung zu klären (Anfang Januar)".[88]

Offenbar zur Vorbereitung dieser „grundlegenden Besprechung" legte die Führung der Arbeitsfront vier Gesetzentwürfe vor, und zwar

1. ein „Gesetz über die Deutsche Arbeitsfront"[89], das die Integration aller „schaffenden Deutschen" in diese Organisation vorsah;
2. ein „Gesetz zur Umgestaltung der Organisation der gewerblichen Wirtschaft und der Kammern (Wirtschaftskammergesetz)"[90], das die Befugnisse der Reichs- und Hauptgruppen der Wirtschaft zugunsten der Wirtschaftskammern beschränken und den Arbeitsfrontfunktionären ein Mitspracherecht in den Wirtschaftskammern sichern sollte;
3. ein „Gesetz über die arbeitspolitische Selbstverwaltung (Arbeitskammergesetz)"[91], das eine Beschränkung der Befugnisse der „Treuhänder der Arbeit" und die Eingliederung der Leitungen der Wirtschaftskammern in die Arbeitskammern der DAF bezweckte;
4. ein „Gesetz über Berufserziehung und Berufsausbildung in Handel und Gewerbe"[92], nach dem die Berufsausbildung unter Führung der Arbeitsfront völlig neu geregelt werden sollte.

Das erste Gesetz, das die Grundlage für die drei anderen abgab, stieß sofort innerhalb der Naziclique selbst auf Ablehnung, da es „dem Dr. Ley theoretisch sogar das Recht geben würde, außer allen angeschlossenen Verbänden auch die NSDAP aufzulösen . . ."[93]

Göring ließ die Ressorts, die zu Stellungnahmen veranlaßt worden waren, wissen, daß es am besten wäre, Hitler selbst über den ersten Gesetzentwurf befinden zu lassen. Danach könnten dann das Wirtschafts- und das Arbeitskammergesetz erörtert

[88] DZA Potsdam, RWiM, Nr. 10 237, Bl. 309.

[89] Ebenda, Nr. 10 311, Bl. 166 ff., Nr. 10 321, Bl. 209 ff. Das Gesetz wird fragmentarisch zit. bei *Diehl-Thiele, Peter*, Partei und Staat im Dritten Reich. Untersuchungen zum Verhältnis von NSDAP und allgemeiner innerer Staatsverwaltung 1933–1945, München 1969, S. 214 = Münchener Studien zur Politik, 9 Bd.

[90] Ebenda, Nr. 10 321, Bl. 257 ff.

[91] Ebenda, Bl. 281 ff.

[92] Dieses Gesetz war leider nicht auffindbar. Erwähnt wird es u. a. in der von Göring angeforderten Stellungnahme Funks zu den Gesetzentwürfen, v. 16. 2. 1938. (Ebenda, Nr. 10 311, Bl. 162 ff.).

[93] Heß an Göring, v. 18. 2. 1938, zit. nach *Diehl-Thiele, Peter*, a. a. O., S. 214 Anm. 37; s. auch *Mason, Timothy W.*, a. a. O., S. 125.

werden.[94] War damit schon angedeutet, daß die Entwürfe der Arbeitsfront zu den Akten gelegt werden konnten, so wurde das für den Entwurf des Berufsausbildungsgesetzes ausdrücklich bestätigt. Ein solches Gesetz sollte nach wie vor unter der Federführung des Reichswirtschaftsministers Bearbeitung finden[95], der Göring bereits seine ablehnende Stellungnahme zu den Gesetzentwürfen erklärt hatte: „Gegen eine weitgehende Beteiligung der Deutschen Arbeitsfront bei der Berufserziehung und Berufsausbildung habe ich nichts einzuwenden, wenn die Grundsätze und Richtlinien hierfür vom Reichswirtschaftsminister ... festgelegt werden ..."[96]

Daß die Arbeitsfrontführung keines ihrer mit den Gesetzentwürfen verfolgten Ziele erreichen konnte, widerlegt die Behauptung Syrups, daß diese faschistische Zwangsorganisation „häufig mit Erfolg ... sozialpolitische Aufgabengebiete der staatlichen Verwaltung zu entziehen und nach parteipolitischen Gesichtspunkten durch eigene Organe zu regeln"[97] versuchte. Das ist insofern bedeutsam, als Syrup damit nicht nur die Geringfügigkeit der Ergebnisse der staatlichen „Sozialpolitik" begründet; Otto Neuloh, Bearbeiter von Syrups Aufzeichnungen, sucht damit in etwas modifizierter Form die apologetische These bürgerlicher Historiker von der zumindest seit 1936 von Hitler, der Nazipartei oder dem faschistischen Staat diktatorisch beherrschten Wirtschaft zu belegen. Nach Neuloh stand die Arbeitsfront „über dem ganzen" sozialen Geschehen[98]; diese Behauptung wurde – wider besseres Wissen – auch von Erdmann aufgestellt[99]. Der Zweck ist klar: in dieser Version entlastet die These von der „totalen Diktatur" nicht nur die damals wie heute herrschenden Kreise des deutschen Finanzkapitals von der historischen Verantwortung für das, was von 1933 bis 1945 in Deutschland geschehen ist, sondern ausdrücklich auch jene „führenden Persönlichkeiten, die wie Friedrich Syrup in ihren Funktionen belassen wurden" und angeblich „wichtige Grundlagen der früheren Sozialpolitik vor der Beseitigung bewahrt" haben sollen.[100] Schon Heyde rühmte „die hervorragenden Sachbearbeiter, welche unter Einsatz ihres guten Namens im Reichsarbeitsministerium verblieben waren, die das Schlimmste verhinderten"[101].

Der Aktionsradius der Arbeitsfront war zwar während der Auseinandersetzungen zwischen den, duch Schacht auf der einen und Göring auf der anderen Seite repräsentierten Gruppierungen des deutschen Finanzkapitals im Jahre 1937 vorübergehend stark angewachsen, aber er verringerte sich auch wieder, als sich das neue Kräfteverhältnis stabilisierte. Das einzige, was sich daraus für die Arbeitsfrontführung ergab, war die Aufkündigung der „Leipziger Vereinbarung". Am 9. Mai 1938 löste Ley das

94 Ebenda, Bl. 157 f., Göring an die Kabinettsmitglieder, v. 14. 3. 1938.

95 Ebenda.

96 Ebenda, Bl. 164 f., Funk an Göring, v. 16. 2. 1938; Bl. 141, Keitel an Göring, v. 31. 3. 1938.

97 *Syrup, Friedrich/Neuloh, Otto,* Hundert Jahre staatliche Sozialpolitik 1893–1939, hg. v. Julius Scheuble, Stuttgart 1957, S. 405.

98 Ebenda, S. 404.

99 *Erdmann, Gerhard,* Die Entwicklung der deutschen Sozialgesetzgebung, 2., erw. Aufl., Göttingen/Berlin/Frankfurt a. M. 1957, S. 30 f.

100 *Syrup, Friedrich/Neuloh, Otto,* a. a. O., S. 404.

101 *Heyde, Ludwig,* Abriß der Sozialpolitik, 10., neubearb. u. erw. Aufl. Heidelberg 1953, S. 72.

Wirtschaftsamt der DAF auf und übertrug dessen Aufgaben der Zentralstelle der DAF für den Vierjahresplan.[102] Aber darin kam nur zum Ausdruck, daß die Arbeitsfront nunmehr der Vierjahresplanpolitik, das heißt Göring, der ja auch die Gliederungen der Nazipartei mit Weisungen versehen konnte, untergeordnet war. Dieser warnte sie am 14. Oktober 1938 nachdrücklich davor, die Forcierung der wirtschaftlichen Kriegsvorbereitungen, wie sie unter der Führung Wilhelm Zangens von der Reichsgruppe Industrie geplant wurden, „irgendwie zu hemmen ... Maßnahmen, die die Arbeitsfront treffen will, seien ihm zur Genehmigung vorzulegen ... Die Arbeitsfront solle nicht falsche Sozialbegriffe unter die Arbeiter bringen“[103].

3. Die wachsende Ausbeutung der Jungarbeiter und Lehrlinge

a) *Die faschistische „Jugendschutz“-Gesetzgebung*

Ihre Stellungnahme zu dem „Gesetz über Kinderarbeit und die Arbeitszeit der Jugendlichen“, wie es vom Reichsarbeits- und vom Reichswirtschaftsministerium 1935 entworfen worden war, legte die Reichsgruppe Industrie am 5. Mai 1936 vor. Unter Hinweis auf die im Juli 1934 neugefaßte Arbeitszeitordnung lehnte sie darin jede wirkliche Verbesserung des Jugendarbeitsschutzes mit der Begründung ab, daß es nicht geboten sei, „nach so kurzer Zeit wieder neue Bestimmungen zu erlassen, die von einschneidender Bedeutung für die Verwendung jugendlicher Arbeiter sind“[1]. Ihre Bedenken richteten sich „insbesondere gegen die Heraufsetzung des Schutzalters auf 18 Jahre, die Einrechnung der Berufsschulzeit in die tägliche bzw. Wochenarbeitszeit, die Höchstgrenze für Arbeitszeitverlängerung, die Ruhepausen, den Arbeitsschluß vor Sonn- und Feiertagen und die Sonntagsar(beitsruhe)“[2]. Akzeptiert wurde dagegen die Bestimmung, „daß den Jugendlichen zur Teilnahme an einem Freizeit- oder Führerlager der Hitler-Jugend ein Urlaub bis zu 18 Tagen gewährt werden soll“[3].

In dieser Hinsicht stellte auch die faschistische Reichsjugendführung keine weitergehenden Ansprüche. Kurz zuvor hatte sie offiziell erklären lassen: „Wo die Gewähr einer straffen staatspolitischen Erziehung, die etwa im Rahmen einer Lagergemeinschaft der HJ erfolgen könnte, nicht gegeben ist, besteht kein Bedürfnis nach einem Urlaub, der die Dauer von 12 Tagen übersteigt.“[4] Zur gleichen Zeit hatten die „Treu-

[102] *Amtliches Nachrichtenblatt der DAF* v. 9. 5. 1938.

[103] Dok. 1 301–PS, Besprechung im Reichsluftfahrtministerium, v. 14. 10. 1938, in: *IMG*, Bd. XXVII, S. 162.

[1] DZA Potsdam, RWiM, Nr. 10 349, Bl. 38, Stellungnahme der Reichsgruppe Industrie, v. 5. 5. 1935.

[2] Ebenda, Bl. 37. Abgedruckt in *Anatomie des Krieges*, a. a. O., S. 136.

[3] Ebenda, Bl. 65.

[4] *Müller Albert*, Der kommende Arbeitsschutz Jugendlicher, in: Das Junge Deutschland, Jg. 1935, S. 393.

händer der Arbeit" allerdings feststellen müssen, daß der tatsächlich an Jugendliche gewährte Mindesturlaub sechs Tage nicht überstieg und „die Urlaubsgewährung im Handwerk und Handel nur mit Zwang durchgeführt" wurde[5]. Die von ihnen im Jahre 1936 bestätigten Tarifordnungen sahen dann zwar zu 85 Prozent einen Höchsturlaub von zwölf Tagen vor, aber nur fünf Prozent enthielten den Spitzensatz von 18 Tagen für die Teilnehmer an den Zeltlagern der HJ.[6] Diesen Satz forderte die faschistische Reichsjugendführung jetzt auf Grund des HJ-Gesetzes vom 1. Dezember 1936; das ihrer Auffassung nach besagte, „daß jeder deutsche Junge, wie er durch Schule, Arbeitsdienst und Wehrmacht geht, auch das Zeltlager der HJ als wesentliche Erziehungseinrichtung durchlaufen" sollte.[7]

Da die berufstätige Jugend nunmehr während ihres Urlaubs in der faschistischen Jugendorganisation Dienst tun, dieser Teil ihrer Vorbereitung auf den Krieg aber eben weiterhin als Urlaub gelten sollte, blieb die Verwirklichung des „Jugenddienstes" wesentlich der Urlaubsregelung durch das vielfach in Aussicht gestellte „Jugendschutzgesetz" vorbehalten. Dieses Gesetz konnte deshalb trotz der ablehnenden Haltung führender Kreise des deutschen Finanzkapitals immer weniger aus den umfassenden Kriegsvorbereitungen des faschistischen deutschen Imperialismus ausgeklammert werden.

Bescheidene Ansätze zur Verbesserung des Jugendarbeitsschutzes waren durchaus vorhanden. 1930 und 1932 war für die jugendlichen Arbeiter und Arbeiterinnen im Steinkohlenbergbau, in Walz- und Hammerwerken sowie in der Glasindustrie das Schutzalter in gewissen Fällen auf 18 Jahre erhöht und die Geltungsdauer dieser Bestimmungen am 12. März 1935 verlängert worden.[8] Einen ähnlichen Ansatz zur Heraufsetzung des Schutzalters brachte dann das Gesetz über die Arbeitszeit in Bäckereien und Konditoreien vom 29. Juni 1936.[9] Doch ließen es „auch in diesem Jahr noch einige Tarifordnungen an der notwendigen Ausweitung des Schutzalters bis zur Vollendung des 18. Lebensjahres fehlen", wie die faschistische Reichsjugendführung ein wenig schönfärberisch mitteilte.[10]

Inzwischen war der Entwurf des „Gesetzes über Kinderarbeit und die Arbeitszeit der Jugendlichen" im Reichsarbeitsministerium überarbeitet worden und wurde nun am 22. Dezember 1936 über die Reichswirtschaftskammer den Wirtschaftsgruppen

5 DZA Potsdam, RWiM, Nr. 10 296, Bl. 259, Protokoll der Treuhänderbesprechung, v. 9. 12. 1935.

6 *Ebersbach, Georg,* Die Jugendlichen in den Tarifordnungen des Jahres 1936, in: Das Junge Deutschland, Jg. 1937, S. 14.

7 *Kaufmann, Günter,* Die deutsche Jugend im Zeltlager, a. a. O., S. 360.

8 *RGBl.* I 1935, S. 387, Verordnung über den Schutz der jugendlichen Arbeiter und Arbeiterinnen im Steinkohlenbergbau, in Walz- und Hammerwerken und in der Glasindustrie, v. 12. 3. 1935. Die Verlängerung galt zunächst bis zum 31. 3. 1938 und dann bis zum 31. 12. 1938. (*RGBl.* I 1938, S. 339, Verordnungen über den Schutz der jugendlichen Arbeiter und der Arbeiterinnen im Steinkohlenbergbau und in Walz- und Hammerwerken und in der Glasindustrie, v. 26. 3. 1938).

9 Ebenda, 1936, S. 521 ff.

10 *Ebersbach, Georg,* a. a. O., S. 16.

zur erneuten Stellungnahme vorgelegt.[11] Die Reichsgruppe Industrie lehnte auch diese Fassung ab, und zwar mit der Begründung, sie enthalte „keine Änderungen gegenüber dem vorletzten Entwurf ..., die unserer Stellungnahme vom 5. Mai v(origen) J(ahres) irgendwie Rechnung tragen ... Soweit der letzte Entwurf ... Abänderungen sachlicher Art enthält, müssen diese eher als eine Verschärfung des vorletzten Entwurfs angegeben werden. (Und zwar auch deshalb,) weil inzwischen durch den ‚Erlaß des Führers und Reichskanzlers über die Dauer der aktiven Dienstpflicht in der Wehrmacht vom 24. August 1936 die Dauer der aktiven Dienstpflicht bei den drei Wehrmachtsteilen einheitlich auf zwei Jahre festgesetzt worden ist"[12].

Diese Argumentation entsprach vollinhaltlich den Bestrebungen jener Kreise der Schwerindustrie und der Wehrmacht, die eine sogenannte Tiefenrüstung befürworteten.[13] Daß diese Kreise mit dem Übergang zur Vierjahresplanpolitik ihren entscheidenden Einfluß verloren hatten, sollte sich auch bei der Ressortbesprechung über das Jugendschutzgesetz am 12. Januar 1937 im Reichsarbeitsministerium zeigen. Nachdem nämlich die Reichswirtschaftskammer die Stellungnahme der Reichsgruppe Industrie noch am 11. Januar 1937 dem Reichswirtschaftsministerium übersandt hatte[14], äußerte der Vertreter dieses Ressorts als einziger den Vorbehalt, „zu dem Gesetzentwurf noch schriftlich Stellung zu nehmen. Die anderen Ressorts haben sich grundsätzlich mit dem Gesetzentwurf einverstanden erklärt"[15]. Zugleich unternahm es Krause, am 25. Januar 1937 auf einer Sitzung der Reichswirtschaftskammer über den Gesetzentwurf, den anwesenden Vertretern der Reichsgruppen unter ausdrücklichem Hinweis auf die Anordnung Görings zur Durchführung des Vierjahresplanes über die Sicherstellung des Facharbeiternachwuchses vom 7. November 1936 klar zu machen, „daß das Jugendarbeitsrecht nicht stillstehen bleiben dürfe, sondern sich fortentwikkeln müsse. Man dürfe sich deswegen auch nicht scheuen, auf Althergekommenes zu verzichten, wenn man das Festhalten an der bisherigen Regelung nicht wirklich stichhaltig begründen könne"[16]. Dennoch forderte der Vertreter der Reichsgruppe Industrie „besondere Regelungen ... für den Bergbau, die Textilindustrie, Hüttenindustrie, Glasindustrie und für das graphische Gewerbe. Hier sei eine unterschiedliche Behandlung von Fall zu Fall erforderlich, die nicht in einem allgemeinen Gesetz vorgenommen werden könne"[17].

Am 4. März 1937 übersandte die Reichswirtschaftskammer dem Reichswirtschaftsministerium eine Zusammenstellung aller Bedenken gegen den Entwurf des Jugendschutzgesetzes. Diese richteten sich nach wie vor in erster Linie gegen die Heraufsetzung des Schutzalters und die Festsetzung einer 48-Stundenwoche unter Einbezie-

[11] DZA Potsdam, RWiM, Nr. 10 349, Bl. 34, Stellungnahme der Reichsgruppe Industrie, v. 9. 1. 1937. – Auch dieser Gesetzentwurf war nicht aufzufinden.

[12] Ebenda.

[13] Siehe dazu *Eichholtz, Dietrich*, Geschichte der deutschen Kriegswirtschaft 1939 bis 1945, Bd. I, a. a. O., S. 15 ff.

[14] DZA Potsdam, RWiM, Nr. 10 349, Bl. 33, Küch an Hasse, v. 11. 1. 1937.

[15] Ebenda, Bl. 27, Aktenvermerk, v. 12. 1. 1937.

[16] Ebenda, Bl. 114, Protokoll der Sitzung der Reichswirtschaftskammer, v. 25. 1. 1937.

[17] Ebenda, Bl. 115.

hung der Unterrichtszeit in einer Berufsschule für alle Jugendlichen. Die Wirtschaftsgruppe Eisenschaffende Industrie, deren Tarifordnungen im Regelfall die 54-Stundenwoche vorsahen, wurde bei der Ablehnung des Gesetzentwurfs am deutlichsten: „An einen Ersatz der in den Kolonnen ausfallenden Jugendlichen durch erwachsene Arbeiter ist kaum zu denken, ganz abgesehen davon, daß deren Beschäftigung ... kalkulatorisch zu einer erheblichen Verteuerung führt. Ein Steuerjunge (am Rollgang eines Hüttenwerkes – d. Verf.) zum Beispiel verdient etwa 50 % des Lohnes eines Erwachsenen, ein Schmierjunge im Blechwalzwerk sogar noch weniger."[18]

Über solche Bedenken und Einwände wurde am 1. April 1937 im Reichsarbeitsministerium unter dem Vorsitz des Dirigenten der Abteilung III a (Arbeitsschutz und Gewerbeaufsicht), Ministerialrat Gustav Neitzel, mit Vertretern der Glasindustrie, des Bergbaus und der Eisenschaffenden Industrie sowie des Handels ausführlich beraten und festgelegt, daß

1. Genehmigungen für Arbeitszeitverlängerungen „nicht mehr wie bisher an besondere Bedingungen geknüpft, sondern lediglich von dem dringenden Bedarf nach Mehrarbeit abhängig" sein sollten;
2. Ausnahmebestimmungen für Stahl-, Walz- und Hammerwerke sowie die Glasindustrie die Nachtarbeit Jugendlicher gestatten würden;
3. im Bergbau und in der Glasindustrie die Unterrichtszeit der Jugendlichen in den Berufsschulen nicht auf die Arbeitszeit angerechnet werden sollte.[19]

„Nachdem nunmehr den wesentlichsten Einwendungen der Wirtschaftskammer Rechnung getragen ist", schrieb Neitzel die Ergebnisse der Beratung zusammenfassend, am 7. April 1937, an Pohl, „glaube ich, daß gegen den Erlaß des Gesetzes keine Bedenken mehr bestehen, und ich wäre für Ihre alsbaldige Zustimmung dankbar. Da das Gesetz, wenn eben möglich, am 1. Mai erlassen werden soll, beabsichtige ich, es spätestens am 10. ds. Mts. dem Herrn Stellvertreter des Führers vorzulegen."[20]

Am 1. Januar 1938 sollte der Entwurf[21], der mit der später veröffentlichten Fassung bis auf einige wenige noch zu erwähnende Einzelheiten wörtlich übereinstimmte, Gesetzeskraft erlangen. In Angleichung an die international bereits lange übliche Regelung (Washingtoner Übereinkommen von 1919) sah er eine Heraufsetzung des Schutzalters vor, und zwar bei Kindern von 13 auf 14 und bei Jugendlichen von 16 auf 18 Jahre. Außerdem sollte jene Bestimmung entfallen, die den Kinder- und Jugendarbeitsschutz auf Betriebe mit mindestens zehn Arbeitern begrenzte. Kinderarbeit sollte nun zwar „grundsätzlich verboten" sein, aber dieses Verbot wurde durch zahlreiche Ausnahmebestimmungen, insbesondere für die sogenannten Familienbetriebe, und die Ausklammerung der Haus-, Land- und Forstwirtschaft sowie der

18 Ebenda, Bl. 158, Diese Zusammenstellung wurde dem Reichsarbeitsministerium am 18. 3. 1937 übersandt.

19 Ebenda, Bl. 246, 248 f., Neitzel an Pohl, v. 7. 4. 1937.

20 Ebenda, Bl. 252.

21 Ebenda, Bl. 257 ff., Gesetzentwurf mit Begründung, Krohn an die Kabinettsmitglieder, v. 9. 4. 1937.

Fischerei und Schiffahrt aus dem Geltungsbereich des Gesetzes überhaupt derartig eingeengt, daß Kuczynski es zu Recht als rein formal ansieht[22]. Ebenso wurde die Arbeitszeit der Jugendlichen von 14 bis zu 18 Jahren auf acht Stunden täglich und 48 Stunden wöchentlich eingeschränkt, doch hier ließen zahlreiche Sonderregelungen eine Verlängerung auf zehn beziehungsweise 54 Stunden für Jugendliche über 16 Jahren zu. Heß gegenüber gab Seldte zu, daß „ein scharfer Schnitt bei dem bisherigen Schutzalter von sechzehn Jahren beibehalten" wurde.[23] Arbeitszeitverlängerungen waren von den Gewerbeaufsichtsämtern insbesondere dann zu genehmigen, wenn „zur Ausbildung der Jugendlichen Mehrarbeit erforderlich ist"[24]. Von vornherein sollten dabei gerade die Lehrlinge vom Anspruch auf Vergütung dieser Mehrarbeit ausgenommen sein. Auch das vorgesehene Verbot der Nacht-, sowie Sonn- und Feiertagsarbeit blieb im wesentlichen auf die Jugendlichen unter 16 Jahren beschränkt. Darüber hinaus sahen Übergangsvorschriften, die der Arbeitsminister nach Anhörung des „Jugendführers des Deutschen Reiches" und im Einvernehmen mit dem Wirtschaftsminister erlassen konnte, ausdrücklich die Möglichkeit vor, „daß die Unterrichtszeit in einer Berufsschule auf die Dauer der Arbeitszeit ganz oder teilweise nicht angerechnet wird"[25]. Im übrigen sollte Schirach auch vor Erlaß aller anderen Ausführungsbestimmungen zu diesem Gesetz gehört werden und ebenso wie Ley das Recht zur Beschwerdeführung gegen auf Grund dieses Gesetzes ergehende Bescheide haben.

In sozialer Hinsicht war dagegen nur die ausdrückliche Verpflichtung der Unternehmer neu, allen Jugendlichen „unter Fortgewährung der Erziehungsbeihilfe oder des Lohnes Urlaub zu erteilen", und zwar 15 Werktage an Jugendliche unter 16 Jahren und 12 Werktage an Jugendliche über 16 Jahren. Der Urlaub sollte 18 Werktage betragen, „wenn der Jugendliche mindestens zehn Tage an einem Lager oder einer Fahrt der Hitlerjugend teilnimmt"[26].

In Kenntnis dieses Entwurfs erklärte das Jugendamt der DAF aus Anlaß des „Reichsberufswettkampfes" 1937, den antifaschistisch gesinnte Jugendliche als eine Möglichkeit zu nutzen suchten, die Erhöhung des Schutzalters auf 18 Jahre und die Bezahlung des Berufsschulunterrichts als Arbeitszeit zu fordern[27], daß der Jugendschutz „auf die Möglichkeiten der Gegenwart Rücksicht zu nehmen"[28] hätte. Es sei keineswegs beabsichtigt, „aus dem Nichts heraus etwas vollkommen Neues hinzustellen, sondern gerade in diesem Falle ... das allgemein für gültig anzuerkennen, was ... bereits verwirklicht" worden sei. Damit war vor allem die Urlaubsregelung gemeint, zu der den Jugendlichen demagogisch versprochen wurde, daß man „in fünf oder zehn Jahren ... vielleicht schon vier Wochen Urlaub geben" könnte.

[22] *Kuczynski, Jürgen,* a. a. O., Bd. 19, S. 236.
[23] DZA Potsdam, RWiM, Nr. 10 349, Bl. 275 f., Seldte an Heß, v. 12. 6. 1937.
[24] Ebenda, Bl. 263, Gesetzentwurf.
[25] Ebenda, Bl. 164 v. [26] Ebenda, Bl. 167.
[27] *Junge Garde,* Jg. 1938, H. 1/2, S. 36 = Tarnschrift „Richard Wagner", Der Ring der Nibelungen, Leipzig o. J.
[28] *Rühmann, Willi,* Nicht Ausnutzung – sondern Ertüchtigung der Jugend, in: Monatshefte für NS-Sozialpolitik, Jg. 1937, S. 86 f.

Während das Reichswirtschaftsministerium am 16. April 1937 sein Einverständnis mit dem jetzt vorliegenden Entwurf bekundete[20], stimmte nun aber der Stab Heß, „nicht in vollem Umfange zu"[30]. Ein von Bormann an das Reichsarbeitsministerium adressiertes Schreiben forderte die ausdrückliche Verpflichtung der Unternehmer zur Bezahlung der Unterrichtszeit in einer Berufsschule und die Herabsetzung der täglichen Höchstarbeitszeit auf neun Sunden bei 56 Wochenstunden.[31] Wie kompliziert die Lage war, erhellt die Verordnung über die Beschäftigung von Arbeiterinnen und jugendlichen Arbeitern in Ziegeleien und verwandten Betrieben (Ziegeleiverordnung) vom 5. Juni 1937[32], die ganz und gar an der Altersgrenze von 16 Jahren festhielt, obwohl öffentlich zugegeben werden mußte, daß es „gerade in den Ziegeleien" üblich war, „Jungarbeiter als billige Arbeitskräfte zu beschäftigen"[33].

Es kann unter diesen Umständen nicht verwundern, daß das Reichsarbeitsministerium den beteiligten Ressorts erst am 3. Januar 1938 den endgültigen Entwurf des „Gesetzes über Kinderarbeit und die Arbeitszeit der Jugendlichen" übermittelte.[34] Am 8. März 1938 ging dieser Entwurf dann auch der Reichskanzlei zu[35], um unter dem 30. April 1938 endlich im Reichsgesetzblatt veröffentlicht zu werden[36]. Ganze acht Monate vor Kriegsausbruch, am 1. Januar 1939, sollte das „Gesetz über Kinderarbeit und über die Arbeitszeit der Jugendlichen (Jugendschutzgesetz)" dann in Kraft treten. „Gestehen wir uns einige Ungeduld ein", erklärte das Soziale Amt der faschistischen Reichsjugendführung, „geben wir zu, daß uns die Vorbereitung des Gesetzes, die wir aus unmittelbarer Nähe erlebten, vielfach verzögert erschien ..."[37] Das nun vorgelegte Ergebnis sollte nach den Worten Schirachs „den Ansporn und die Voraussetzung für eine Kette weiterer und höherer Leistungen"[38] der Jugend bilden. Von einer „Sicherung für eine weitere Leistungssteigerung" sprach auch Siebert[39], einer der maßgeblichen intellektuellen Urheber des faschistischen „Jugendschutzgesetzes". Es stand, wie Seldte, neben Hitler der einzige Zeichner des Gesetzes, erklärte, keineswegs „mit den Zielen des Vierjahresplanes, die äußerste Anspannung aller Arbeitskräfte verlangen, in Widerspruch. Erst die durch das Jugendschutzgesetz eingeleitete planvolle Lenkung der Arbeits- und Freizeitgestaltung ... verhindert, daß die deutsche Jugend frühzeitig arbeitsunfähig und damit auch wehrunfähig wird"[40].

29 DZA Potsdam, RWiM, Nr. 10 349, Bl. 255 ff., Pohl an Neitzel, v. 16. 4. 1937.

30 Ebenda, Bl. 284, Bormann an Seldte, v. 3. 5. 1937.

31 Ebenda, Bl. 285 f.

32 *RGBl.* I 1937, S. 620 f.

33 *Das Junge Deutschland,* Jg. 1937, S. 325.

34 DZA Potsdam, RWiM, Nr. 10 349, Bl. 389 f., Krohn an die Kabinettsmitglieder, v. 3. 1. 1938.

35 Ebenda, Bl. 415, Seldte an Lammers, v. 8. 3. 1938.

36 *RGBl.* I 1938, S. 437 ff.

37 *Müller, Albert,* Der Weg zum Jugendschutzgesetz 1938, in: Das Junge Deutschland, Jg. 1938, S. 247.

38 *Das Junge Deutschland,* Jg. 1938, S. 241.

39 *Siebert, Wolfgang,* Das Jugendschutzgesetz, in: Monatshefte für NS-Sozialpolitik, Jg. 1938, S. 196.

40 *Seldte, Franz,* Die arbeitende Jugend in der Sozialpolitik, in: Das Junge Deutschland, Jg. 1939, S. 146 f.

Bevor das „Jugendschutzgesetz" unter Berücksichtigung dieser vielsagenden Verlautbarungen abschließend einer Wertung unterzogen werden kann, muß noch gezeigt werden, wieweit es durch Ausführungs- und Ausnahmebestimmungen modifiziert worden ist. Hier muß zunächst das Gesetz über die Schulpflicht im Deutschen Reich (Reichsschulpflichtgesetz) vom 6. Juli 1938[41] genannt werden, mit dem die allgemeine dreijährige Berufsschulpflicht als Fortsetzung der achtjährigen Volksschulpflicht eingeführt wurde. Dadurch, daß nun alle Jugendlichen berufsschulpflichtig waren, gelangten die Anrechnung der Unterrichtszeit auf die Arbeitszeit und ihre Bezahlung, die „in nicht wenigen Gewerbezweigen und Bezirken bereits üblich"[42] waren, zu allgemeiner Wirksamkeit. Die Ausführungsverordnung zum „Jugendschutzgesetz" vom 12. Dezember 1938[43] bezog nachträglich die Binnenschiffahrt und Flößerei in den Geltungsbereich des Gesetzes ein. Die Beschäftigung von Kindern war damit auch in diesen beiden Gewerbezweigen verboten, dagegen sollte die wöchentliche Höchstarbeitszeit für alle Jugendlichen nunmehr 56 Stunden betragen können. Auf Betreiben des Reichswirtschaftsministeriums[44] waren außerdem die zahlreichen Anlernverhältnisse in der Industrie ordentlichen Lehrverhältnissen gleichgesetzt worden, wodurch eine große Zahl Jugendlicher von der Überstundenbezahlung ausgeschlossen wurde.

Unter dem 23. Dezember 1938 beziehungsweise 20. Januar 1939 erschienen dann die Verordnungen mit jenen Ausnahmebestimmungen, die die Vertreter der eisenschaffenden Industrie, des Bergbaus und der Glasindustrie am 1. April 1937 mit Neitzel vereinbart hatten.[45] Danach konnte in den Betrieben dieser Industrien die tägliche Arbeitszeit der Jugendlichen über 16 Jahre sogar mehr als zehn Stunden betragen und in die Nachtstunden verlegt werden, ohne daß die Unterrichtszeit in der Berufsschule berücksichtigt wurde. Insofern beeinträchtigten diese Bestimmungen sogar die „Freizeitregelung", die der HJ die Verwirklichung der wenig später eingeführten „Jugenddienstpflicht" ermöglichen sollten. Allerdings war dafür in erster Linie der Urlaub der Jugendlichen vorgesehen, dessen Regelung im „Jugendschutzgesetz" durch die „Jugendurlaubsverordnung" vom 15. Juni 1939[46] auf alle Wirtschaftszweige ausgedehnt wurde. Ansonsten besaß die faschistische Reichsjugendführung im Widerspruch zum Gesetzestext keinerlei Mitspracherecht. Ihr diesbezüg-

[41] *RGBl.* I 1938, S. 799 ff.

[42] *Siebert, Wolfgang,* Berufsschulpflicht und Arbeitszeit nach dem Jugendschutzgesetz und dem Reichsschulpflichtgesetz, in: Monatshefte für NS-Sozialpolitik, Jg. 1938, S. 434.

[43] *RGBl.* I 1938, S. 1 777 ff.

[44] DZA Potsdam, RWiM, Nr. 10 259, Bl. 66, Reichswirtschaftsministerium an Reichsarbeitsministerium, v. 2. 11. 1938.

[45] *RGBl.* I 1938, S. 1 932 f., 1 964, und 1939, S. 97 f., Verordnung über die Beschäftigung Jugendlicher in der Eisen schaffenden Industrie, v. 23. 12. 1938; Verordnung über Glashütten, Glasschleifereien, Glasmalereien, Glashafenfabriken und verwandte Betriebe, v. 23. 12. 1938; Verordnung über die Beschäftigung Jugendlicher in bergbaulichen Betrieben, v. 20. 1. 1939

[46] *RGBl.* I 1939, S. 1 029, Verordnung über den Urlaub der Jugendlichen in der Hauswirtschaft, Land- und Forstwirtschaft, See- und Binnenschiffahrt und in verwandten Wirtschaftszweigen (Jugendurlaubsverordnung), v. 15. 6. 1939.

liches Schreiben vom 2. August 1939 wurde im Reichsarbeitsministerium am 20. Juni 1940 mit dem Vermerk versehen, daß eine weitere Behandlung dieser Frage „während des Krieges nicht dringlich“[47] sei.

Dem faschistischen „Jugendschutzgesetz“, das von der Reichsgruppe Industrie zunächst aufgehalten und dann in der Abfassung und Verwirklichung seiner einzelnen Bestimmungen maßgeblich beeinflußt wurde[48], verlieh Syrup das Prädikat „wirklicher sozialer Fortschritt“[49]. Dem muß schärfstens widersprochen werden. Zweifellos brachte das Gesetz „Vereinheitlichung und Verbesserungen, vor allem durch die grundsätzliche Erstreckung auf die 16- bis 18jährigen, die freilich sehr durchlöchert blieb“[50], wie Heyde wesentlich vorsichtiger als Syrup schrieb. Jedoch bedeutete diese überwiegend formale Angleichung an die international bereits lange üblichen arbeitsrechtlichen und auch in Deutschland anerkannten zivilrechtlichen Normen keinesfalls, daß die Bedingungen, unter denen die werktätige Jugend kapitalistisch ausgebeutet wurde, etwa wesentlich verändert wurden. Soweit gewisse Einschränkungen in dieser Hinsicht nicht durch Ausnahmeregelungen wieder aufgehoben wurden, waren sie von den herrschenden Kreisen des deutschen Finanzkapitals bereits in den Vorjahren und insbesondere für die Industrie vorgenommen worden, um die insgesamt begrenzten und unmittelbar voneinander abhängigen ökonomischen und militärischen Potenzen der werktätigen Jugend in Vorbereitung auf den Krieg um die Neuaufteilung der Welt zu optimieren. Als integrierender Bestandteil der Kriegsvorbereitungen des faschistischen deutschen Imperialismus pervertierte dieses in der BRD erst 1960 außer Kraft getretene Gesetz den Jugendschutzbegriff.

b) Die Entwicklung der Arbeitsbedingungen der Jungarbeiter und Lehrlinge in Industrie und Handwerk

Die Entwicklung des Arbeitsmarktes unter den Bedingungen der offenen und unbegrenzten Aufrüstung und Kriegsvorbereitung mußte die Verwirklichung des absoluten und allgemeinen Gesetzes der kapitalistischen Akkumulation modifizieren, denn „die konsolidierte Überbevölkerung, deren Elend im umgekehrten Verhältnis zu ihrer Arbeitsqual steht“[51] schwand. Die daraus resultierenden Verbesserungen in der Lage der Arbeiter wurden allerdings in denkbar engen Grenzen gehalten. Dazu diente vor allem die unter diesem Aspekt hier noch nicht erwähnte staatsmonopolistische Regelung des Arbeitsmarktes, der mit der Einführung des Arbeitsbuches einer umfassenden Kontrolle unterworfen worden war. Dennoch ließ sich der Lohnstop nicht aufrechterhalten; selbst die Tariflöhne stiegen – wenn auch äußerst geringfügig – an:

47 DZA Potsdam, Reichsarbeitsministerium, Nr. 2 804/86, Bl. 239.

48 S. dazu auch *Sörgel, Werner,* Metallindustrie und Nationalsozialismus. Eine Untersuchung über Struktur und Funktion industrieller Organisationen in Deutschland 1929 bis 1939, Frankfurt a. M. 1965, S. 83 f.

49 *Syrup, Friedrich/Neuloh, Otto,* a. a. O., S. 508.

50 *Heyde, Ludwig,* a. a. O., S. 73.

51 *Marx, Karl,* Das Kapital, Bd. I, in: *Marx/Engels,* Werke, Bd. 23, Berlin 1962, S. 674.

Durchschnittliche Tariflöhne 1935 bis 1939[52] *(Pfennig pro Stunde)*

Jahr u. Monat		Männer Gelernte	Angelernte	Hilfsarbeiter	Frauen Gelernte u. Angelernte	Hilfsarbeiter
1935		78,3	68,3	62,2	51,6	43,4
1936		78,3	68,3	62,2	51,6	43,4
1937		78,5	68,4	62,3	51,5	43,4
1938		78,7	68,7	62,4	51,5	43,7
1939		79,1	68,8	62,8	51,5	44,1
1939	Juni	79,1	68,8	62,9	51,5	44,0

Immerhin konnte das Lohnniveau bis 1937 gehalten werden, dann aber stiegen die Tariflöhne innerhalb weniger Monate – von Februar bis Juni 1938 – um 0,7 Prozent an.[53] Deshalb kann man Kuczynski zustimmen, wenn er für den Zeitraum von 1932 bis 1937 feststellt: „Zum ersten Male in der Geschichte des Kapitalismus gingen die Tariflöhne in einer Phase steigender Produktion zurück."[54] Zugleich weist Kuczynski darauf hin, daß das faschistische Profitsystem von vielen Arbeitern auch deshalb nicht genügend in seiner Grausamkeit erkannt werden konnte, weil die Reallöhne trotz sinkender Tariflöhne, höherer Lohnabzüge und steigender Lebenshaltungskosten 1937 wieder ungefähr das Niveau von 1928 und 1913/14 erreichten und mindestens drei Prozent über den Reallöhnen von 1932 lagen. Denn „zahlreiche Arbeiter verließen die an sich niedrigere Löhne zahlenden Industrien – viele Konsumgüterindustrien – und wanderten ab in die Rüstungsindustrien, die höhere Löhne zahlten. Das bedeutet, daß, auch wenn die Löhne in jeder einzelnen Industrie zum Beispiel die gleichen geblieben wären, der Lohndurchschnitt gestiegen wäre, eben weil mehr Arbeiter in höhere Löhne zahlenden Industrien beschäftigt waren"[55].

Diese Industriewanderung kam allerdings erst im Zuge der offenen und unbegrenzten Aufrüstung voll zum Tragen. Sie bewirkte „die Wiedereingliederung der Facharbeiter, die während der letzten Zeit der Arbeitslosigkeit freigesetzt oder an einem minder entlohnten Arbeitsplatz beschäftigt waren"[56]. Und wenngleich der „Lohnansatz der Arbeitsstunde im wesentlichen unverändert" blieb, so wuchs doch „das Arbeitseinkommen seit 1935 erheblich schneller als die Beschäftigungszahlen".[57] Diese Entwicklung spiegeln die Lohnerhebungen wider, die das Statistische Reichsamt seit Dezember 1935 vierteljährlich durchführte (siehe Tabelle S. 97).

Im Laufe des Jahres 1936 hatte sich die lohnsteigernde Wirksamkeit dieser Industriewanderung durch den Facharbeitermangel vieler Rüstungsindustrien beträchtlich

52 *Statistisches Jahrbuch* ... 1938, S. 339; 1939/40, S. 352. Die Zahlen sind an die von Kuczynski veröffentlichten angeglichen worden. (*Kuczynski, Jürgen,* a. a. O., Bd. 6, S. 156, 229).

53 *Statistisches Jahrbuch* ... 1939/40, S. 352.

54 *Kuczynski, Jürgen,* a. a. O., Bd. 6, S. 176.

55 Ebenda, S. 160 f.

56 *Monatshefte für NS-Sozialpolitik,* Jg. 1937, S. 453.

57 Ebenda, S. 453 f.

Die tatsächlichen Stundenverdienste 1935 bis 1939[58] *(Dezember 1935=100)*

Jahr u.	Monat	Produktionsgüter-industrie	Verbrauchsgüter-industrie
1936	März	100,4	100,5
	Juni	100,9	100,4
	September	101,4	100,9
	Dezember	101,9	100,8
1937	März	102,6	101,6
	Juni	102,7	101,3
	September	103,8	101,8
	Dezember	104,8	101,7
1938	März	105,1	102,7
	Juni	105,9	103,3
	September	108,2	105,1
	Dezember	109,5	106,2
1939	März	109,7	108,3
	Juni	111,3	106,9

erhöht. „Das entscheidende Mittel des ‚Wegengagierens' ist das Angebot übermäßig erhöhter Löhne. Die Lohnsteigerungen erfolgen so sprunghaft und planlos, daß sie nicht mehr als sozialpolitisch erwünscht angesehen werden können, dagegen bedenkliche wirtschaftspolitische Auswirkungen zeitigen, indem sie zum Beispiel für Preissteigerungen, wie sie etwa bei den Baustoffen bereits eingetreten sind, wenn nicht den Grund, so doch mindestens den Vorwand liefern", hieß es in der vertraulichen Begründung für Görings Arbeitseinsatzanordnungen vom 7. November 1936.[59] Hier tritt der erstrangig lohnpolitische Aspekt der staatsmonopolistischen Regelung des Arbeitsmarktes klar zutage. Selbst öffentlich wurde zugegeben, „daß der im Jahre 1936 um den Facharbeiter mit Lockangeboten, Wegengagieren und anderen Methoden geführte Kampf durch eine staatliche Entscheidung" geregelt worden war.[60] Nichtsdestoweniger setzte sich die Entwicklung der Löhne fort. Ein vertraulicher Bericht über die Wirtschaftslage im ersten Vierteljahr 1937 im Bezirk der Industrie- und Handelskammer zu Berlin und der Wirtschaftskammer für den Bezirk Brandenburg beginnt mit folgenden Worten: „Die Gefahr des Abwanderns von Facharbeitern aus den verschiedensten Industrien, die schon im letzten Bericht Gegenstand ausführlicher Behandlung war, hat sich in der letzten Zeit noch weiter verschärft. Wie schon damals hervorgehoben wurde, bildeten die höheren Löhne der Rüstungsbetriebe den

58 *Statistisches Jahrbuch* ... 1937, S. 315; 1938, S. 338; 1939/40, S. 347. Die Zahlen für März und Juni 1938 nach DZA Potsdam, RWiM, Nr. 10 325, Bl. 28 v., Die Entwicklung der tatsächlichen Arbeitsverdienste im zweiten Vierteljahr 1938 (streng vertraulich), Mansfeld an Brinkmann, v. 3. 1. 1939.

59 DZA Potsdam, RWiM, Nr. 10 392, Bl. 16 r., Begründung zum 2. Gesetz zur Regelung des Arbeitseinsatzes, v. Okt. 1936.

60 *Monatshefte für NS-Sozialpolitik,* Jg. 1937, S. 256.

hauptsächlichen Anreiz für die Facharbeiter, ihren bisherigen Arbeitsplatz aufzugeben."[61]

Die von Schacht und dem Reichskommissar für die Preisbildung, Carl Goerdeler, repräsentierten schwerindustriellen Kreise des deutschen Finanzkapitals konnten diese Lohnentwicklung nicht hindern. Im Konkurrenzkampf um Arbeitskräfte gingen nämlich nicht nur der IG-Farben-Konzern, sondern auch die mit der Vierjahresplanpolitik verbundenen Eisen- und Stahlkonzerne zur Lohnzahlung an arbeitsfreien Feiertagen über. Poensgen beschwerte sich ausdrücklich deshalb bei der Reichsgruppe über Röchling, der dadurch im Saargebiet einen erheblichen Druck auf andere Unternehmen ausübte und ersuchte, „Herrn Ministerialdirektor Pohl ... zu unterrichten, damit durch das Reichswirtschaftsministerium auf Herrn Röchling eingewirkt werde, durch sein Verhalten nicht die Haltung seiner Berufskollegen in der Saarwirtschaft zu beeinflussen und zu beeinträchtigen"[62]. Als jedoch der Vertreter des Preiskommissars, Karl Frommknecht, bei einer ersten Besprechung über die in Aussicht genommene Regelung der Lohnzahlung an Feiertagen am 5. März 1937 im Reichsarbeitsministerium Lohnerhöhungen in jeder Form strikt zurückwies, mußte ihm Staatssekretär Krohn die Frage stellen, ob er es denn in der Macht hätte, „jede Lohnsteigerung zu verhindern?"[63] Und Mansfeld erklärte unverblümt, daß „die chemische Industrie und die Rüstungsindustrie die Lasten einer Bezahlung dieser Tage (des Neujahrstages, des Oster- und Pfingstmontages sowie der beiden Weihnachtsfeiertage – d. Verf.) finanziell tragen könnten"[64].

Wenn die führenden Beamten des Reichsarbeitsministeriums in dieser Frage den mit Schacht verbundenen finanzkapitalistischen Kreisen auch entgegenarbeiteten, so waren sie doch keinesfalls gewillt, den „Forderungen" der Arbeitsfront nach „gerechtem Leistungslohn" nachzugeben. Diese „Forderungen" wurden offenbar in einem solchen Maße von den Arbeitern aufgegriffen und entsprechend der von der KPD gegebenen Orientierung über die Arbeitsfrontorgane in den Betrieben durchzusetzen versucht, daß Seldte in einem Erlaß vom 19. Mai 1937 alle „Eingriffe der Deutschen Arbeitsfront in den Aufgabenkreis der Reichstreuhänder der Arbeit" untersagte.[65] Leys diesbezügliche Beschwerde gipfelte in der Feststellung: „Selbstverständlich hat auch der Moskauer Sender Ihre vorgenannte Mitteilung an die Treuhänder der Arbeit in entsprechender Weise aufgegriffen und kommentiert."[66]

[61] DZA Potsdam, RWiM, Nr. 10 316, Bl. 24, Wirtschaftskammer Brandenburg an Reichswirtschaftsministerium, v. 10. 4. 1937.

[62] Ebenda, Nr. 10 352, Bl. 133, Lohmann an Krause, v. 27. 4. 1937.

[63] Ebenda, Bl. 142, Aktenvermerk, v. 5. 3. 1937.

[64] Ebenda, Bl. 142 v. Am. 3. Dezember 1937 erging die Anordnung zur Durchführung des Vierjahresplanes über die Lohnzahlung an Feiertagen. (*RArbBl.* I 1937, S. 320).

[65] *RArbBl.* I 1937, S. 137, Erlaß, v. 19. 5. 1937.

[66] DZA Potsdam, RWiM, Nr. 10 320, Bl. 44, Ley an Seldte, v. 21. 6. 1937. Seldte antwortete: „Ich habe den Sender nicht gehört. Im übrigen kann ich seine Bemerkungen zu meinem Erlaß ebensowenig verhindern, wie seine Beschäftigung mit Ihnen." (Ebenda, Bl. 45, Seldte an Ley, v. 15. 7. 1937.). S. dazu auch *Petzina, Dieter,* Autarkiepolitik im Dritten Reich, a. a. O., S. 166 f.

Im dritten Vierteljahr 1937 nahm das Tempo des Ansteigens der tatsächlichen Stundenverdienste wiederum erheblich zu[67], und wenig später verhalfen die „Schwierigkeiten des Arbeitseinsatzes ..., abweichend von der Entwicklung in den vergangenen Jahren, ... einer steigenden Tendenz der Löhne auch in den ersten Monaten des Jahres 1938 zum Durchbruch ...“[68] Vor allem in der metallverarbeitenden Industrie folgten sogar die Tariflöhne dieser Tendenz.[69] Wie Beschwerden beim Reichswirtschaftsministerium zeigen, wanderten jetzt auch in zunehmendem Maße jugendliche Arbeitskräfte von Exportfirmen ab[70], um in den Rüstungsbetrieben höhere Löhne zu erhalten. Mitte 1938 waren 1 121 000 Arbeiter nicht in ihren eigentlichen Berufen, sondern in anderen in Rüstungsbetrieben beschäftigt.[71] Unter diesem ständigen Druck mußten hier und dort individuell unterschiedliche Lohnerhöhungen gewährt werden.[72]

Da die ersten Anordnungen zur Durchführung des Vierjahresplanes im Frühjahr und Sommer 1938 ihre lohnstoppende Wirkung gänzlich zu verlieren drohten, wurde mit der Einführung der allgemeinen Arbeitspflicht eine neue einschneidende Maßnahme ergriffen. Darüber hinaus ermächtigte Göring die „Treuhänder der Arbeit“, „Löhne mit bindender Wirkung nach oben und unten festzusetzen“[73]. Doch auch dieser neuerliche Lohnstop konnte die einmal ins Gleiten gekommenen Tariflöhne nicht mehr aufhalten, zumal unterdessen die „Vollbeschäftigung“ erreicht worden war. Die Lohnerhöhungen, die die Arbeiter in Anwendung der Taktik des „Trojanischen Pferdes“, durch Fluktuation und organisierte Kampfaktionen, erreichten, waren im Vergleich zu den immens wachsenden Unternehmergewinnen zwar außerordentlich gering und bedeuteten zu dieser Zeit nicht immer auch einen Zuwachs an Kaufkraft. Dennoch darf ihre politische Bedeutung nicht unterschätzt werden. „Arbeitskollegen!“ hieß es in einem als „Rassenpolitische Auslands-Korrespondenz“ getarnten und auf Oktober 1938 datierten antifaschistischem Aufruf: „Denkt immer daran, daß jede Mark mehr Lohn ... der Kriegsrüstung und Kriegsvorbereitung des Hitlerfaschismus entzogen wird.“[74]

Für die Entwicklung der Bruttowochenlöhne gibt Kuczynski folgende Zahlen an:

Durchschnittliche Bruttowochenlöhne 1935 bis 1938[75] (in Mark und Pfennig)

Jahr	1935	1936	1937	1938
Lohn	24,04	25,25	26,52	27,84

[67] Ebenda, Nr. 10 332, Bl. 501, Bericht über die Entwicklung der tatsächlichen Arbeitsverdienste im 3. Vierteljahr 1937 (streng vertraulich), Mansfeld an Brinkmann, v. 4. 4. 1938.

[68] Ebenda, Nr. 10 325, Bl. 48, Bericht über die Entwicklung der tatsächlichen Arbeitsverdienste im 1. Vierteljahr 1938 (streng vertraulich), Mansfeld an Brinkmann, v. 17. 11. 1938.

[69] *Statistisches Jahrbuch* ... 1938, S. 341.

[70] DZA Potsdam, RWiM, Nr. 10 410, Bl. 162 ff., 169 ff., verschiedene Schriftwechsel.

[71] *Der deutsche Volkswirt,* Jg. 1938, S. 160. [72] *Schmidt, Walter A.,* a. a. O., S. 166 ff.

[73] *RGBl.* I 1938, S. 691, Verordnung über die Lohngestaltung, v. 25. 6. 1938.

[74] *Rassenpolitische Auslands-Korrespondenz.* Hg. v. Aufklärungsamt für Bevölkerungspolitik und Rassenpflege, Oktober 1938, Nr. 10, S. 3 (= Tarntitel).

[75] *Kuczynski, Jürgen,* a. a. O., Bd. 6, S. 156, 229.

Um die weiterhin nur mäßige Steigerung dieser Löhne zu erklären, soll noch einmal auf die Erhebungen des Statistischen Reichsamtes zurückgegriffen werden:

Die tatsächlichen Wochenverdienste 1935 bis 1939[76] *(Dezember 1935 = 100)*

Jahr u.	Monat	Produktionsgüter-industrie	Verbrauchsgüter-industrie
1936	März	99,4	102,1
	Juni	101,7	103,4
	September	102,7	105,2
	Dezember	104,5	106,5
1937	März	104,3	106,1
	Juni	105,1	106,3
	September	105,9	108,2
	Dezember	107,6	110,6
1938	März	107,3	110,2
	Juni	107,7	110,6
	September	112,9	116,4
	Dezember	114,4	119,8
1939	März	113,1	118,6
	Juni	116,8	120,7

Die Wochenverdienste sind also seit 1935 wesentlich schneller gestiegen als die Stundenverdienste. Ihr Ansteigen ist, wie schon in der Zeit von 1932 bis 1935, auf die Verlängerung der Arbeitszeit in allen Industriezweigen zurückzuführen.

Durchschnittliche Wochenstunden in der Industrie 1935 bis 1939[77]

Jahr	1935	1936	1937	1938	1939
Stunden	44,46	45,54	46,08	46,50	46,79

„Von Jahr zu Jahr stieg die Arbeitszeit pro Woche. 1936 war sie rund 10 Prozent höher als 1932, und 1939 war sie wiederum um annähernd 5 Prozent gestiegen. 1938 erhebt sie sich über das höchste Nach-1918-Niveau. Wenn wir die rohstoffarmen Verbrauchsgüterindustrien ausschalten, dann ergibt sich, daß Deutschland zum Neunstundentag zurückgekehrt ist – vor Ausbruch des Krieges!“[78]

Die interessante Tatsache, daß die Wochenverdienste in den Verbrauchsgüterindustrien schneller als in den Produktionsgüterindustrien stiegen, ergab sich vor allem aus der Unmöglichkeit, die Wochenarbeitszeit in den Produktionsgüterindustrien noch mehr auszudehnen. Im Bericht über die Ergebnisse der amtlichen Lohn-

[76] *Statistisches Jahrbuch* ... 1937, S. 315; 1938, S. 338; 1939/40, S. 347. Die Zahlen für März und Juni 1938 nach DZA Potsdam, RWiM, Nr. 10 325, Bl. 28 v., Die Entwicklung der tatsächlichen Arbeitsverdienste im zweiten Vierteljahr 1938 (streng vertraulich), Mansfeld an Brinkmann, v. 3. 1. 1939.

[77] *Kuczynski, Jürgen,* a. a. O., Bd. 6, S. 233. Eine spätere Aufstellung, die mit dem Jahre 1936 beginnt, nennt folgende Stundenzahlen: 46,7 (1936), 47,6 (1937), 48,5 (1938) und 48,7 (1939). (Ebenda).

[78] Ebenda.

erhebungen vom September 1937 hieß es beispielsweise, „daß in der eisenschaffenden Industrie die tatsächliche Wochenarbeitszeit keine weitere Verlängerung gestattet“[79]. Der Bericht für Juni 1938 stellte allgemein fest: „Die ungewöhnlich hohe wöchentliche Arbeitszeit gestattet keine fühlbare Ausweitung ...“ weil die durchschnittliche Wochenarbeitszeit bereits „60 Stunden und mehr“ betrug.[80] Nach den Berichten der Gewerbeaufsichtsbeamten arbeiteten Jugendliche unter 16 Jahren in der Regel nicht mehr als 48 Stunden wöchentlich. Für die 16- bis 18 jährigen wurden jedoch „noch zahlreiche Ausnahmen infolge des Facharbeitermangels zugelassen“[81]. In welchem Maße Jugendliche tatsächlich von Arbeitszeitverlängerungen betroffen waren, läßt sich leider nur für die metallverarbeitende Industrie belegen.

Wochenarbeitszeiten der Jugendlichen in der metallverarbeitenden Industrie im Juni 1938[82]

(einschließlich Überstunden-, Nacht-, Sonntags- und Feiertagsarbeit in $\frac{\text{Zeit}}{\text{Akkord}}$*-lohnstunden)*

	männlich			weiblich
	Facharb.	angel. Arbeiter	Hilfsarbeiter	Arbeiter
bis zu 18 Jahren	$\frac{52,6}{54,5}$	$\frac{50,9}{50,7}$	$\frac{48,2}{48,6}$	$\frac{48,2}{47,3}$
18–21 Jahre	$\frac{53,4}{55,0}$	$\frac{53,4}{53,3}$	$\frac{52,5}{51,4}$	$\frac{50,0}{49,6}$
21–24 Jahre	$\frac{55,4}{55,8}$	$\frac{55,6}{54,7}$	$\frac{54,5}{53,1}$	$\frac{49,7}{49,2}$

Noch im Frühjahr 1937 hatte der Pressereferent des Reichsarbeitsministeriums die „Unterstellung, daß die Reichsregierung den Achtstundentag aufheben wolle, als freie und böswillige Erfindung“ bezeichnet, sein Dementi jedoch dadurch entscheidend entkräftet, daß er die „Treuhänder der Arbeit“ aufforderte, „zu prüfen, wieweit ... eine allgemeine Zulassung einer Verlängerung der regelmäßigen Arbeitszeit bis zur Höchstgrenze von zehn Stunden in Frage komme“.[83] Und in der Tat legalisierte die auf Grund des „Jugendschutzgesetzes“ neugefaßte Arbeitszeitordnung vom 30. April 1938[84] den faktisch bereits bestehenden Zehnstundenarbeitstag für alle Arbeitskräfte über 18 Jahre. Ja, in gewissen Ausnahmefällen war sogar eine Verlängerung der täglichen Arbeitszeit auf 16 Stunden möglich. Im Februar 1939 wurde daraufhin der Zehnstundentag für alle Bauarbeiter verbindlich, und im März 1939 wurde die Schichtzeit der Untertagearbeiter im Bergbau um 45 Minuten verlängert.

79 DZA Potsdam, RWiM, Nr. 10 332, Bl. 501 v., Bericht ..., Mansfeld an Brinkmann, v. 4. 4. 1938. Nach den dort enthaltenen Angaben arbeiteten in der eisenschaffenden Industrie 25,2 Prozent der Arbeiter bis zu 48 Stunden, 60,2 Prozent bis zu 54 Stunden, 13,2 Prozent bis zu 60 Stunden und 1,4 Prozent bis zu 88 Stunden wöchentlich.

80 Ebenda, Nr. 10 325, Bl. 28 ff., Bericht ..., Mansfeld an Brinkmann, v. 17. 11. 1938.

81 *Jahresberichte der Gewerbeaufsichtsbeamten* 1937/38, Berlin 1938, S. 183.

82 *Statistisches Jahrbuch* ... 1939/40, S. 350 f.

83 *Frankfurter Zeitung und Handelsblatt*, v. 5. 4. 1937.

84 *RGBl.* I 1938, S. 448, Arbeitszeitordnung, v. 30. 4. 1938.

Ebenfalls noch im Frühjahr 1937 hatte die Reichswirtschaftskammer eine allgemeine Lehrzeitverkürzung, wie sie von der Geschäftsgruppe Arbeitseinsatz zur Linderung des Facharbeitermangels im Januar 1937 vorgeschlagen worden war[85], abgelehnt. Zu dieser Zeit dauerte die Lehre im Handel drei, im Handwerk und in der Industrie drei bis vier Jahre, wobei die vierjährige Lehrzeit überwog[86]. Die Reichswirtschaftskammer wies darauf hin, „daß die Bestimmungen über die Lehrzeitdauer in der Gewerbeordnung im Jahre 1897 erlassen wurden, also zu einer Zeit, als der 10-Stundentag typisch und somit die effektive Lehrzeit erheblich länger war als jetzt ... Eigentlich müßte die Lehrzeit in einer ganzen Reihe von Berufen verlängert werden, um den gestiegenen Anforderungen bei gleichzeitiger Schmälerung der effektiven Lehrzeit gerecht zu werden ... Die Lehrzeitverkürzung würde praktisch nur darauf hinauslaufen, daß der Lehrling statt der Lehrlingsentschädigung Facharbeiterlohn bzw. Gehalt bekommt, ... so daß sich zwangsläufig eine Verteuerung der Herstellung, des Absatzes usw. ergeben. Die gewünschte Maßnahme der Lehrzeitverkürzung würde auf diese Weise den Bemühungen um das Unveränderthalten des Lohn- und Preisniveaus direkt entgegenwirken." Nur in Einzelfällen wäre eine Verkürzung der Lehrzeit möglich.[87] Aber auch dafür wurden erst Ende 1937 von der Reichswirtschaftskammer und Anfang 1938 von der Handwerksorganisation Festlegungen getroffen, nach denen eine Verkürzung der Lehrzeit um ein halbes und bei vierjähriger Lehrzeit auch um ein ganzes Jahr erfolgen konnte.[88]

Dabei hatte die Handwerksorganisation bereits vor Jahresfrist einen Präzedenzfall für eine allgemeine Lehrzeitverkürzung geschaffen, indem sie die Lehre im Maurer- und Zimmererhandwerk, die in 45 und 59 Handwerkskammerbezirken drei Jahre betrug, durch das Reichswirtschaftsministerium generell auf drei Jahre festsetzen ließ.[89] Allerdings war danach aus zwei Handwerkskammerbezirken berichtet worden, „daß die Lehrherren Schwierigkeiten bei der Verkürzung der Lehrzeit bereitet haben, offensichtlich deshalb, weil sie die im 4. Lehrjahr stehenden Lehrlinge als billige Arbeitskräfte nicht entbehren wollten".[90]

Eine „Mindestlehrzeit" zu fixieren, suchten Reichswirtschaftskammer und Handwerksorganisation auch dann noch abzulehnen, als der Arbeitskräftemangel die Einführung der allgemeinen Arbeitspflicht bewirkt hatte und die Arbeitsfront eine Kampagne unter der Losung „Drei Jahre Lehrzeit genügen!"[91] eröffnete. Im Reichswirtschaftsministerium, das den Datsch zu einer Stellungnahme in dieser Frage veranlaßt hatte[92], wurde der nunmehr zuständige Hauptabteilungsleiter, Rudolf Schmeer, der

85 DZA Potsdam, RWiM, Nr. 10 250, Bl. 76, Mansfeld an Krause, v. 26. 1. 1937.

86 Ebenda, Bl. 112, Erdmann an Krause, v. 30. 4. 1937.

87 Ebenda, Bl. 113 ff., 121 f., 127.

88 Ebenda, Bl. 144, Richtlinien für die Lehrzeitverkürzung im Einzelfall, v. 1. 2. 1938; Bl. 146, Grundsätze für die Zulassung zu der Lehrabschlußprüfung in Ausnahmefällen, v. 14. 12. 1937.

89 Ebenda, Nr. 13 686, Bl. 59, Deutscher Handwerks- und Gewerbekammertag an Reichswirtschaftsministerium, v. 19. 12. 1936; Bl. 71, Erlaß, v. 4. 2. 1937.

90 Ebenda, Nr. 10 250, Bl. 130, Aktenvermerk, v. 13. 7. 1937.

91 *Rühmann, Willi,* Drei Jahre Lehrzeit genügen! in: Das Junge Deutschland, Jg. 1938, S. 363 ff.

92 DZA Potsdam, RWiM, Nr. 10 250, Bl. 244, Datsch an Reichswirtschaftsministerium, v. 15. 10. 1938.

im Rahmen der Reorganisation des Ministeriums von der DAF-Zentralstelle für den Vierjahresplan gekommen war, darauf aufmerksam gemacht, „daß man in dieser eminent wichtigen Frage, die unter Umständen für die Weltkonkurrenz von Produktionszweigen und für die Schlagkraft unserer Wehrmacht, soweit diese auf technischen Hilfsmitteln beruht, entscheidend ist, von jeder unsachlichen, oberflächlichen und propagandistischen Erörterung Abstand nehmen muß und daß in dieser Hinsicht auf die in Frage kommenden Stellen einzuwirken ist“[93].

Am 15. Oktober 1938 übersandte der Datsch seine Stellungnahme, die eine gestaffelte Lehrzeitdauer von zwei bis zu vier Jahren für die Ausbildung von Fach-, Spezial- und Hilfskräften befürwortete,[94] wie sie heute nach dem Krupp-Rahmenplan in westdeutschen Monopolbetrieben praktiziert wird[95].

Eine Woche nach Eingang dieser Stellungnahme ordnete das Reichswirtschaftsministerium die Vorverlegung der Abschlußprüfungen für die noch in der Ausbildung stehenden Lehrlinge und die Begrenzung aller nach dem 31. März 1939 abzuschließenden Lehrverhältnisse auf höchstens drei Jahre an, um „auf jede mögliche Weise Facharbeiter beschleunigt heranzubilden“[96]. Diese Lehrzeitverkürzung betraf immerhin 115 von 205 Lehrberufen der Industrie und 17 von 31 Lehrberufen des Handwerks[97]; sie mußte also die materielle Lage vieler Lehrlinge günstiger gestalten. Von weitaus größerer Bedeutung ist jedoch, daß diese einschneidende Maßnahme zur Milderung des Facharbeitermangels, den die ständig forcierten Kriegsvorbereitungen überwiegend in der Rüstungsindustrie hervorriefen, zur weiteren Vereinheitlichung des gewerblichen Lehrlingswesens und darüber hinaus der gesamten Berufsausbildung beitrug.

Im Zuge der Entwicklung des staatsmonopolistischen Kapitalismus im faschistischen Deutschland hatten die Industrie- und Handelskammern die Lehrverhältnisse in der Industrie bis zu diesem Zeitpunkt mit Hilfe der von ihnen geführten Lehrlingsrollen und des reichseinheitlichen Lehrvertragsmusters „in einem der Vollständigkeit immer näher kommenden Umfang erfaßt“[98] und auch das industrielle Anlernwesen mit der Reichsgruppe Industrie geregelt[99], so daß nunmehr auch in der chemischen Industrie, die „bisher stets den größten Prozentsatz ungelernter Arbeiter aus sämt-

[93] Ebenda, Bl. 235 v., Aktenvermerke, v. 20. und 21. 9. 1938.

[94] Ebenda, Bl. 251 ff., Datsch an Reichswirtschaftsministerium, v. 15. 10. 1938.

[95] S. dazu *Kuhrt, Willi,* Das Dilemma der Berufsausbildung in Westdeutschland, in: Einheit, 1969, S. 94 f.

[96] DZA Potsdam, RWiM, Nr. 10 250, Bl. 449, Erlaß, v. 22. 10. 1938.

[97] In der Industrie dauerte die Lehrzeit für 113 Berufe 4, für 3 Berufe 3½ und für 89 Berufe 3 Jahre. (*Soziale Praxis,* Jg. 1938, Sp. 1 043). Im Handwerk betrug die Lehrzeit für 15 Berufe 4, für 2 Berufe 3½ und für 14 Berufe 3 Jahre. (DZA Potsdam, a. a. O., Bl. 216 f., Reichsstand des Deutschen Handwerks an Reichswirtschaftsministerium, v. 26. 8. 1938).

[98] DZA Potsdam, RWiM, Nr. 10 237, Bl. 420, Reichswirtschaftskammer an Reichswirtschaftsministerium, v. 26. 11. 1938.

[99] Ebenda, Nr. 10 238, Bl. 252 f., Abkommen zwischen der Reichsgruppe Industrie und der Arbeitsgemeinschaft der Industrie- und Handelskammern in der Reichswirtschaftskammer über die gemeinsame Behandlung des industriellen Anlernwesens für Jugendliche, den Industrie- und Handelskammern am 6. 8. 1938 übersandt.

lichen Industriezweigen" aufwies, eine zweijährige Berufsausbildung eingeführt werden konnte[100]. Außerdem waren die Kompetenzstreitigkeiten mit der Arbeitsfront nun in der Weise erledigt worden, daß das Reichswirtschaftsministerium der Organisation der gewerblichen Wirtschaft in einem Erlaß vom 13. Dezember 1938 die alleinige Zuständigkeit für die Berufsausbildung übertrug[101]. Bei der Reichswirtschaftskammer wurde daraufhin ein Hauptausschuß für Berufsausbildung und Leistungssteigerung gebildet, dem Vertreter der Reichsgruppen der Wirtschaft, der Industrie- und Handelskammern sowie der Handwerkskammern angehörten. Bis zum 1. April 1939 vereinheitlichten die Kammern die Führung der Lehrlingsrollen, um jederzeit einen exakten Überblick über Zahl und Art sowohl der Lehrverhältnisse als auch der Lehrbetriebe und damit die Grundlage für eine zentrale Lenkung des Nachwuchses zu haben, wie sie von der Reichswirtschaftskammer am 15. September 1938 mit der Reichsanstalt für Arbeitsvermittlung und Arbeitslosenversicherung (seit dem 1. Januar 1939 Hauptabteilung V des Reichsarbeitsministeriums) vereinbart worden war[102]. Auch für das Handwerk wurde schließlich ein reichseinheitliches Lehrvertragsmuster dekretiert.[103] Das völlig uneinheitliche Berufsschulwesen, das dem Reichserziehungsministerium unterstand, wurde mit Görings Unterstützung auf das Reichswirtschaftsministerium überführt und vereinheitlicht.[104]

Das Reichswirtschaftsministerium konnte nunmehr daran gehen, das noch von Schacht angekündigte „umfassende Gesetz über die fachliche und berufliche Ausbildung in Handel und Gewerbe" vorzubereiten. Kurzfristig legte es drei jeweils wieder überarbeitete Entwürfe vor, deren letzter den beteiligten Ressorts am 21. März 1939 zur Stellungnahme unterbreitet wurde, um am 1. September 1939 in Kraft zu treten.[105] Obwohl es dazu nicht mehr kam und die Berufsausbildung in der BRD heute noch auf der Gewerbeordnung und dem Handelsgesetzbuch von 1897 beruht, ist der faschistische Gesetzentwurf erwähnenswert, und zwar vor allem deshalb, weil er den damals auf diesem Gebiet erreichten und seit dem noch nicht wieder erreichten Grad staatsmonopolistischer Regulierung und Manipulierung widerspiegelt. So waren für die gesamte Berufsausbildung allein die Wirtschaftskammern, respektive die Industrie- und Handelskammern und die Handwerkskammern, zuständig. Auf Grund von Richtlinien des Reichswirtschaftsministeriums überwachten sie die Ausbildung der Jugendlichen, die die Betriebe von den Berufsberatungsstellen der Arbeitsämter anforderten und zugeteilt bekamen. Die Ausbildung selbst lag allein „in der Hand des Unternehmers", der befugt war, gegenüber allen jugendlichen Beschäftigten seines

100 *Monatshefte für NS-Sozialpolitik*, Jg. 1938, S. 548.

101 *Jahrbuch des deutschen Handwerks 1938/39*, Berlin 1939, S. 126.

102 DZA Potsdam, RWiM, Nr. 10 237, Bl. 422, Reichswirtschaftskammer an Reichswirtschaftsministerium, v. 26. 11. 1938.

103 Ebenda, Nr. 10 238, Bl. 231 ff., Lehrvertrag für Handwerkslehrlinge. Eingeführt im Einvernehmen mit dem Stellvertreter des Führers und dem Reichsarbeitsminister durch Erlaß des Reichswirtschaftsministers, v. 17. 7. 1939.

104 Ebenda, Nr. 10 261, Bl. 146 ff., Göring an Rust, v. 14. 12. 1938.

105 Ebenda, Nr. 10 260, Bl. 31 ff., Gesetzentwurf über die Berufsausbildung in Handel und Gewerbe. Die beiden vorangegangenen Entwürfe waren leider nicht auffindbar.

Betriebes „geeignete Erziehungsmittel" anzuwenden und sogar Lehrlinge, die von ihm oder in seinem Auftrag Kost und Logis erhielten, mit „häuslichen Dienstleistungen" zu beauftragen.[106] Die Tätigkeit der Arbeitsfront wurde ausdrücklich auf eine zusätzliche Berufsausbildung beschränkt, die „neben die Berufsausbildung in den Betrieben und die Maßnahmen der überbetrieblichen Berufsausbildung der Gliederungen der gewerblichen Wirtschaft und der Berufs-, Berufsfach-, Fach- und Werkberufsschulen"[107] treten konnte. Die Teilnahme daran sollte ebenso wie die am „Reichsberufswettkampf" freiwillig sein. Das war aber auch die einzige und recht zweifelhafte „Freiheit", die der Gesetzentwurf den Jugendlichen einräumte. Ansonsten waren sie dem staatsmonopolistischen System von Ausbeutung und Ausbildung, wie es in Anpassung an die industrielle Entwicklung unter den Bedingungen der Kriegsvorbereitung entstanden war, in einem bisher ungekannten Maße völlig rechtlos ausgeliefert.

[106] Ebenda, Bl. 34, 35 r., 40.
[107] Ebenda, Bl. 48.

Schlußbemerkungen

Unter den Faktoren, die die soziale Lage der Arbeiter in Deutschland 1933 übermächtig beeinflußten, nennt Kuczynski zunächst zwei: den „Raub der Grundrechte und Freiheiten der Arbeiterklasse“ und die „Fesselung des Arbeiters an Berufszweig und Betrieb“, die er an anderer Stelle unter der Überschrift „Staatsmonopolistische Regelung des Arbeitsmarktes“ relativ ausführlich behandelt hat.[1] Auf die Gestaltung der sozialen Lage der Arbeiterjugend wirkte außer diesen beiden Faktoren noch ein dritter in besonderem und ständig zunehmendem Maße ein: die umfassend organisierte, systematische Ausrichtung und Vorbereitung der Jugend auf den Krieg um die Neuaufteilung der Welt unter der Vorherrschaft des faschistischen deutschen Imperialismus. In der hier genannten Reihenfolge wurden diese drei Faktoren zeitlich wirksam.

Der Raub der Grundrechte und Freiheiten der Arbeiterklasse zeitigte bereits im Jahre 1933 verheerende Folgen. Unter dem Druck des faschistischen Terrors und der immer noch drohenden Arbeitslosigkeit mußte die Arbeiterjugend die ihr in Betrieben und Arbeitsdienstlagern diktierten sozialen und politischen Bedingungen akzeptieren. Dabei bewahrheitete sich die Feststellung W. I. Lenins, „daß der Kapitalismus die Tendenz hat, Elend zu erzeugen und es zu verstärken“[2], denn die Arbeits- und Lebensbedingungen der Arbeiterjugend wurden rigoros verschlechtert. Die Löhne sanken unter das Krisenniveau, und die extensive Ausbeutung der Lehrlinge, die im Ergebnis des Kampfes der Arbeiter- und Arbeiterjugendbewegung in den Jahren der Weimarer Republik etwas eingeschränkt worden war, nahm wieder erheblich zu. Hunderttausende Jugendlicher wurden zu stark unterbezahlter Arbeit auf dem Lande gezwungen und zum großen Teil kaserniert. In jedem Fall wurde die Ausbeutung Jugendlicher nach Möglichkeit mit faschistischen und militaristischen Schulungen und Übungen verbunden. Fürwahr eine eindrucksvolle Bestätigung der marxistischen Theorie von der Verschlechterung der Lage der Arbeiter.

Der Hinweis auf die von der faschistischen Propaganda hochgespielte „Beseitigung der Arbeitslosigkeit“ vermag diese Theorie nicht zu entkräften. Gipfelte doch die Kriegsvorbereitung, die nach der betrügerischen „Arbeitsbeschaffung“ der ersten Jahre der faschistischen Diktatur des deutschen Imperialismus den Rückgang der

[1] *Kuczynski, Jürgen*, a. a. O., Bd. 6, S. 144 ff., 150 ff.,; Bd. 16, S. 147 ff.

[2] *Lenin, W. I.*, Rezension. Karl Kautsky, Bernstein und das sozialdemokratische Programm. Eine Antikritik, in: *Derselbe*, Werke, Bd. 4, Berlin 1955, S. 185.

Arbeitslosigkeit bewirkte, im Krieg. Und an dessen Ende zählte man „statt sechs Millionen Erwerbslose – weit über sechs Millionen Tote und Krüppel“[3]. Selbst wenn diese barbarische Bilanz faschistischer „Arbeitsbeschaffungspolitik“ aus der Betrachtung der Entwicklung der sozialen Lage der Arbeiterjugend bis zum Kriege ausgeklammert werden könnte, ist nicht zu übersehen, daß durch den Lohnstop und vor allem die immer umfassender gestaltete staatsmonopolistische Regelung des Arbeitsmarktes die aus dem Rückgang der Arbeitslosigkeit und schließlichen „Vollbeschäftigung“ resultierenden Möglichkeiten zur Verbesserung der sozialen Lage der Arbeiter weitestgehend ausgeschaltet wurden. Mit der Einführung der allgemeinen Arbeitspflicht befand sich die deutsche Arbeiterklasse in einem „Militärzuchthaus“, und nur die Anwendung von Kampfmethoden, wie sie von der KPD nach ihrer Brüsseler Konferenz propagiert wurden, verschaffte ihr hier und da eine geringfügige Erhöhung des Reallohnes.

In dem faschistischen „Militärzuchthaus für die Arbeiter“ unterlagen die Jugendlichen einer „Sonderbehandlung“. Außer dem System staatsmonopolistischer Erfassung, Lenkung und Kontrolle ihrer Ausbildung und ihres Einsatzes als Arbeitskräfte wurden sie einem ebenso umfassenden und geschlossenen militaristischem System unterworfen, damit ihrer Ausbeutung in den Betrieben ein effektvoller Einsatz im Kriege nachfolgen konnte. Beide Systeme überlagerten und durchdrangen einander in vielfältiger Weise. So betrieb die faschistische Jugendorganisation, erste Stufe des militaristischen Systems des faschistischen deutschen Imperialismus, neben der militärischen auch eine durchaus nicht unwirksame berufliche „Ertüchtigung“ ihrer Mitglieder, und der faschistische Reichsarbeitsdienst bedeutete sowohl militärischen Drill als auch Arbeitseinsatz. Zugleich erzwang die Vorbereitung der Jugend auf den Krieg um die Neuaufteilung der Welt unter der Vorherrschaft des deutschen Imperialismus Veränderungen der unmittelbaren kapitalistischen Ausbeutung Jugendlicher in den Betrieben, die von der faschistischen Reichsjugendführung und den Führern der Arbeiterzwangsorganisation „Deutsche Arbeitsfront“ mit großem Geschick als soziale Anliegen drapiert und nicht ohne Erfolg für ihren demagogischen Antikapitalismus ausgeschlachtet wurden.

Die wirtschaftlichen und militärischen Kriegsvorbereitungen erlangten bald ein derartiges Ausmaß, daß der faschistische deutsche Imperialismus, wie ein streng vertraulicher „Überblick über Voraussetzungen und Grenzen des Arbeitseinsatzes“ des Amts für Berufserziehung und Betriebsführung der Arbeitsfront im November 1937 es ausdrückte, soweit die „männliche Jugend in Betracht kommt, nicht mehr aus dem Vollen schöpfen“[4] konnte. Im Zuge der Kriegsvorbereitungen stieg der Grad der Proletarisierung der deutschen Jugend enorm an, zugleich nahm der Grad der beruflichen Qualifizierung der Arbeiterjugend stark zu. Weit bedeutungsvoller aber war die von vielen nicht beachtete rapide Steigerung der Existenzunsicherheit. Die wach-

[3] *Ulbricht, Walter,* Die Legende vom „Deutschen Sozialismus“, a. a. O., S. 28.

[4] DZA Potsdam, RWiM, Nr. 10 250, Bl. 293, Die Deutsche Arbeitsfront, Zentralbüro, Amt für Berufserziehung und Betriebsführung: Der männliche Nachwuchs im Arbeits- und Berufseinsatz. Statistische Unterlagen zur Ermittlung des Nachwuchs-Solls unter Berücksichtigung der Bestandserhaltung, v. 2. 11. 1937.

sende „Unsicherheit der Existenz", die Friedrich Engels in seiner Kritik des sozialdemokratischen Programmentwurfs von 1891 als entscheidendes Element der Verschlechterung der Lage der Arbeiter bezeichnete[5], gefährdete die deutsche Arbeiterjugend an Leib und Leben.

[5] *Engels, Friedrich,* Zur Kritik des sozialdemokratischen Programmentwurfs 1891, in: *Marx/ Engels,* Werke, Bd. 22, Berlin 1963, S. 231.

Quellen und Literatur

A Quellen

1. Ungedruckte Quellen (Akten aus dem DZA Potsdam)

Reichs- und Preußisches Wirtschaftsministerium (RWiM), Hauptabteilung II Allgemeine Wirtschaftspolitik, Abteilung 1 Grundsatzfragen,

Referat 3 Berufserziehung und Leistungssteigerung

10 237 Lehrlingsrolle, Lehrverträge, Bd. 1, Dez. 1936 – Dez. 1938
10 238 Lehrlingsrolle, Lehrverträge, Bd. 2, Apr. 1938 – Aug. 1939
10 239 Lehrwerkstätte, Bd. 1, Juni 1937 – März 1939
10 240 Lossprechung, Lehrabschluß, Gesellenprüfung, Facharbeiterprüfung, Bd. 1, Apr. 1937 – Juni 1938
10 241 Lossprechung, Lehrabschluß, Gesellenprüfung, Facharbeiterprüfung, Bd. 2, Aug. 1938 – Jan. 1940
10 250 Lehrzeitverkürzung, Bd. 2, Dez. 1938 – Febr. 1939
10 257 Berufs- und Fachschulwesen der DAF und Hitlerjugend, Eingriffe der DAF in die Berufsausbildung, Tagungen der Ausbildungsleiter der DAF, Bd. 2, Okt. 1937 – März 1939
10 259 Kinderschutzgesetz – Jugendschutzgesetz, Bd. 1, März 1938 – März 1943
10 260 Entwurf eines Gesetzes über die Berufsausbildung im Handel und Gewerbe – Stellungnahmen-Sammlung, Bd. 2, März 1938 – Juni 1939
10 261 Richtlinien über enge organisatorische Verbindung der Berufsausbildung in der Praxis und Schule, Bd. 1, Nov. 1938 – Sept. 1939

Referat 4 Arbeitsrecht und Sozialpolitik

10 281 Vermischtes (Jahrbücher, Geschäftsberichte), Bd. 1, Juli 1931 – Aug. 1937
10 283 Reichsjugendwohlfahrtsgesetz, Bd. 5, Nov. 1934 – Dez. 1936
10 296 Treuhänder der Arbeit, Bd. 2, März 1935 – März 1936
10 311 Soziale Selbstverwaltung – Arbeitskammern, Arbeitsausschüsse, Schulung, Bd. 1, März 1937 – Febr. 1938
10 312 DAF und Organisation der gewerblichen Wirtschaft, Leipziger Vereinbarung, Übergriffe der DAF, Bd. 1, Dez. 1936 – Sept. 1938
10 316 Unzulässige Maßnahmen der DAF auf sozialpolitischem und wirtschaftlichem Gebiet (Berufsausweise, Fragebogen usw.), Bd. 1, Mai 1937 (Juli 1936) – Juni 1938
10 320 DAF und Sozialbehörden, Zusammenarbeit und Differenzen, Schönheit der Arbeit, Mai 1937 – Jan. 1943
10 321 DAF – Allgemeines, Bd. 2, Dez. 1936 – Jan. 1940
10 325 Aufstellungen über Lohn und Lohnabzüge, Bd. 1, Mai 1938 – Jan. 1939
10 332 Lohn-, Preis- und Tarifpolitik, Festhaltung der Löhne und Preise, Feiertagsbezahlung, Ruhegehälter, Bd. 18, Okt. 1936 – Aug. 1938

10 338 Einführung eines wirtschaftlichen Dienstjahres, Arbeitsdienst, Landhilfe, Werkjahr der Abiturienten, Dienstverpflichtung, Bd. 4, Jan. 1935 – Febr. 1940
10 349 Gesetz über Kinderarbeit und über die Arbeitszeit der Jugendlichen, Jugendgesundheitspflege, Bd. 1, Febr. 1936 – März 1938
10 352 Arbeitszeitverordnung, Arbeitszeitregelungen, Gesetz über die Feiertage, Einzelfälle, Ladenschluß, Bd. 1, Apr. 1937 – Nov. 1938
10 390 Unterstützende Erwerbslosenfürsorge, Bd. 22, Aug. 1933 – März 1934
10 391 Unterstützende Erwerbslosenfürsorge, Bd. 23, Dez. 1933 – Dez. 1934
10 392 Unterstützende Erwerbslosenfürsorge, Bd. 25, Apr. 1936 – Sept. 1936
10 407 Arbeitsbuch, Arbeitspaß, Bd. 3, Jan. 1936 – Mai 1941
10 410 Arbeiter- und Facharbeitermangel – Allgemeines, Abwandern von Arbeitskräften, Freimachung von Arbeitskräften, Arbeitsplatzwechsel, Bd. 2, Okt. 1938 – Aug. 1939
13 616 Freiwilliger Arbeitsdienst, Bd. 1, Aug. 1932 – Juni 1937
13 686 Allgemeine Regelung des Lehrlingswesens, insbesondere „Vierjahresplan", Bd. 1, Nov. 1936 – Jan. 1938

Reichsministerium für Wissenschaft, Erziehung und Volksbildung (REM)

7 517 Arbeitslosigkeit der Jugendlichen, Bd. 4, Apr. 1933 – Juli 1936
8 923 Reichsschulgesetz, Bd. 1, Sept. 1927 – Jan. 1939
11 840/1 Reichsministerium des Innern. Entwürfe verschiedener Gesetze, Bd. 1, Okt. 1934 – Mai 1940
11 845 Jugendführer des Deutschen Reiches, März 1937 – Jan. 1943
11 936 Gesetz über die körperliche Erziehung der Jugend (Reichsjugendtaggesetz), Apr. 1935 – Juli 1937

Reichs- und Preußisches Arbeitsministerium (RAM)

2 804/86 Arbeitszeitschutz für Jugendliche und Kinderschutz im allgemeinen – Jugendlichenschutzgesetz, Bd. 6, Aug. 1938 – März 1942

Reichs- und Preußisches Ministerium des Innern (RMdI), Abteilung I A

25 794/3 Deutsch-völkische und nationalsozialistische Partei, Bd. 10, Febr. – Sept. 1934

2. *Gedruckte Quellen*

Anatomie des Krieges. Neue Dokumente über die Rolle des deutschen Monopolkapitals bei der Vorbereitung und Durchführung des zweiten Weltkrieges, hg. u. eingel. v. Dietrich Eichholtz u. Wolfgang Schumann, Berlin 1969
Arbeitsdienst in 13 Staaten. Probleme – Lösungen. Berichte und Vorträge der II. Internationalen Arbeitsdiensttagung in Seelisberg (Schweiz) vom 5. bis 10. September 1937, hg. v. der Schweizerischen Zentralstelle für freiwilligen Arbeitsdienst, Zürich/Leipzig 1939
Deutsche *Arbeits-Korrespondenz* vom 22. April 1937
Die *Arbeitslosigkeit* der Jugendlichen. Internationales Arbeitsamt, Genf 1935
Der *Arbeitsmann* vom 28. November 1936
Deutsches *Arbeitsrecht*, Jg. 1935
Das *Archiv*. Nachschlagewerk für Politik, Wirtschaft und Kultur, Jg. 1934–1939
Keesings *Archiv* der Gegenwart, Jg. 1933

Beilage zum Reichsarbeitsmarktanzeiger, Nr. 86/1932

Völkischer *Beobachter* (Berliner Ausgabe), Jg. 1933–1939

Die *Berufsnachwuchslenkung* der deutschen Jugend (Berufsberatung und Lehrstellenvermittlung) bei den Arbeitsämtern vom 1. Juli 1936 bis 30. Juni 1937

Das Junge *Deutschland.* Amtliches Mitteilungsblatt des Jugendführers des Deutschen Reiches. Sozialpolitische Zeitschrift der deutschen Jugend, Jg. 1933–1939

Documents on German Foreign Policy 1918–1945, Series C: 1933–1937, vol. I, Washington/London 1957

Dokumente der deutschen Politik, hg. v. Paul Meier-Benneckenstein, Bd. 1–5, Berlin 1935 ff.

Entwurf eines Berufsausbildungsgesetzes nebst amtlicher Begründung, 39. Sonderheft zum Reichsarbeitsblatt, 1927

Junge *Garde,* Jg. 1933–1939

Zur *Geschichte* der Arbeiterjugendbewegung in Deutschland. Eine Auswahl von Materialien und Dokumenten aus den Jahren 1904–1946, hg. v. der Jugendhochschule „Wilhelm Pieck" in Zusammenarbeit mit dem Institut für Marxismus-Leninismus beim Zentralkomitee der SED, Berlin 1956

Schulthess' Europäischer *Geschichtskalender,* Jg. 1934 f., München 1935 f.

Gesetzblatt der freien Hansestadt Bremen 1935

Preußische *Gesetzsammlung* 1934 und 1935

Handbuch über den Preußischen Staat, 139.–141. Jg. (1935, 1938, 1939)

Der *Hoheitsträger,* 3/1939

Die *Internationale,* Jg. 1938

Jahrbuch des deutschen Handwerks 1936, Berlin 1937, und 1938/39, Berlin 1939

Jahrbuch des Jugendrechts, hg. v. Heinrich Webler u. a., Bd. VI–XI/XII für die Jahre 1933–1938/39, Berlin 1934 ff.

Jahrbuch des Öffentlichen Rechts der Gegenwart, Bd. 22 (1935)

Statistisches *Jahrbuch* für das Deutsche Reich 1933–1939/40, hg. v. Statistischen Reichsamt, Berlin 1934 ff.

Jahresberichte der Gewerbeaufsichtsbeamten (und Bergbehörden), hg. v. Reichsarbeitsministerium, für die Jahre 1933 und 1934, Berlin 1935; für die Jahre 1935 und 1936, Berlin 1937, und für die Jahre 1937 und 1938, Berlin 1939

Die *Jugendpflege,* Jg. 1933

Ministerialblatt für die preußische innere Verwaltung I 1933

Dienstliche *Mitteilungen* der Reichsanstalt für Arbeitsvermittlung und Arbeitslosenversicherung, Nr. 86 und 108/1932

Amtliches *Nachrichtenblatt* der DAF vom 9. Mai 1938

NS-Sozialpolitik (seit 1934: Monatshefte für NS-Sozialpolitik), Jg. 1933–1939

Revolutionäre deutsche *Parteiprogramme,* hg. u. eingel. v. Lothar Berthold u. Ernst Diehl, Berlin 1964

Deutsches *Philologen-Blatt,* Jg. 1934

Soziale *Praxis.* Zentralblatt für Sozialpolitik und Wohlfahrtspflege (seit 1938 mit dem Untertitel: Zeitschrift für Aktienwesen, Gesellschaftsrecht und Sozialpolitik), Jg. 1933–1939

Der *Prozeß* gegen die Hauptkriegsverbrecher vor dem Internationalen Militärgerichtshof Nürnberg, 14. November 1945 – 1. Oktober 1946 (IMG), Bd. I–XLII, Nürnberg 1947–1949

Reichsarbeitsblatt I und II 1933–1939, III 1938

Reichsgesetzblatt I 1932–1939

Roth, Heinrich, Katholische Jugend in der NS-Zeit unter besonderer Berücksichtigung des Katholischen Jungmännerverbandes, Daten und Dokumente, Düsseldorf 1959

Rühle, Gerd, Das Dritte Reich 1933–1938. Dokumentarische Darstellung des Aufbaues der Nation, Bd. 1–6, Berlin 1934 ff.

Rundschau über Politik, Wirtschaft und Arbeiterbewegung, Jg. 1933–1939

Schmidt, Walter A., Damit Deutschland lebe. Ein Quellenwerk über den deutschen antifaschistischen Widerstandskampf 1933–1945, Berlin 1958

Berliner *Tageblatt* vom 14. Juni 1934

Treue, Wilhelm, Hitlers Denkschrift zum Vierjahresplan 1936, in: Vierteljahrshefte für Zeitgeschichte, 1955, Heft 2

Vierteljahrshefte zur Konjunkturforschung, hg. v. Institut für Konjunkturforschung, Teil A und B (seit 1937 Vierteljahrshefte zur Wirtschaftsforschung und Halbjahresberichte zur Wirtschaftslage, hg. v. Ernst Wagemann), Jg. 1933–1939/40

Vierteljahrshefte für Statistik des Deutschen Reiches, hg. v. Statistischen Reichsamt, Jg. 1933–1940

Vogelsang, Thilo, Neue Dokumente zur Geschichte der Reichswehr 1930 bis 1933, in: Vierteljahrshefte für Zeitgeschichte, 1954, Heft 4

Wirtschaft und Statistik, hg. v. Statistischen Reichsamt, Jg. 1933–1940

Deutsche *Wissenschaft,* Erziehung und Volksbildung. Amtsblatt des Reichsministeriums für Wissenschaft, Erziehung und Volksbildung, Jg. 1935–1939

Frankfurter *Zeitung* und Handelsblatt vom 5. April 1937

Zentralblatt für die gesamte Unterrichts-Verwaltung in Preußen, Jg. 1934

B Literatur

1. Zeitgenössische Literatur, Memoiren, Berichte

Ackermann, Anton, Der Kampf der Partei um die werktätige Jugend. Referat, gehalten auf der Brüsseler Parteikonferenz der KPD, in: Tarnschrift „Kindermund"

Albrecht, Gertrud, Das Pflichtjahr, Berlin 1942

Arnhold, Karl, Der deutsche Betrieb, Leipzig 1939

Derselbe, Der Betriebsingenieur als Menschenführer, Düsseldorf 1927

Derselbe, Grundsätze nationalsozialistischer Berufserziehung, Berlin 1937

Derselbe, Lehrling – einst und jetzt, in: Soziale Praxis, Jg. 1937

Axmann, Artur, Im Dienste des Sozialismus, in: Wille und Macht, 7/1934

Baaden, Franz, Jugendverfassung und Jugenddienstpflicht, Berlin/Leipzig/Wien 1943

Beyer, Friedrich, Der Arbeitseinsatz in der Wehrwirtschaft, Berlin 1936

Brauer, Heinz, Der Arbeitsdienst in seiner historischen Entwicklung und gegenwärtigen rechtlichen Gestalt, jur. Diss. Hamburg 1935

Dieckmann, Karl, Gedanken über die Regelung des Arbeitseinsatzes und der Arbeitsverwendung in der Wehr- und Kriegswirtschaft, in: Der deutsche Volkswirt vom 13. November 1936

Dimitroff, Georgi, Ausgewählte Schriften, Bd. 2, Berlin 1958

Ebersbach, Georg, Die Jugendlichen in den Tarifordnungen des Jahres 1936, in: Das Junge Deutschland, Jg. 1937

Egloff, Helmut, Die Arbeit im neuen Reich, in: Jahrbuch für nationalsozialistische Wirtschaft, hg. v. Otto Mönckmeier, Stuttgart/Berlin 1935

Eichenseher, Franz Xaver, Erziehungsprogramm und Erziehungsmaßnahmen der Deutschen Arbeitsfront, jur. Diss. Erlangen 1939

Flügge, H. W., Arbeitseinsatz im Vierjahresplan, in: Reichsarbeitsblatt II 1936

Funcke, Leo von, Der Deutsche Arbeitsdienst, München 1934

Geier, Erwin, Das Recht des Lehrlings, in: Das Junge Deutschland, Jg. 1934
Goerrig, Franz, Kam das Arbeitsordnungsgesetz zu früh? in: Soziale Praxis, Jg. 1934
Goldmann, Theo, Der Jugend ihr Recht, in: Das Junge Deutschland, Jg. 1933
Grosse, Fritz, Einheitsfront der arbeitenden Jugend gegen den Faschismus, in: Deutschlands Junge Garde, Berlin 1955
Handrick, Johannes, Die berufliche Lenkung der deutschen Jugend durch die Berufsberatung der Reichsanstalt für Arbeitsvermittlung und Arbeitslosenversicherung, in: Monatshefte für NS-Sozialpolitik, Jg. 1937
Derselbe, Die Schulentlassenen von Oktober 1934 und Oktober 1935, in: Das Junge Deutschland, Jg. 1935
Hase, Günther, Der Werdegang des Arbeitsdienstes, 2., überarb. Aufl., Berlin 1941
Hass, Paul, Aus der Praxis des Arbeitsplatzaustausches, in: Das Junge Deutschland, Jg. 1935
Hierl, Konstantin, Ausgewählte Schriften, hg. v. Herbert von Stetten-Erb, Bd. II, München 1941
Derselbe, Im Dienst für Deutschland 1918–1945, Heidelberg 1954
Horkenbach, Cuno, Das Deutsche Reich von 1918 bis heute, Berlin 1935
Kaufmann, Günther, Das kommende Deutschland. Die Erziehung der Jugend im Reich Adolf Hitlers, Berlin 1940
Derselbe, Die deutsche Jugend im Zeltlager, in: Das Junge Deutschland, Jg. 1937
Derselbe, Der Reichsberufswettkampf. Die berufliche Ausrüstung der deutschen Jugend, Berlin 1935 = Schriften der Deutschen Hochschule für Politik
Küch, Otto, Neugestaltung der industriellen Facharbeiterprüfungen, in: Das Junge Deutschland, Jg. 1936
Kunzemann, Gertrud, Mädel im sozialen Dienst, in: Das Junge Deutschland, Jg. 1937
Langmesser, Elisabeth, Die öffentlichen Dienstleistungen der weiblichen Jugend im Kriege, jur. Diss. Berlin 1943
Lehfeldt, Bernhard, Die Arbeitsdienstpflicht, in: Reichsarbeitsblatt II 1931
Müller, Albert, Der kommende Arbeitsschutz Jugendlicher, in: Das Junge Deutschland, Jg. 1935
Derselbe, Austausch der Arbeitsplätze, in: Das Junge Deutschland, Jg. 1934
Derselbe, Einsatz und Forderung, in: Soziale Praxis, Jg. 1935
Derselbe, Jugend und Sozialpolitik, in: Monatshefte für NS-Sozialpolitik, Jg. 1936
Derselbe, Die Lehrabschlußprüfungen 1938, in: Monatshefte für NS-Sozialpolitik, Jg. 1938
Derselbe, Der Reichsberufswettkampf – die freiwillige Leistungsprobe der deutschen Jugend, in: Soziale Praxis, Jg. 1935
Derselbe, Der Weg zum Jugendschutzgesetz 1938, in: Das Junge Deutschland, Jg. 1938
Müller, Willy, Das soziale Leben im neuen Deutschland unter besonderer Berücksichtigung der Deutschen Arbeitsfront, Berlin 1938
Opitz, W., Die Berufsanwärter, ihre Berufswünsche und Einsatzmöglichkeiten nach der Berufsberatungsstatistik für das Berichtsjahr 1935/36, in: Reichsarbeitsblatt II 1937
Palme, Antonie, Landhilfe – ein neuer Weg in der Sozialpolitik, in: NS-Sozialpolitik, Jg. 1933
Pieck, Wilhelm, Reden und Aufsätze, Bd. I: 1908 bis Juni 1945, Berlin 1952
Derselbe, Der neue Weg zum gemeinsamen Kampf für den Sturz der Hitlerdiktatur. Referat und Schlußwort auf der Brüsseler Parteikonferenz der Kommunistischen Partei Deutschlands Oktober 1935, Berlin 1957
Rocholl, Arnold, Die deutsche Jugend im Beruf. Arbeitseinsatz der Jugend – Nachwuchsfragen in der Wirtschaft – Ordnung der nationalen Arbeitserziehung, Hamburg 1937
Rühmann, Willi, Drei Jahre Lehrzeit genügen! in: Das Junge Deutschland, Jg. 1938
Derselbe, Nicht Ausnutzung – sondern Ertüchtigung der Jugend, in: Monatshefte für NS-Sozialpolitik, Jg. 1937

Sachse, Karl, Hilfskräfte für den Arbeitseinsatz in der deutschen Landwirtschaft, in: Monatshefte für NS-Sozialpolitik, Jg. 1936

Sack, Gerhard, Die Entwicklung des freiwilligen Arbeitsdienstes in der nationalen Revolution, jur. Diss. Leipzig 1934

Schacht, Hjalmar, Die fachliche und berufliche Ausbildung unseres wirtschaftlichen Nachwuchses, Berlin 1937

Derselbe, 76 Jahre meines Lebens, Bad Wörishofen 1953

Scharlau, M., Der Arbeitseinsatz in den Wirtschaftszweigen des Altreichs 1938 und 1933. Nach den Ergebnissen der Arbeitsbucherhebung und der letzten Berufszählung, in: Reichsarbeitsblatt II 1939

Schindlmayr, Adalbert, Arbeitsschutz und Kinderlandarbeit, in: Das Junge Deutschland, Jg. 1935

Schirach, Baldur von, Die Hitlerjugend. Idee und Gestalt, Leipzig 1934

Derselbe, Ich glaubte an Hitler, Hamburg 1967

Schmeidler, Herbert, Die Verwaltung im Arbeitsdienst, in: NS-Monatshefte, Jg. 1934

Schüler, Felix, Das Handwerk im Dritten Reich. Die Gleichschaltung und was danach folgte, Bad Wörishofen 1951

Seldte, Franz, Die arbeitende Jugend in der Sozialpolitik, in: Das Junge Deutschland, Jg. 1939

Siebert, Wolfgang, Berufsschulpflicht und Arbeitszeit nach dem Jugendschutzgesetz und dem Reichsschulpflichtgesetz, in: Monatshefte für NS-Sozialpolitik, Jg. 1938

Derselbe, Das Jugendschutzgesetz, in: Monatshefte für NS-Sozialpolitik, Jg. 1938

Siemering, Hertha, Deutschlands Jugend in Bevölkerung und Wirtschaft. Eine statistische Untersuchung, Berlin 1937

Starcke, Gerhard, NSBO und DAF, Berlin 1934

Steindl, Hans, Kritik des Landdienstes, in: Das Junge Deutschland, Jg. 1938

Stothfang, Walter, Die Aufgaben des Arbeitseinsatzes im Jahre 1939, in: Monatshefte für NS-Sozialpolitik, Jg. 1939

Syrup, Friedrich, Der Arbeitseinsatz und die Arbeitslosenhilfe in Deutschland, Berlin 1936

Derselbe, Arbeitseinsatz gegen Landflucht, in: Odal, Jg. 1939

Derselbe, Wehrpflicht und Arbeitseinsatz der Jugend, in: Das Junge Deutschland, Jg. 1936

Tengelmann, Wilhelm, Eröffnungsansprache der Wiener Tagung des Reichsinstituts für Berufsausbildung in Handel und Gewerbe, in: Berufsausbildung in Handel und Gewerbe (Technische Erziehung), Jg. 1939

Ulbricht, Walter, Zur Geschichte der deutschen Arbeiterbewegung, Bd. II: 1933–1946, Berlin 1963, und Zusatzband, Berlin 1966

Varga, Eugen, Wirtschaft und Wirtschaftspolitik, Januar bis Mai 1933, in: Rundschau über Politik, Wirtschaft und Arbeiterbewegung, Jg. 1933.

Wieneke, Karl-Heinz, Arbeitseinsatz und Lehrlingsheime, in: Das Junge Deutschland, Jg. 1935

Woyirsch, Albert, Ein Jahr Kampf um den Boden, in: Das Junge Deutschland, Jg. 1937

Wrede, Franz Otto, Hitlerjugend und Staatsjugendtag, in: Das Junge Deutschland, Jg. 1933

2. *Darstellende Literatur*

Bednareck, Horst, Gewerkschafter im Kampf gegen die Todfeinde der Arbeiterklasse und des deutschen Volkes. Zur Geschichte der deutschen Gewerkschaftsbewegung von 1933 bis 1945, hg. v. der Hochschule der Deutschen Gewerkschaften „Fritz Heckert“, Berlin o. J. = Beiträge zur Geschichte der deutschen Gewerkschaftsbewegung, 8

Derselbe, Die Gewerkschaftspolitik der Kommunistischen Partei Deutschlands – fester Bestandteil ihres Kampfes um die antifaschistische Einheits- und Volksfront zum Sturze der Hitlerdiktatur und zur Verhinderung des Krieges (1935 bis August 1939), Berlin 1969

Benz, Wolfgang, Vom Freiwilligen Arbeitsdienst zur Arbeitsdienstpflicht, in: Vierteljahrshefte für Zeitgeschichte, 1968, Heft 4

Bracher, Karl Dietrich/Sauer, Wolfgang/Schulz, Gerhard, Die nationalsozialistische Machtergreifung. Studien zur Errichtung des totalitären Herrschaftssystems in Deutschland 1933/34, 2., durchgesehene Aufl. Köln/Opladen 1960

Brandenburg, Hans-Christian, Die Geschichte der HJ. Wege und Irrwege einer Generation, Köln 1968

Broszat, Martin, Nationalsozialistische Konzentrationslager 1933–1945, in: Buchheim, Hans/Broszat, Martin/Jacobsen, Hans-Adolf/Krausnick, Helmut, Anatomie des SS-Staates, Bd. II: Konzentrationslager, Kommissarbefehl, Judenverfolgung, Olten/Freiburg i. Br. 1965

Castellan, Georges, Bilan social du IIIe Reich (1933–1939), in: Revue d'histoire moderne et contemporaine, Juillet-Septembre 1968

Derselbe, Le Réarmement clandestin du Reich 1930–1935, Paris 1954

Chesi, Valentin, Struktur und Funktion der Handwerksorganisation in Deutschland seit 1933. Ein Beitrag zur Verbandstheorie, (West-)Berlin 1966 = Untersuchungen über Gruppen und Verbände, Bd. 4

Croon, Helmuth, Aktenhaltung und Archivgutpflege im Reichsarbeitsdienst, in: Der Archivar, 1950

Derselbe, Arbeitslager und Arbeitsdienst, in: Die Jugendbewegung – Welt und Wirkung. Zur 50. Wiederkehr des freideutschen Jugendtages auf dem Hohen Meißner, hg. v. Elisabeth Korn, Otto Suppert, Karl Vogt, Düsseldorf/Köln 1963

Diehl-Thiele, Peter, Partei und Staat im Dritten Reich. Untersuchungen zum Verhältnis von NSDAP und allgemeiner innerer Staatsverwaltung 1933–1945, München 1969 = Münchener Studien zur Politik, 9. Bd.

Eichholtz, Dietrich, Geschichte der deutschen Kriegswirtschaft 1939–1945, Bd. I: 1939–1941, Berlin 1969 = Forschungen zur Wirtschaftsgeschichte, Bd. 1

Derselbe, Gewalt und Ökonomie, in: Jahrbuch für Wirtschaftsgeschichte, 1964, Teil II/III

Derselbe, Zur Problematik von Struktur und Begriff der Arbeiterklasse im zeitgenössischen Imperialismus, in: WZ Greifswald, Gesellschafts- und sprachwissenschaftliche Reihe, Nr. 2/3/1965

Derselbe, Probleme einer Wirtschaftsgeschichte des Faschismus in Deutschland, in: Jahrbuch für Wirtschaftsgeschichte, 1963, Teil III

Eilers, Rolf, Die nationalsozialistische Schulpolitik. Eine Studie zur Funktion der Erziehung im totalitären Staat, Köln/Opladen 1963 = Staat und Politik, Bd. 4

Engels, Friedrich, Zur Kritik des sozialdemokratischen Programmentwurfs 1891, in: Marx/Engels, Werke, Bd. 22, Berlin 1963

Erbe, René, Die nationalsozialistische Wirtschaftspolitik 1933–1939 im Lichte der modernen Theorie, Zürich 1958

Erdmann, Gerhard, Die Entwicklung der deutschen Sozialgesetzgebung, 2. erw. Aufl., Göttingen/Berlin/Frankfurt 1957

Esenwein-Rothe, Ingeborg, Die Wirtschaftsverbände von 1933 bis 1945, (West-)Berlin 1965 = Schriften des Vereins für Sozialpolitik, Gesellschaft für Wirtschafts- und Sozialwissenschaften, Neue Folge, Bd. 37

Faingar, I. M., Die Entwicklung des deutschen Monopolkapitals. Grundriß, Berlin 1959

Fest, Joachim C., Das Gesicht des Dritten Reiches. Profile einer totalitären Herrschaft, Frankfurt a. M./Wien/Zürich 1965

Fischer, Wolfram, Die Wirtschaftspolitik des Nationalsozialismus, Lüneburg 1961

Friedensburg, Ferdinand, Die Weimarer Republik, Berlin 1946

Friedrich, Walter, Jugend heute, Berlin 1966

Derselbe, Zu theoretischen Problemen der marxistischen Jugendforschung, in: Jugendforschung, 1967, Heft 1/2

Fürnberg, Friedl/Müller, Kurt, Die Lage der arbeitenden Jugend in den kapitalistischen Ländern, Berlin 1928

Deutsche *Geschichte* in drei Bänden, hg. v. Hans-Joachim Bartmuss u. a., Bd. 3: Von 1917 bis zur Gegenwart, Berlin 1968

Geschichte der deutschen Arbeiterbewegung in acht Bänden, hg. v. Institut für Marxismus-Leninismus beim Zentralkomitee der SED, Bd. 5: Von Januar 1933 bis Mai 1945, Berlin 1966

Gossweiler, Kurt, Die Röhm-Affäre von 1934 und die Monopole, in: Monopole und Staat in Deutschland 1917–1945, Berlin 1966

Derselbe, Die Rolle des Monopolkapitals bei der Herbeiführung der Röhmaffäre (30. Juni 1934), phil. Diss. Berlin 1964

Derselbe, Der Übergang von der Weltwirtschaftskrise zur Rüstungskonjunktur in Deutschland 1933 bis 1934. Ein historischer Beitrag zur Problematik staatsmonopolistischer „Krisenüberwindung", in: Jahrbuch für Wirtschaftsgeschichte, 1968, Teil II

Gündel, Rudi/Heiniger, Horst/Hess, Peter/Zieschang, Kurt, Zur Theorie des staatsmonopolistischen Kapitalismus, Berlin 1967

Guillebaud, C. W., The Social Policy of Nazi Germany, Cambridge 1942

Hemberger, Horst/Schwank, Karl-Heinz, Über die Wechselbeziehungen zwischen staatsmonopolistischem Kapitalismus und Militarismus in Deutschland, in: Jahrbuch für Geschichte, Bd. 1, Berlin 1967

Heyde, Ludwig, Abriß der Sozialpolitik, 10. neubearb. u. erw. Aufl., Heidelberg 1953

Hofer, Walther, Die Diktatur Hitlers bis zum Beginn des Zweiten Weltkrieges, in: Handbuch der Deutschen Geschichte, Bd. IV: Deutsche Geschichte der neuesten Zeit von Bismarcks Entlassung bis zur Gegenwart, 2. Teil: Von 1933 bis 1945, Konstanz o. J.

Jahnke, Karl-Heinz, Der Anteil der deutschen Jugend am antifaschistischen Widerstandskampf unter besonderer Berücksichtigung der kommunistischen Widerstandsbewegung 1933 bis 1945, phil. Habil. Greifswald 1964

Jansen, Franz, Die Berufsausbildung der Jugendlichen und Lehrlinge in Wirtschaft und Gesetzgebung und der Entwurf eines Berufsausbildungsgesetzes, jur. Diss. Greifswald 1931

Jonas, Wolfgang, Das Leben der Mansfeld-Arbeiter 1924 bis 1945, Berlin 1957

Der *Kapitalismus* von heute, wissenschaftlich-technische Revolution und Arbeiterklasse, in: Probleme des Friedens und des Sozialismus, 1969, Heft 1

Klein, Burton H., Germany's Economic Preparations for War, Cambridge (Mass.) 1959

Klönne, Arno, Hitlerjugend. Die Jugend und ihre Organisation im Dritten Reich, Hannover/Frankfurt a. M. 1960

Köhler, Henning, Arbeitsdienst in Deutschland. Pläne und Verwirklichungsformen bis zur Einführung der Arbeitsdienstpflicht im Jahre 1935, (West-)Berlin 1967 = Schriften zur Wirtschafts- und Sozialgeschichte, Bd. 10

Kroll, Gerhard, Von der Weltwirtschaftskrise zur Staatskonjunktur, (West-)Berlin 1958

Kuczynski, Jürgen, Die Geschichte der Lage der Arbeiter unter dem Kapitalismus
- Bd. 6: Darstellung der Lage der Arbeiter in Deutschland von 1933 bis 1945, Berlin 1964
- Bd. 15: Studien zur Geschichte der zyklischen Überproduktionskrisen in Deutschland 1918 bis 1945, Berlin 1963
- Bd. 16: Studien zur Geschichte des staatsmonopolistischen Kapitalismus in Deutschland 1918 bis 1945, Berlin 1963
- Bd. 19: Studien zur Geschichte der Lage des arbeitenden Kindes in Deutschland von 1700 bis zur Gegenwart, Berlin 1968
- Bd. 36: Die Theorie der Lage der Arbeiter, Berlin 1968

Kuhrt, Willy, Das Dilemma der Berufsausbildung in Westdeutschland, in: Einheit, 1969, Heft 1
Laqueur, Walter Z., Die deutsche Jugendbewegung. Eine historische Studie, Köln 1962
Laschitza, Horst/Vietzke, Siegfried, Deutschland und die deutsche Arbeiterbewegung 1933–1945, Berlin 1964
Lenin, W. I., Die drohende Katastrophe und wie man sie bekämpfen soll, in: Werke, Bd. 25, Berlin 1960
Derselbe, Der Kleinbetrieb in der Landwirtschaft, in: Werke ,Bd. 19, Berlin 1962
Derselbe, Resolution über die gegenwärtige Lage, in: Werke, Bd. 24, Berlin 1959
Derselbe, Rezension, Karl Kautsky, Bernstein und das sozialdemokratische Programm. Eine Antikritik, in: Werke, Bd. 4, Berlin 1955
Derselbe, Die Verelendung in der kapitalistischen Gesellschaft, in: Werke, Bd. 18, Berlin 1962
Liebknecht, Karl, Militarismus und Antimilitarismus unter besonderer Berücksichtigung der internationalen Jugendbewegung, in: Gesammelte Reden und Aufsätze, Bd. I: September 1900 bis Februar 1907, Berlin 1958
Lölhöffel, Dieter von, Die Umwandlung der Gewerkschaften in eine nationalsozialistische Zwangsorganisation, in: Ingeborg Esenwein-Rothe, Die Wirtschaftsverbände von 1933 bis 1945, (West-)Berlin 1965
Louper, W. G., Der staatsmonopolistische Kapitalismus und die Werktätigen, in: Probleme des Friedens und des Sozialismus, 1966, Heft 7
Marx, Karl, Grundrisse der Kritik der politischen Ökonomie (Rohentwurf) 1857–1860, Anhang 1850–1859, Berlin 1953
Derselbe, Das Kapital, Bd. I, in: Marx/Engels, Werke, Bd. 23, Berlin 1962
Marx, Karl/Engels, Friedrich, Manifest der Kommunistischen Partei, in: Marx/Engels, Werke, Bd. 4, Berlin 1959
Mason, Timothy, W., Labour in the Third Reich, 1933–1939, in: Past & Present, 1966, Nr. 3
Meinck, Gerhard, Hitler und die deutsche Aufrüstung 1933–1937, Wiesbaden 1959
Michel, Ernst, Sozialgeschichte der industriellen Arbeitswelt, ihrer Krisenformen und Gestaltungsversuche, Frankfurt a. M. 1947
Petrick, Fritz, „Jugenddienst" und „Jugendschutz" im faschistischen Deutschland, in: Jahrbuch für Wirtschaftsgeschichte, 1969, Teil II
Derselbe, Eine Untersuchung zur Beseitigung der Arbeitslosigkeit unter der deutschen Jugend in den Jahren von 1933 bis 1935, in: Jahrbuch für Wirtschaftsgeschichte, 1967, Teil I
Petrick, Fritz/Rasche, Edith, Vom FAD zum RAD. Bemerkungen zum Verhältnis von allgemeiner Arbeitspflicht, freiwilligem Arbeitsdienst und Arbeitsdienstpflicht unter den Bedingungen des staatsmonopolistischen Kapitalismus in Deutschland, in: WZ Greifswald, Gesellschafts- und sprachwissenschaftliche Reihe, Nr. 1/1967
Petzina, Dieter, Hauptprobleme der deutschen Wirtschaftspolitik 1932–1933, in: Vierteljahrshefte für Zeitgeschichte, 1967, Heft 1
Derselbe, Autarkiepolitik im Dritten Reich. Der nationalsozialistische Vierjahresplan, Stuttgart 1968 = Schriftenreihe der Vierteljahrshefte für Zeitgeschichte, Bd. 10
Ploetz, Geschichte des Zweiten Weltkrieges, 2. Teil: Die Kriegsmittel, Würzburg 1960
Preller, Ludwig, Sozialpolitik in der Weimarer Republik, Stuttgart 1932
Pross, Harry, Jugend, Eros, Politik. Die Geschichte der deutschen Jugendverbände, Bern/München/Wien 1964
Ransch, Siegfried, Jugend und Jugendsoziologie. Ein Beitrag zur Analyse der westdeutschen bürgerlichen Jugendsoziologie, phil. Diss. Berlin 1965
Derselbe, Jugend im Kampf gegen den westdeutschen Imperialismus, in: Einheit, 1969, Heft 6
Raupach, Hans, Arbeitsdienst, in: Handwörterbuch der Sozialwissenschaften, hg. v. Erwin v. Bekerath u. a., Bd. 1, Stuttgart/Tübingen/Göttingen 1956

Razmerov, V. V., Die ökonomische Vorbereitung der Hitlerschen Aggression (1933–1935) (russ.), Moskau 1958

Reichardt, Hans-Joachim, Die deutsche Arbeitsfront. Ein Beitrag zur Geschichte des nationalsozialistischen Deutschlands und zur Struktur des totalitären Herrschaftssystems, phil. Diss. (West-)Berlin 1956

Rozanov, G. L., Deutschland unter der Herrschaft des Faschismus (1933–1939) (russ.), Moskau 1964

Schlicker, Wolfgang, „Freiwilliger" Arbeitsdienst und Arbeitsdienstpflicht 1919–1933. Die Rolle militaristischer und faschistischer Kräfte in den Arbeitsdienstbestrebungen der Weimarer Republik, phil. Diss. Potsdam 1967

Schoenbaum, David, Hitler's Social Revolution. Class and Status in Nazi Germany 1933–1939, Garden City (N. Y.) 1966; deutsch unter dem Titel: Die braune Revolution. Eine Sozialgeschichte des Dritten Reiches, Köln/(West-)Berlin 1968

Schützle, Kurt, Reichswehr wider die Nation. Zur Rolle der Reichswehr bei der Vorbereitung und Errichtung der faschistischen Diktatur in Deutschland (1929–1933), Berlin 1963

Schumann, Hans-Gerd, Nationalsozialismus und Gewerkschaftsbewegung. Die Vernichtung der deutschen Gewerkschaften und der Aufbau der „Deutschen Arbeitsfront", Hannover/Frankfurt a. M. 1958

Schweitzer, Arthur, Big Business in the Third Reich, Bloomington (Ind.) 1964

Derselbe, Organisierter Kapitalismus und Parteidiktatur 1933–1936, in: Schmollers Jahrbuch, Jg. 79 (1959)

Derselbe, Der ursprüngliche Vierjahresplan, in: Jahrbücher für Nationalökonomie und Statistik, Bd. 168 (1956)

Derselbe, Die wirtschaftliche Wiederaufrüstung Deutschlands von 1934–1936, in: Zeitschrift für die gesamte Staatswissenschaft, Bd. 114 (1958)

Sörgel, Werner, Metallindustrie und Nationalsozialismus. Eine Untersuchung über Struktur und Funktion industrieller Organisationen in Deutschland 1929 bis 1939, Frankfurt a. M. 1965

Stolper, Gustav/Häuser, Karl/Borchardt, Knut, Deutsche Wirtschaft seit 1870, Tübingen 1964

Stucken, Rudolf, Deutsche Geld- und Kreditpolitik 1914–1963, 3. Aufl., Tübingen 1964

Syrup, Friedrich/Neuloh, Otto, Hundert Jahre staatliche Sozialpolitik 1839–1939, hg. v. Julius Scheuble, Stuttgart 1957

Treue, Wilhelm/Frede, Günther, Wirtschaft und Politik. Dokumente mit verbindendem Text, Hannover 1952

Ulbricht, Walter, Der faschistische deutsche Imperialismus (1933–1945), 3. Aufl., Berlin 1956

Derselbe, Die Unvermeidlichkeit der Niederlagen des deutschen Imperialismus in zwei Weltkriegen und die Lehren daraus, in: Einheit, 1959, Heft 3

Derselbe, Vergangenheit und Zukunft der deutschen Arbeiterbewegung, in: Neues Deutschland (Republik-Ausgabe) vom 14. April 1963

Welche *Veränderungen* gehen in der Struktur der Arbeiterklasse vor sich? Meinungsaustausch, in: Probleme des Friedens und des Sozialismus, 1960, Heft 5 und 9; 1961, Heft 4, 5, 6 und 9

Vietzke, Siegfried, Die KPD auf dem Wege zur Brüsseler Konferenz, Berlin 1966

Vogelsang, Thilo, Zur Entwicklung des Arbeitsdienstes, in: Gutachten des Instituts für Zeitgeschichte, Bd. II, Stuttgart 1966

Register

Aachen 77
Ackermann, Anton 50–52
Akademie für Deutsches Recht 81
Allgemeiner Deutscher Arbeiterverein 38
Allgemeiner Deutscher Gewerkschaftsbund (ADGB) 1, 40
Allgemeiner freier Angestelltenbund (Afa-Bund) 1
Angestelltenverbände (s. auch Allgemeiner freier Angestelltenbund / Afa-Bund /, Deutschnationaler Handlungsgehilfenverband, Hirsch-Dunckersche Gewerkvereine) 36
Arbeiterjugendorganisationen (s. auch Jugendabteilungen der Arbeitersportorganisationen, Jugendsektionen der freien Gewerkschaften, Jungbanner Schwarz-Rot-Gold, Kommunistischer Jugendverband Deutschlands / KJVD/, Sozialistische Arbeiterjugend, Sozialistischer Jugendverband) 26
Arbeitsämter 1, 5, 6, 7, 12, 55, 60, 61, 63, 104
Arbeitsdienst, Freiwilliger (FAD) (s. auch Nationalsozialistischer Arbeitsdienst /NSAD/ Reichsarbeitsdienst /RAD/) 5–7, 8, 9, 12, 13, 14–21, 22, 23, 50, 66
  Reichskommissar für den – 5, 15, 17, 18
Arbeitsgemeinschaft zur Bearbeitung von Jugendrechtsfragen 81, 82
Arnhold, Karl 30, 31, 80, 83, 84
Ausschuß für das Unterrichtswesen der Länder 10
Axmann, Artur 28, 29, 34, 35, 79, 81

Bayern 55, 79
Berlin 12, 14, 32, 85, 97
Berliner Handels-Gesellschaft 73
Bernburg 67
Bitterfeld 67
Blomberg, Werner v. 69
Bonn 30, 81
Bormann, Martin 93
Bosch, Robert 2
Brandenburg (Bezirk) (s. auch Mark Brandenburg) 55, 97
Bremen 11
Brinkmann, Rudolf 59
Brüning-Regierung 4
Buddenburg (bei Lünen/Westfalen) 18
Bundesrepublik Deutschland (BRD) 21, 76, 95, 104

Chemnitz 36

Dänemark 6
Dessau 67
Deutsche Arbeitsfront (DAF) 24, 27, 29–31, 33, 36–39, 52, 57, 72, 73, 74, 79, 80, 82–88, 92, 98, 102, 107
  Amt für Betriebsführung und Berufserziehung der – 62, 80, 82, 83, 107
  Jugendamt der – 27, 29, 39
  Reichsbetriebsgemeinschaften der – 37
    Reichsbetriebsgemeinschaft „Das Deutsche Handwerk“ 57
  Wirtschaftsamt der – 37, 73, 88
  Zentralstelle der – für den Vierjahresplan 88, 102
Deutsche Bank AG 73
Deutscher Ausschuß für technisches Schulwesen (Datsch) 56, 82, 83, 85, 102, 103
Deutscher Metallarbeiterverband 40

Deutsches Institut für (nationalsozialistische) technische Arbeitsschulung (Dinta) 30, 31, 33, 39, 80, 81, 84
Deutschnationaler Handlungsgehilfenverband 36
Christian *Dierig* AG 73
Dierig, Gottfried 73
Dierig, Wolfgang 73
Dimitroff, Georgi 50
Dresdner Bank AG 73
Dusseldorf 30

Eilers, Rolf 11
Engels, Friedrich 108
England 6
Erdmann, Gerhard 37, 73, 87
Essen 32

Feder, Gottfried 56
Frank, Hans 81
Frankfurt a. M. 57
Frankreich 20
Frick, Wilhelm 17, 28, 34, 75
Fritsch, Werner Freiherr v. 69
Frommknecht, Karl 98
Funk, Walther 69, 86

Geheime Staatspolizei (Gestapo) 77
Gelsenkirchener Bergwerks-AG 30
Generalbevollmächtigter für die Kriegswirtschaft 55, 69
Generalrat der Wirtschaft 2
Gewerbeaufsichtsämter (-beamte) 47, 55, 101
Gewerkschaften, freie (s. auch Allgemeiner Deutscher Gewerkschaftsbund ADGB/, Allgemeiner freier Angestelltenbund /Afa-Bund/, Deutscher Metallarbeiterverband) 26, 27, 36, 39, 44, 49
christliche 1
Goebbels, Joseph 33, 36
Goerdeler, Carl 31, 98
Göring, Hermann 55, 58–60, 67, 68, 69, 83–88, 90, 97, 104
Goldmann, Theo 28, 80
Goltz, Rüdiger Graf v. der 12
Gossweiler, Kurt 73
Grießmann, Arno 56
Grosse, Fritz 10
Großkühnau 17

Halberstadt 67
Halle 67, 85
Hamburg 25, 36
Handwerkskammern 37, 57, 85, 86, 102, 104
Hannover 28
Regierungsbezirk – 10
Hauswirtschaftliches Jahr für Mädchen 11, 22, 71
Hecker, Ewald 37
Heß, Rudolf 13, 37, 77, 91, 93
Hessen 40, 55, 67, 68, 73
Heyde, Ludwig 87, 95
Hierl, Konstantin 15–18
Himmler, Heinrich 70
Hindenburg, Paul v. 1, 7
Hirsch-Dunckersche Gewerkvereine 36
Hitler, Adolf 1, 2, 9, 15, 17, 18, 20, 24, 25, 27, 30, 31, 32, 36, 51, 58, 59, 63, 67, 68, 75, 76, 85, 86, 93
Hitler-Jugend (HJ) einschließlich Gliederungen 24–30, 32–36, 40–43, 52, 53, 72, 75–82, 88, 89, 92, 94, 107
Hitler-Regierung 1, 2, 7, 9, 10, 11, 12, 15, 17, 18, 27, 34, 35, 44, 49, 51, 54, 68, 75
Hofer, Walther 38
Hugenberg, Alfred 1

IG-Farben-Konzern 51, 55, 58, 59, 68, 98
Industrie- und Handelskammern 37, 56, 57, 83, 85, 86, 87, 102–104
Institut für Konjunkturforschung 59
Italien 68

Jäzosch 73, 74
Japan 6, 68
Jugendabteilungen der Arbeitersportorganisationen 26
Jugendführer des Deutschen Reiches (s. Reichsjugendführung)
Jugendorganisationen (s. auch Arbeiterjugendorganisationen) 27
bürgerliche – 5
christliche – 14, 42, 77
gewerkschaftliche – 14
jüdische – 26
Jugendsektionen der freien Gewerkschaften 14, 26
sozialdemokratische – 14
Jungbanner Schwarz-Rot-Gold 26

Jungmann, Erich 49

Kiel 81
Klose 73, 74
Koehler, Bernhard 69
Köln 77
Königsberg 34
Kommunistische Partei Deutschlands (KPD) 1, 33, 44, 50, 51, 77, 78, 98, 107
Kommunistischer Jugendverband Deutschlands (KJVD) 9, 10, 14, 26, 35, 49, 52, 77, 78, 82
Konzentrationslager 64
Krauch, Carl 59, 69
Krause, Artur Bernhard 69, 81, 90
Krohn, Johannes 47, 98
Krupp, Friedrich 32, 55
Krupp-Gruson AG 56
Friedrich *Krupp*-Konzern 56
Kuczynski, Jürgen 2, 13, 44, 45, 47, 92, 96, 99, 106
Kurth, Hans 29

Landdienst der HJ 70–72
Landhilfe 8–10, 11, 12, 13, 22, 23, 41, 42, 70
Landjahr 11, 22, 42, 71, 72, 77
Langenbielau 73
Langer, Franz 29
Leipzig 33, 36, 38
Lenin, W. I. 64, 106
Leunawerke 40
Ley, Robert 27, 30, 31, 33, 36, 37, 38, 39, 49, 72, 73, 83, 85, 86, 87, 92
Limburg 77
Lippert, Julius 12
Lüer, Carl 40, 73, 74

Magdeburg 56, 67
Mansfeld, Werner 59, 81, 84, 98
Mark Brandenburg 10
Mecklenburg 70
Mierendorff, Carlo 14
Mitteldeutschland 67
Moosbrugger 29
Moskau 49
Müller, Albert 80
München 25
Münster 77

Nationalsozialistische Betriebszellenorganisation (NSBO) 36
Nationalsozialistische Deutsche Arbeiterpartei (NSDAP) 1, 12, 15, 21, 24, 25, 27, 36, 43, 51, 73, 79, 86, 88
Nationalsozialistischer Arbeitsdienst (NSAD) 17, 18
Neitzel, Gustav 91, 94
Neuloh, Otto 87
Neumann 73, 74
Niederlande 6
Norddeutschland 77
Nordmark 40
Notwerk der deutschen Jugend 7, 8, 15, 22
Nürnberg 24, 76

Österreich 6, 68, 69, 77
Oldenburg 85
Adam *Opel* AG 73
Organisation der gewerblichen Wirtschaft 37, 38, 104
Ossietzky, Carl v. 14
Ostpreußen 11, 70
Otto, Heinz 27, 29

Paderborn 77
Papen, Franz v. 1, 8
Papen-Regierung 3, 5, 15
Pflichtjahr 68
Pieck, Wilhelm 14, 50, 51
Pietzsch, Albert 83
Plauen/Vogtland 24
Poensgen, Ernst 27, 98
Pohl, Wolfgang 27, 38, 39, 69, 72, 75, 91 98
Polen 6
Pommern 11, 70
Posse, Hans Ernst 59
Preußag 69
Preußen 10, 79
Preußischer Minister für Wissenschaft, Kunst und Volksbildung 10

Reichsanstalt für Arbeitsvermittlung und Arbeitslosenversicherung (RAVAV) 5, 8, 11, 14, 17, 21, 22, 23, 24, 41, 48, 55, 62–64, 70, 71, 104
Reichsarbeitsdienst (RAD) 20, 21, 24, 62, 66–70, 79, 89, 107
Reichsarbeitsführer 75
Reichsarbeitskammer 37

Reichsarbeitsminister(ium) 5, 14, 15, 16, 18, 27, 38, 39, 41, 47, 59, 71, 81, 82, 87, 88–92, 94, 98, 101, 104
Reichsarbeits- und Reichswirtschaftsrat 37, 72, 74
Reichsausschuß der deutschen Jugendverbände (s. auch Jugendorganisationen) 26, 42
Reichsaußenminister 68
Reichsberufswettkampf 24, 30, 31, 32, 39, 82, 83, 92, 105
Reichsfinanzminister(ium) 2, 9, 16, 41, 75
Reichsgruppen der Wirtschaft 37, 104
Reichsgruppe Handel 37, 73
Reichsgruppe Handwerk (s. auch Reichsstand des Deutschen Handwerks) 37, 48, 57, 58
Reichsgruppe Industrie (s. auch Reichsstand /Reichsverband/ der deutschen Industrie) 37, 57, 73, 85, 88, 90, 95, 98, 103
Reichsjugendführung (Jugendführer des Deutschen Reiches) 27, 28, 32, 34, 35, 39–41, 70, 71, 72, 75–80, 82, 83, 84, 85, 88, 89, 92, 93, 94, 107
Soziales Amt der – 28, 81, 93
Reichskanzlei 75, 76, 93
Reichskriegsminister 68
Reichsluftfahrtministerium 55
Reichsminister(ium) des Innern 10, 17, 18, 28, 41, 77
Reichsminister(ium) für Wissenschaft, Erziehung und Volksbildung 19, 34, 42, 71, 72, 74, 77, 79
Reichsnährstand 70
Reichssportkommissar 28
Reichsstand des Deutschen Handwerks (s. auch Reichsgruppe Handwerk) 57, 58, 61, 83, 102
Reichsstand (Reichsverband) der deutschen Industrie (s. auch Reichsgruppe Industrie) 32, 37, 56
Reichsverband deutscher Arbeitsdienstvereine 15
Reichsverband für das deutsche Steinsetz-, Pflasterer- und Straßenbaugewerbe 6
Reichsverband für das deutsche Tiefbaugewerbe 6
Reichsverteidigungsrat 68
Reichswehr (s. auch Wehrmacht) 12, 23
Reichswirtschaftskammer 37, 43, 56, 57, 58, 72, 73, 81, 83, 85, 89, 90, 91, 102, 103
Reichswirtschaftsminister(ium) 6, 12, 27, 37, 38, 56, 57, 59, 61, 68, 69, 72, 74, 76, 81, 82, 85, 87, 88, 90–94, 98, 99, 102–104
Reinhardt, Fritz 2, 4
Rheinland 10, 54, 55, 75
Rheinsberg 34
Röchling, Hermann 98
Röhm, Ernst 18, 25
Rösler, Oswald 73
Ruhrgebiet 14
Rust, Bernhard 10, 19, 34, 52, 74, 75

Saargebiet 10, 98
Sachsen 55, 79, 83
Sauter, Fritz 25, 76
Schacht, Hjalmar 12, 18, 38, 39, 42, 51, 55, 57, 58, 68, 72, 73, 82–85, 87, 98, 104
Schindlmayr, Adalbert 46
Schirach, Baldur v. 24–29, 32, 34, 40, 52, 70, 75, 76, 79, 85, 92, 93
Schleicher, Kurt v. 7, 8, 15
Schleicher-Regierung 3, 5
Schlesien 55, 71
Schleswig-Holstein 40
Schmeer, Rudolf 102
Schmidt, Wilhelm Georg 57, 73, 74, 83
Schneidemühl 35
Schutz-Staffel (SS) 7, 24, 43, 71
Schweden 6
Schweitzer, Arthur 43, 48, 56, 58, 77
Schweiz 6
Schwerin-Krosigk, Lutz Graf 9, 75
Seldte, Franz 13, 15–18, 37, 44, 93, 98
Siebert, Wolfgang 81, 93
Siemens, Carl Friedrich v. 2
Sowjetunion 49, 54
Sozialdemokratische Partei Deutschlands (SPD) 1, 50
Sozialistische Arbeiterjugend 26
Sozialistische Einheitspartei Deutschlands (SED) 50
Sozialistischer Jugendverband 26
Spanien 68
Sprecher der Jugend 35, 39, 40, 51
Staebe, Gustav 34
Stahlhelm 5, 7, 15, 21
Statistisches Reichsamt 96, 100
Stellvertreter des Führers 12
Stolberg/Harz 41

Stolcke, Carl 73
Strasser, Gregor 25, 36
Sturm-Abteilung (SA) 7, 17, 18, 24, 33, 35, 36
Stabschef der – 17
Sudetengebiet 77
Süddeutschland 77
Syrup, Friedrich 5, 12, 13, 14, 59, 60, 68, 82, 87, 95

Thälmann, Ernst 1, 14
Thomas, Georg 73
Thyssen, Fritz 2, 73
Treue, Wilhelm 63
Treuhänder der Arbeit 27, 33, 37, 38, 39, 40, 44, 47, 52, 60, 72, 74, 82, 86, 88, 89, 98, 99, 101
Trier 77
Tschammer und Osten, Hans v. 28
Tschechoslowakei 6, 68, 69

Unternehmer-Vereinigungen (s. auch Reichsgruppe Industrie, Reichsstand /Reichsverband/ der deutschen Industrie, Verein der deutschen Eisenhüttenleute, Verein der deutschen Eisen- und Stahlindustriellen, Vereinigung deutscher Arbeitgeberverbände) 36

Verein der deutschen Eisen- und Stahlindustriellen 27
Verein deutscher Eisenhüttenleute 30
Verein deutscher Ingenieure 56
Verein deutscher Maschinenbauanstalten 56
Vereinigte Staaten von Amerika (USA) 6
Vereinigte Stahlwerke AG 27, 30
Vereinigung deutscher Arbeitgeberverbände 56
Vierjahresplan(-Organisation) 59, 69
Geschäftsgruppe Arbeitseinsatz im – 59, 102
Vögler, Albert 2, 30
Völkerbund 16, 17, 54
Völtzer, Friedrich 40, 82

Wartburg 17
Wehrmacht (s. auch Reichswehr) 18, 19, 20, 54, 62, 68, 75, 79, 89, 90, 103
Oberkommando der – 69
Wehrverbände (s. auch Stahlhelm) 4
Weimar 25
Weimarer Republik 21, 25, 30, 106
Westdeutschland (nicht BRD) 77
Westfalen 18, 55
Wirtschaftsgruppen 37, 56, 57, 81, 89
Wirtschaftsgruppe Eisenschaffende Industrie 91
Wirtschaftskammern 37, 97, 86

Zangen, Wilhelm 88

FSC
www.fsc.org
MIX
Papier | Fördert gute Waldnutzung
FSC® C083411

Kolibri 360 GmbH
Ferdinand-Jühlke-Straße 7
99095 Erfurt, Deutschland
produktsicherheit@kolibri360.de